東京オリンピック1964の遺産

成功神話と記憶のはざま

坂上康博／來田享子

編著

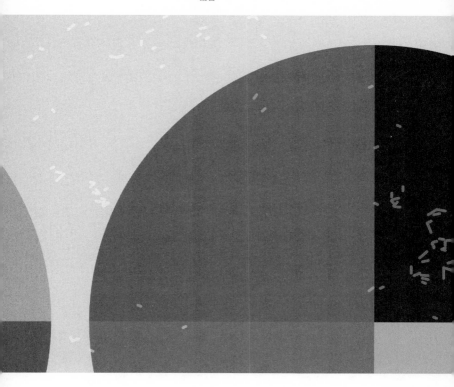

青弓社

東京オリンピック1964の遺産——成功神話と記憶のはざま

目次

第3章　忘れられた遺産
――文学者たちの東京オリンピック批判

第6章　東京オリンピックと踊る人々　伊東佳那子　187

装丁――神田昇和

まえがき

坂上康博／來田享子

一九六四年の東京オリンピックは、日本社会にとってどれほど重要な出来事だったのか？

戦後七十年の節目となる二〇一五年に、ＮＨＫが意識調査[1]をおこなった。そのなかに戦後の日本社会に大きな影響を与えた出来事を問うた項目がある。第一位が東日本大震災・福島第一原発事故（五五％）で、第二位がバブル経済とその崩壊（四一％）、第三位が高度経済成長（四〇％）、そして第四位が東京オリンピック（三〇％）だった。ちなみに第五位は憲法公布（二四％）であり、以下、オウム真理教事件（一九％）、阪神・淡路大震災（一六％）、石油ショック（一一％）と続く。震災や惨事が上位八つのうちの五つを占めるなかで、一九六四年の東京オリンピックは、高度経済成長に次ぐ、そして憲法公布をも上回る重要な出来事として人々の心のなかに刻み込まれているのである。

世代別では、東京オリンピックをリアルタイムで体験した世代、つまり二〇一五年時点で五十歳代以上の世代では三一％から三八％（上位二位から四位）と高く、二十代から四十代の世代では二一％から二七％と約十ポイント下がるが、それでも上位四位から五位と高位置をキープしている。東京オリンピックは、全世代を通じて戦後の日本社会にとって重要な出来事として捉えられているのである。男女差もほとんどみられない。それはなぜなのか。また、東京オリンピックが与えた影響をどのように捉えているのだろうか。
東京オリンピックには、当時過去最多の世界の九十三の国・地域から五千百五十一人の選手が参加した。日本選手は金メダル十六個、銀メダル五個、銅メダル八個を獲得し、その活躍に国民は熱狂した。金メダルの数は、アメリカ、ソビエト連邦（当時）に次ぐ世界第三位のものだった。しかし、大会の規模や日本選手の活躍だけでは、日本社会に重要な影響を与えた出来事として記憶には残らないだろう。重要だという理由は何なのか。
ある男性の記憶をたどってみよう。彼は東京オリンピックが開催された翌年、一九六五年に生まれた。東京オリンピックをリアルタイムでは体験していない。だが、「その圧倒的な余韻の中で幼少期を過ごしたといっても過言ではない」という。

子供向けの読本には、「東洋の魔女」「世界中の青空を全部東京に持ってきてしまったようなすばらしい秋日和」といった名セリフが踊り、選手達の雄々しい姿を写した写真がコラージュされ、「戦争には負けたが、見事復興して世界に決してひけをとらない国になった日本」というイメージを幼心に焼き付けられた。いつしか私の頭の中には、実際に体験していないはずの東京オリンピックについての、映像を伴った疑似記憶が刻み込まれた。(2)

子ども向けの書籍の影響が強烈で、それらを通して選手たちの雄々しい姿などとともに、日本が戦後復興を見事成し遂げて世界の一流国に仲間入りしたという「映像を伴った疑似記憶」があとから刻み込まれていったというのだ。彼がもう少し上の年齢だったら、「疑似記憶」をもたらした「圧倒的な余韻」のなかに、全国で千五十九万人の小・中・高校生、合計千八百五万人もの人々が観た記録映画『東京オリンピック』（監督：市川崑、一九六五年三月公開）の観覧体験[3]なども加わっていただろう。

自身の記憶をひもといたあと、彼は、父親の世代が体験した東京オリンピックの「実像」を知らないことに気づき、聞き取りをおこなってみたという。そしてその結果、東京オリンピックとは、この世代にとって日本の「国際復帰」と「高度成長」を映す鏡であり、日本社会にとって「国際社会への復帰のシンボル」と「高度経済成長の起爆剤」という重要な二つの意味をもつものだったことがわかった、と語っている。このうちの「高度経済成長の起爆剤」という意味づけは、先にみたＮＨＫ調査の読み方に一つの重要な示唆を与えてくれる。戦後の日本社会に影響を与えた重要な出来事の第三位・第四位である高度経済成長と東京オリンピックは、実は密接な関連をもつ一体的な成功体験として人々の記憶に刻まれている、ということだ。

「オリンピック景気」という両者の一体性を象徴する言葉がある。一九五六年、『経済白書』に「もはや戦後ではない」という記述が登場し、この年を境に日本は約二十年間に及ぶ高度経済成長時代を迎えた。この時期の好景気の一つが「オリンピック景気」と呼ばれているのである。ほかの好景気のネーミングには「神武」「岩戸」「いざなぎ」という日本神話からとった名称が使われていて、そのなかにひときわ異質な「オリンピック」が交じり込んでいるのだ。東京オリンピックが好景気をもたらし、「高度経済成長の起爆剤」となったというイメージを人々に植え付けるうえで、この言葉が果たした役割も無視できないだろう。
そして東京オリンピックと高度経済成長が一体となって「輝かしい時代」を作り出したというこうしたイメージは、いつの間にか公式の国民的な物語として語られるようになっている。それを確認したければ、学校で使われている教科書を開いてみるのがいいだろう。例えば高校日本史の教科書では、「高度経済成長」の単元で東京オリンピックが登場し、そこには赤いブレザーに白いスカート／ズボンという日の丸をモチーフにしたユニフォームを着て開会式で入場行進する日本代表選手団の写真とともに次のような説明が付されている。

一九六四（昭和三十九）年十月に開催された東京オリンピックは、多くの人々を熱狂させた国民的イベントだった。オリンピックは、日本の戦後復興を世界に示しただけでなく、開催そのものが高度経済成長をひっぱっていった。オリンピックに向けて、一兆円にのぼる関連事業がすすめられるなか、東京・新大阪間に新幹線が開通し、自動車の普及にあわせて高速道路もつぎつぎに建設された。航空路線も拡大し、全国的な交通網の整備がすすんだ。(4)

「国際社会への復帰のシンボル」と「高度経済成長の起爆剤」という東京オリンピックをリアルタイムで体験した人々が抱いたイメージは、このように一つの国民的な物語の地位を獲得し、学校教育を通して、世代を超えて人々の心に刻まれ続けているのである。こうして日本の戦後史と一体となり、輝かしい成功譚として物語化された東京オリンピックは、単なるノスタルジーにとどまらず、

表1　日本の各都市がオリンピックの招致開始から落選／開催までに費やした期間

開催年	立候補都市	結果	期間
1940年	東京	当選、返上	1931年10月－38年7月
1960年	東京	落選	1952年5月－55年6月
1964年	東京	当選、開催	1955年10月－64年10月
1968年	札幌	落選	1961年3月－64年1月
1972年	札幌	当選、開催	1964年12月－72年2月
1984年	札幌	落選	1977年9月－78年5月
1988年	名古屋	落選	1979年9月－81年9月
1998年	長野	当選、開催	1985年3月－98年2月
2008年	大阪	落選	1994年1月－2001年7月
2016年	東京	落選	2006年3月－09年10月
2020年	東京	当選、延期、開催	2011年10月－21年9月
2030年	札幌	未決定	2014年11月－

（出典：各大会の招致報告書や新聞記事などから坂上康博・冨田幸祐が作成）

その後の日本社会に正負両面のさまざまな影響をもたらしてきた。

その一つとして挙げられるのが、オリンピックの開催がもたらす恩恵に対する狂信的な態度である。そこには都市や政府、企業、メディア、そして人々の期待や願望などが複雑に絡んでいる。その強大さを何よりも明確に示しているのが、繰り返しなされてきた日本のオリンピック招致活動だろう。戦後、一九五二年に東京都がオリンピック再招致に立候補してから二〇二一年九月の東京パラリンピックの閉幕までの六十九年四カ月の間に、東京、札幌、名古屋、長野、大阪の五つの都市が招致と開催準備活動を展開した。その期間は、合計で五十八年十一カ月（八五％）に及ぶ（表1）。実際にはこれに都市（国内選考で落選した都市も含む）が議会などで招致を正式決定する前の活動なども加わるわけだから、戦後を通して日本はオリンピックを開催しようとしてきたといえる。そして現在も札幌が二〇三〇年の冬季大会の招致を目指して活動中である。これはもはやオリンピック中毒ないし依存症とでも呼ぶべき状態だ。東京オリンピックが「成功神話」と化し、日本社会で否定しがたいものとして機能してきたことを象徴するものである。

ＪＯＣ（日本オリンピック委員会）が、東京オリンピックの二度目の開催を決意したのは二〇〇五年一月だった。そこには「東京オリンピック大会を体験した世代が元気なうちにオリンピックを再び開催し、次世代を担う子どもたちにも同じ経験をさせて活力と感動を与えたいという想い[5]」があった。まさに一九六四年大会の再現を目指して、招致活動がスタートしたのである。こうして、一九六四年大会が「敗戦から日本が立ち直り、著しい経済発展を遂げる時代の象徴ともいえる大会[6]」であったこと、「日本選手の活躍がもたらした感動によって、日本国民は大きな誇りと活力を得た[7]」ことなどがよりいっそう強調されるようになる。それだけではない。「国内にもさまざまな批判があり、反対の声も聞かれた。敗戦後まだ日が浅く、他に日本でやるべきことが多いし、国民生活も不安定なのでまだその時期ではないとの意見が多かった[8]」といったこの大会に対する「負の記憶」がＪＯＣの公式記録などからも消去され、史実の歪曲や忘却が進められていったのである[9]。

このような一九六四年大会の神話化の動きに対して、異議が唱えられなかったわけではない。二〇二〇年大会の開催が近づくなかで、一九六四年大会の脱神話化や徹底した批判的考察を目指した研究などが登場するようになった[10]。さらに新型コロナウイルスの世界的な感染拡大によって二〇二〇年大会の開催が危ぶまれ、また、強行開催に対する国民的な批判が高まるなかで、テレビ番組が一九六四年大会の「負の記憶」にもふれるといった新たな状況も生まれた[11]。しかし、それらをもっても、一九六四年大会を脱神話化し、その実像を描き出すには至っていない。

二〇二〇年大会が一年延期され、無観客で開催がなされたいま、一九六四年大会は、過去に招致を勝ち取った三つの東京オリンピックのなかで、特別なものになった。これまで一九六四年大会は、高度経済成長との一体化だけでなく、日中戦争によって返上された一九四〇年の「幻の東京大会」の悲劇性との対比によっても、その輝きを増幅させていた。そこにコロナ禍で開催された二〇二〇年大会が加わったことによって、一九六四年大会は、悲劇性を抱えた二つの東京大会のはざまで、唯一、正常に開催されたオリンピックになったのである。その特別な位置はこの大会をよりいっそう神話化し、戦後の日本社会での地位を押し上げていくのではないだろうか。

本書では、一九六四年大会をめぐる政治家の思惑、天皇や原発との関わり、開催に反対する世論、文学者による批判や敗者へのまなざし、都市での受け止め方、学校での関連教材や観戦動員、オリンピックのために作られた楽曲や踊り、パイロット選手の記憶、文房具や玩具など、これまで十分に光が当たっていなかった人々の記憶や体験を多角的に掘り起こす。また、一九六四年大会と二〇二〇年大会を双方向で捉え直すことによって両者についての理解を深化させる、という試みにも挑戦してみたい。

さらに、読者のみなさんが本書を出発点として、そこから飛び出し、一九六四年大会を探究していくための二つのルートを示すようにした。その一つがコラム「世界の東京オリンピック研究」である。ここにリストアップされた海外の文献は、私たちに一九六四年大会に対する世界のまなざしの多様さを教えてくれるにちがいない。もう一つは、中京大学スポーツミュージアムとのコラボレーションによって、同ミュージアムに所蔵された一九六四年大会に関係する実物またはデジタル画像資料を検索できるようにしたことである（本書三五八ページを参照）。

「記憶をどこかにうまく隠せたとしても、深いところにしっかり沈めたとしても、それがもたらした歴史を消すことはできない」[12]。世界、そして過去との往還を通して、「成功神話」を批判的に検証し、遺産の正負両面に迫る試みを読者とともに続けていくことができれば幸いである。

注

（1）以下、荒牧央／小林利行「世論調査でみる日本人の「戦後」――「戦後70年に関する意識調査」の結果から」、NHK放送文化研究所編「放送研究と調査」二〇一五年八月号、NHK出版。回答は、二十二の項目から三つまでを選択したもの。

（2）以下、秋満吉彦「目指すべきオリンピックモデルとは？」、北野生涯教育振興会監修、小笠原英司／小松章編『私の東京オリンピック――過去から学び、未来へ夢を』（私の生涯教育実践シリーズ）所収、ぎょうせい、二〇一四年、一一〇―一一三ページ

（3）石坂友司「成功神話の内実と記録映画がもたらす集合的記憶」、石坂友司／松林秀樹編著『一九六四年東京オリンピックは何を生んだのか』所収、青弓社、二〇一八年、三三―三四ページ

（4）小風秀雅ほか『新選日本史B』東京書籍、二〇一三年検定済、二四九ページ

（5）日本体育協会／日本オリンピック委員会『日本体育協会・日本オリンピック委員会100年史――1911→2011 Part1』（日本体育協会・日本オリンピック委員会の100年）、日本体育協会／日本オリン

ピック委員会共同刊行、二〇一二年、四九八ページ
(6) 同書二七八ページ
(7) 同書四九八ページ
(8) 日本体育協会『日本体育協会七十五年史』日本体育協会、一九八六年、二七六ページ
(9) 坂上康博「3つの東京オリンピックと歴史研究の課題——忘却と捏造、神話化に抗して」、歴史学研究会編「歴史学研究」第千八号、績文堂出版、二〇二一年、七ページ
(10) 前掲『一九六四年東京オリンピックは何を生んだのか』、吉見俊哉『五輪と戦後——上演としての東京オリンピック』河出書房新社、二〇二〇年、阿部潔『東京オリンピックの社会学——危機と祝祭の2020JAPAN』コモンズ、二〇二〇年、Andreas Niehaus and Kotaro Yabu eds., *Challenging Olympic Narratives: Japan, the Olympic Games and Tokyo 2020/21*, Ergon, 2021 など。
(11) 例えば二〇二一年四月三日放送のテレビ朝日『池上彰のニュースそうだったのか!!』では、一九六四年大会の意外な歴史として、大会に関する国民の関心の低さや批判的世論などを紹介した。
(12) 村上春樹『色彩を持たない多崎つくると、彼の巡礼の年』(文春文庫)、文藝春秋、二〇一五年、四六ページ

第1章　池田勇人首相と東京オリンピック

中房敏朗

はじめに

一九五九年五月二十六日、第十八回オリンピック大会が東京で開催されることが決定した。首相の岸信介はその日の夜にさっそく記者団を集め、「東京でオリンピックを開くことは、国民多年の念願であり、わが国民がスポーツを愛好し、スポーツマンシップを尊重する態度を広く世界にしめすよい機会である[1]」とし、国際親善や青少年の体育向上に寄与する本大会を成功させるため、全力で努力したいという談話を発表した。

だが、それからわずか一年あまりあと、岸政権は不評のうちに幕を閉じる。一九六〇年六月に自由民主党が単独で日米安全保障条約の改定を強行し、これに反対する大規模な国民運動が巻き起こり、岸は辞任を余儀なくされたからである。その結果、「国民多年の念願」であった東京オリンピックは新政権下でおこなわれることになった。

岸の退陣後、自民党の総裁選挙によって選出されたのは池田勇人であった。前首相が安保改正を「力の政治」で押し切ったのに対して、池田は「寛容と忍耐」の精神を打ち出し、「国民所得倍増」を政策目標に掲げて、いったん「暗くなった人心を明るく」しようとした。そして日米安保を土台として軍事費を抑えながら、保護政策から貿易と為替の「自由化」へ、つまり開放経済体制へと大きく舵を切り替えて、「驚異的」な日本経済の発展をみるに至った。(2) 一九六三年十一月におこなわれた総選挙では、与野党とも選挙前とほぼ同じ議席数を得て、自民党は安定多数を維持した。物価の上昇や産業間の格差など、高度成長に伴う「ヒズミ」が少しずつ問題になり始めていたのに、(3) 野党は伸び悩んだ。(4) 選挙前には楽観ムードだった日本社会党は、これを「敗北」と受け止めて大きく動揺した。高度成長に対する政治姿勢が定まらず、社会党はこのころから「長期低落傾向」とのちに呼ばれる下降線をたどり始めた。(5)

一九六三年末の選挙で国民から信任を得た池田政権は、慣例に倣わず全閣僚をそのまま留任させて、政策の維持を図る姿勢を鮮明にした。オリンピック担当大臣も引き続き佐藤栄作が担当した。池田政権は、結果的には明治以降の政治史で桂太郎、伊藤博文、吉田茂の三政権に次ぐ長期政権となった。自民党の推薦によって「首都決戦」を制して東京都知事になった東龍太郎も、六三年に再選を果たしていた。「安保騒動」のあと、東京オリンピック開催に向けたもろもろの準備がこのように比較的安定した保守政権下で推し進められた点は、あらためて留意しておいていい。

とはいえ、この年に東京でオリンピックがあるか否かにかかわらず、池田政権の前には、物価の安定、国際収支の改善、開放経済体制の確立、日韓国交正常化などの困難な政治課題が山積していた。しかも自民党では七月に総裁選挙を控えていて、三選を目指す池田としてはこれが政局の重要な焦点になると考えていた。[6] そんな「多事多端」な池田政権にとって、東京オリンピックの開催には、いったいどんな意義があったのだろうか。

本章では、一九六四年を中心に、ほかならぬ池田勇人の動向を追いながら、オリンピックの周辺で何が起きていたのかを探っていこうと思う。なお、文中で西暦を明記していない月日はすべて一九六四年である。

1 国会の施政方針演説でのオリンピック

まず手始めに、池田の施政方針の演説からその一端を探ることにしたい。

一月二十一日、第四十六回国会。池田は衆・参両院で施政方針を演説した。[7] 冒頭でまず「高度福祉国家」の理想を力説した。そのうえで、外交、政治、経済、文教、治安、社会保障などに対する政府の姿勢を包括的に語り、最後に「三つの公約」を強調した。第一に自主外交の確立、第二に所得倍増計画の国民への定着、第三に自民党の「近代化」[8] である。池田がオリンピックに対して無関心だったというわけではなかったが、首相として特に取り組むべき課題には挙げなかった。

写真1　国立競技場を視察する池田勇人首相と東龍太郎都知事。撮影日は不明
（出典：オリンピック東京大会組織委員会編『第18回オリンピック競技大会公式報告書』上、オリンピック東京大会組織委員会、1966年、59ページ）

とはいえ、そんな池田でも、わずかに二回だけオリンピックに言及した。一つは、自身の政策の有効性をオリンピックの精神に関連づけた箇所である。池田政権の看板政策の一つである「人づくり」は、「民族の伝統に根ざす正しい価値観の確立」を目指すものだったが、池田はこれを伝統回帰とは考えなかった。国家・民族的なものの追求が、かえって国際的なものに達すると考えたからである。この点はまさに、オリンピック運動の平和と親善の精神に通じるものであり、だからこそ国民はこぞってこの考え方を大いに発揚しながらオリンピックを迎えてほしい、と訴えた。もう一つは、前述の「三つの公約」を述べた最後の箇所である。九月にはIMF（国際通貨基金）の総会が初めて東京で開催されるが、これとともにオリンピックは「世界の関心を日本に集める」好機である、こうした絶好の機会を逃さないで、ぜひ「三つの公約」を実現したいと宣言した。(9)

池田はこのオリンピックを二つの意味で捉えていた。東京オリンピックは、「敗戦国」から「経済大国」に成長した日本を世界の人々にお披露目できる「晴れ舞台」になる、という点が一つ。[10]もう一つは、東京オリンピックが、池田政権にとって一連の政治日程の区切りになる、という点である。この「区切り」は単に政治日程上の区切りという意味だけではなく、結果として池田の政治生命そのものにとっても重要な区切りになったが、これについては後述する。

池田は施政方針でオリンピックについて多くはふれなかった。東京オリンピックの意義を強調したのは、池田のあとに演壇に立った外務大臣の大平正芳であった。大平は、「自由陣営」の一員である日本が東西の緊張緩和に助力し、欧米、アジア諸国とのつながりを深めたいと強調したうえで、オリンピックについて次のように語った。

今秋はいよいよオリンピック東京大会が開催されます。オリンピックの目的は、オリンピック憲章にもうたわれておりますとおり、世界の若人を友好的な競技会に参集させることによって諸国民間の愛と平和の維持に貢献することにあります。私は、すべての民族が互いに理解と認識を深め、さらに高いヒューマニティーの立場から互いに尊敬し合うことこそ、世界の平和とその調和ある進歩とをはかるゆえんであると考えます。この意味におきまして、オリンピック大会が東京で開かれることは、まことに慶賀すべきことであり、その成果に大きな期待を宿せるものであります。

東京大会には全世界から多数の訪問客の参集が期待されます。この機会こそ、わが国のありのままの姿や、すぐれた伝統に根ざす日本文化を広く世界の人々に紹介することのできる絶好の機会であると考えます。遠来の客がわが国における滞在を楽しく過ごし、わが国に対する認識を深めることができますよう、国民諸君がこぞって協力されることを願ってやみません。[11]

このように大平は外務大臣としてオリンピックへの協力を国民に呼びかけた。日本が、オリンピックを開催することによって「世界の平和とその調和ある進歩」に貢献できると同時に、日本の文化を世界に紹介できると考えたからである。大平は当然のこととしてオリンピックの外交的な意義を強調した。当時としては珍しく「愛」という語を使った点が興味を引くが、そのほかに新機軸といえるものはない。大平はまた、続けて次のようにも発言した。

近年における交通、通信網の飛躍的発展は、この地球をますます狭いものとするとともに、諸民族の運命をいよいよ一体化するに至りました。われわれは国際社会の中で、もはや、われひとりよしとして、孤高のからに閉じこもることはできなくなりました。外交もすでに全国民の日常生活の一部となってまいりました。私は、国民各位が、政府の外交方針に深い理解と強い支援を賜わりますよう切望してやみません。[12]

日本が国際社会のなかでひとり孤立することはできない。これはおそらく、保護政策から開放政策へ舵を切る池田政権の経済政策を念頭に置いた発言であろうが、ここでは経済だけではなく外交も、国民生活と切り離せないことを強調する。つまり外交が国民生活の一部になったと主張するが、これは直前にオリンピックについて語ったあとなので、当然、外交と国民の関心がまさに交差する東京オリンピックを意識した発言であったと考えていいだろう。

しかしながら気になる点もある。戦後、新憲法下で最初の国会が招集されたとき、天皇が「民主主義に基く平和国家・文化国家の建設[13]」を切望すると述べて以来、日本が目指す新しい国家像は、周知のように「民主国家」「平和国家」「文化国家」になった。他方、自民党は立党宣言（一九五五年）において「文化的民主国家」の確立を掲げていた[14]。こうした観点に立てば、池田や大平の施政方針にも、オリンピック開催の意義を「文化国家」の建設に関連づける姿勢があったとしてもおかしくはない。それにもかかわらず、池田政権にはそうした観点がまったく希薄だった。この点は、東京オリンピック選手強化対策本部長の大島鎌吉が、経済成長を重視してスポーツ振興に無策である政権を厳しく批判していたこととも重なる部分であった[15]。

2　総裁選挙と東京オリンピック

オリンピック担当大臣の佐藤栄作は、池田内閣の閣僚でありながら池田への不満を募らせていた[16]。佐藤が重視する日韓国交樹立や選挙区制度改革などの課題に対して池田が消極的だったからである。国会での池田の施政方針の演説に対しても、佐藤は「首相独りハッスルするも踊らず[17]」と冷ややかな見方をしていた。

佐藤は、七月におこなわれる自民党の総裁選挙に池田の対抗馬として立候補する。だが、それ以前から、池田と佐藤の間で微妙なやりとりが交わされていた[18]。二月四日、佐藤の日記に次のようにある。

浜口〔巌根〕君来訪。池田君の話としてＩＭＦ並に五輪をすませて適当な時機に席をゆずるとの申し出ありたりとの事なるも、小生、三選は至難、その上かくしては池田にきづが《ママ》つく事となりはしないかと伝えて確答せず[19]。

浜口巌根とは日本長期信用銀行の頭取で、池田・佐藤とともに旧制第五高等学校（熊本）の同窓生だった。その浜口を通じて、池田のほうから、秋のＩＭＦ総会とオリンピックが終われば首相の「席」を譲るという申し出があったという。佐藤の認識ではそもそも七月の総裁選で池田の三選が難しく、したがってオリンピックの終了まで池田政権が維持する可能性は低いとみていた。それに対して、池田はＩＭＦ総会とオリンピックに出席するまで、なんとしても「席」を手放さないつもりであった。つまり池田は、すでに政権の終わりが近いことを自覚していたのであり、その期限を十月の東京オリンピックに見定めようとしていたのである。

四月二十六日になって、この話は、神奈川の大磯町に閑居する吉田元首相にも佐藤の口から伝えられた。佐藤としては、来たる七月の党大会が「やま」であり、ここで総裁が代わることを望んでいた。しかし吉田は佐藤に、池田と直接話し合って解決するよう助言した[20]。五月十八日、佐藤はとうとう池田に電話をかけた。佐藤は「話合いでゆずってくれないか、自分はこんど立つつもりだ」と言い、それに対して池田は「政権を私議するようなことはできない[21]」と即座に断った。これで佐藤は「懇談」の余地はなくなったと思った[22]。五月二十一日、この年に大勲位菊花大綬章を受賞した吉田の祝賀式があり、開会前に吉田と佐藤が別室で懇談した。吉田は佐藤に対して、池田と話し合い、総裁選をオリンピック終了まで延期するよう党内に調整機関を作ることを提案した[23]。オリンピック前に首相を交代すると内政や外交に支障が出ると考えたのか、それとも池田に花道を飾らせようとしたのか、吉田の真意は測りかねるが、総裁人事の更新はオリンピック後が最も妥当だと考えたようである。

もとより池田と佐藤の対立は、両者の政治姿勢にも表れていた。池田は「日の丸の掲揚とか、紀元節の復活とか、国防省昇格問題など[24]」に対して冷淡であり、憲法改正にも消極的だった。憲法調査会が約七年を費やして完成させた最終報告書を内閣に提出したときにも、池田は早々に「棚ざらしのまま放置した[25]」。池田のこうした姿勢は、自民党内の右派勢力から「何もしない内閣」と批判される材料になった。それに対して「保守のなかの進歩主義」を自認する池田は、日頃から「死ぬときでも、前向きの姿勢で死ぬんだ[26]」と広言してはばからなかった。池田政権の政治的な安定は、高度経済成長に加えて新憲法に対する「保守的対応の論理」を見いだしたことに一因があるとされ、池田のそうした姿勢は、新聞や雑誌で「ニュー・ライト」と呼ばれるようになった。それに対して自民党内の右派勢力は「オールド・ライト」と呼ばれ、特にタカ派の佐藤栄作らはときに「ハード・ライト」と呼ばれていたのである[27]。

六月に入って、政局はいよいよ「不気味」になってきた。六月十五日、衆議院議員の北沢直吉の手を通じて大磯の吉田からの書面が佐藤に渡された。書面には「一、池田から佐藤へ、そして再起をはかる様。二、第二案としてオリンピック迄。それは佐藤と充分話合ふ事[28]」という二案が示されていた。同時に、池田が「圧倒的大勝利」を信じて、両案とも退けたという話も伝えられた[29]。その翌日、国会議事堂が激しく揺れた。地震である。震源地は新潟であった。その日の新聞の夕刊には「関東震災級の規模[30]」と報じられた。池田の秘書、伊藤はこれを政局の「気運を象徴する[31]」ものと受け止め、佐藤は「愈々政変の前兆か[32]」と受け止めた。

六月二十一日、池田が新潟地震を見舞ったあと、国会では「難問」が待っていた。ILO（国際労働機関）第八十七号条約（結社の自由及び団結権の保護に関する条約）の締結と関係国内法規の成立に関する案件である。池田はこの条約をこの国会で通す腹積もりで会期を延長し、社会党との折衝もおおむね順調に進めていたが、党内調整で難航した。自民党の右派、つまり反池田派がこの案件を労働者寄りとして反対した。七月の総裁選を見据えた反池田派がILO締結と絡めて、建国記念日制定、防衛庁の国防省昇格、靖国神社の国家護持、農地法改正、金鵄勲章年金などの処理を要求してきたのである。池田はこれらを「うしろ向き法案」だとして反対した。池田はついにILO締結を断念した[33]。

六月二十六日、国会が終わった。その翌日、佐藤は総裁選に出馬するため、国務相の辞表を提出した。同様に、反池田派の藤山愛一郎も正式に立候補し、選挙は三つどもえの戦いになった。オリンピック前後の「乱舞」する東京を素描した開高健の『ずばり東京[34]』も、この選挙の模様を描いている。党内では露骨な多数派工作がおこなわれ、総選挙は「銭の花道」とばかりに「三十億エンから三十億エンの買収金がうごいた」[35]という。新聞紙上では「一本釣」「忍者部隊」「派閥」「タップリ」「ナニヤラ」といった不穏な言葉が連日のように舞い踊り、「固める」「追いこむ」「シメつける」などの言葉も現れるに至っては、はては柔道、レスリング、「おやもうオリンピックが始まったのか」と揶揄する者もいた。七月十日、文京公会堂でおこなわれた総裁選には、開高も観覧席で見守った。党員が山のような紙を一枚一枚数える。池田勇人、二百四十二票。過半数を上回った。カメラの閃光のあと、池田が短く挨拶した。開高はこの選挙を「三十億エンのぬきつぬかれつの大祭り」[36]と総括し、池田の秘書の伊藤はこのとき「完全に常軌を逸して」[37]いたと振り返った。

三選が決まったあと、池田はただちに組閣に取り組んだ。オリンピック担当大臣には、対立候補であった佐藤に代えて河野一郎をあてた。改造内閣のメンバーが正式に発表された翌日、島根県を中心に集中豪雨が襲い、国道や鉄道が寸断され、死者・不明者は百十五人にのぼった。新内閣の発足後、最初の大きな仕事は災害救助法を発することだった[38]。

3 原潜の寄港阻止運動とオリンピック

防衛問題では「石橋をたたいていてしかも渡らなかった」池田首相[39]が、八月二十八日の閣議でアメリカの原子力潜水艦の日本への寄港を正式に受諾する方針を決定した。国会閉会中における突然の閣議決定である。野党は当然これに反発した。九月一日の内閣委員会でも、オリンピックを間近に控えた時期に、なぜあえて認可したのかと問い質す者もいた。政府は、アメリカ側が提供する資料に基づく安全性の確認もすみ、十分な考慮のうえでの決定であり、特別に時期を選んだものではないとの認識を示した(40)。

そのころ、聖火は八月二十一日にギリシャのオリンピアで採火されたあと、パキスタンの第二の都市ラホールを通過中であった。聖火はさらにインドから東南アジア諸国を経て、九月七日に沖縄に入り、そのあと全都道府県をおよそ一カ月間かけてリレーする予定であった。一方、革新諸勢力は、まさに同じ期間を原子力潜水艦寄港阻止闘争のために費やした。社会党は原潜の寄港阻止運動を「池田内閣打倒」の運動に発展させることまでもくろんだ(41)。

革新側の勢力は短期間のうちに「阻止闘争」を計画し、各地で「九・三緊急中央集会」(社会党系)、「九・八総決起集会」(共産党系)、「九・一〇全国統一行動」(社会党系)、「九・一六行動」(反共産党系学生ら)、「九・二三全国統一行動」(共産党系)、「九・二七全国統一行動」(社会党系)などを実施した。学生が主体の全学連(全日本学生自治会総連合)や民青同(日本民主青年同盟)もこれらの「阻止闘争」に多数合流した。その結果、全国四十六都道府県の二百六十八カ所で、九月末までに二十一万人を超える者が参集し、三十数人の検挙者も出た(42)。一方、総評は独自に三千万人の請願署名を十一月末までに集めるとともに、オリンピック期間中に東京で国際的アピールと抗議のためにに大規模なデモンストレーションをおこなうことを計画した(43)。ただし、このデモンストレーションが実際にオリンピック期間中におこなわれた形跡はなく、おそらく中止されたものとみられる。

「阻止闘争」ではないが、オリンピック期間中に大衆動員を意図的に回避した例があった。日教組（日本教職員組合）、自治労（全日本自治団体労働組合）などによる公務員共闘では、オリンピック開催当日の十月十日に秋季闘争として十万人を動員する大々的な集会をおこなう方針を決定した。しかし九月二十六日の幹事会で、こうした集会を実施することは「国民の反感を招き、かえつて《（ママ）》不利になる」[44]と判断して中止した。革新側にとっても、東京オリンピックに水を差しかねない派手な行動は、さすがに回避しようとする心理がはたらいたようである。

こうした動向は警察によってつぶさに把握されていたが、大方のメディアは無関心であった。聖火が日本に到着した九月以降は、とりわけ「気狂いじみた五輪報道[45]」によって、原子力潜水艦の寄港問題はほとんど「黙殺」された。オリンピックが始まると、テレビ放送はＮＨＫが一括して管理したが、聖火リレーにはそうした規制がなかったので、聖火リレーをめぐる報道がなおさら過熱した面もあったのだろう。聖火が鹿児島県入りした九月九日には、報道陣の飛行機とヘリコプターが合わせて三十六機が出動した[46]。聖火リレーの警察活動のために要した国内の人員は延べ九万五千三百二十八人に達し、人出も当初の予定を上回って延べ約二千八百七十万人に達した[47]。

アメリカ大使館が原子力潜水艦シードラゴン号の長崎・佐世保港への入港について日本側に事前通告をおこなったのは十一月十一日であった[48]。シードラゴン号は翌日の午前九時過ぎ、革新系の抗議行動や右翼などの賛成パレードがおこなわれるなか、佐世保港に入港した[49]。その日、東京ではパラリンピック（第一部国際大会）の最終プログラムと閉会式が予定されていた。社会党は、オリンピック期間中には「政府も原潜の寄港を回避した[50]」と捉えたが、原潜の入港はパラリンピックの最終日であった。これによって、アメリカ側はオリンピックだけではなく、パラリンピックにも一定の配慮を見せることにはなった。

なお、革新系の団体はオリンピックから総じて距離を置いたが、スポーツ自体を否定するものではなく、大衆的なスポーツの祭典を独自に企画しはじめていた。前述の民青同は、東京オリンピックがまさに終わったタイミングで、十月二十四、五日の土曜日と日曜日に、第二回全国青年スポーツ祭典を東京で開催した。[51] また、総評や中立労連が主体になって、オリンピック会場になった国立競技場や武道館、東京体育館などを貸し切って、「働くもののスポーツ祭」[52]を十一月二、三日に実施した。

4 「花道」としての東京オリンピック

オリンピックの聖火がアテネを出発した八月二十二日ごろには、「首相はガンだ。辞めるかもしれない」[53]という噂が一部で流れていた。とはいえ、この年の秋、池田にとってはもちろん重要な行事が控えていた。IMF総会と東京オリンピックである。IMF総会は、日本では過去最大の規模になる国際会議であった。この総会も、やはり東京オリンピックの準備の進行を意識して招致されたものといわれた。[54]

日本は四月一日からIMF八条国（貿易・為替自由化）に移行し、四月二十八日にはOECD

（経済協力開発機構）への正式加盟を果たしていた。これによって日本は本格的な開放経済体制へと移行するとともに、アジアで初めて「自由陣営の一員」としての地位を確保した。「敗戦国」の日本が「悲願」ともいわれた「先進国への仲間入り」を果たしたあと、初めてホストになって開催する大きな国際的イベントが、IMF総会と東京オリンピックだったのである。

一方、池田は長らくのどを痛めていた。八月末、主治医は慢性咽喉炎と診断したが、池田はIMF総会への出席を優先させた。九月七日から、IMFと世界銀行の合同年次総会が東京オリンピックの参加国数よりも多い百二カ国の代表を集めておこなわれた。「金融の祭典」と呼ばれるゆえんである。場所は、オリンピックのために新しくできた赤坂のホテルニューオータニであった。池田は主催国の総理として、列国の大蔵大臣や中央銀行総裁を前に開会の挨拶を述べた。そのあと、天皇が各国の総務と総理代理の各夫妻ら総勢四百余人を宮中に招いておこなった茶会に、池田も出席した。[55] 念願のIMF総会に出席した池田は、翌日の閣議で築地の国立がんセンターに入院することを発表した。[56]

がんセンターの比企能達総長は、面識がある大平正芳（自民党副幹事長）に池田の診察結果を伝えた。がんである。大平は前尾繁三郎（前自民党幹事長）と相談のうえ、本当の病状を伏せることにした。これが公表されると本人に伝わるだけではなく、政局が大きく動揺して「折から始まろうとしている東京オリンピックに暗いカゲを投げかけることになる」[57] からだった。

入院した池田は、のど以外は健常であり、気分的にも余裕があった。九月十六日、常陸宮の結婚費用支出のため皇室経済会議が開催され、池田は議長として短時間外出した。そして皇居からの帰

写真2　開会式を観覧する池田勇人夫妻。最後段右端が池田勇人。左が夫人の満枝
（出典：「アサヒグラフ」1964年10月23日号、朝日新聞社、70ページ）

途、回り道をしてオリンピック競技場を視察した。[58]池田はまた、政務に支障がないことを世間に印象づけようと、閣僚を次々に病室に招いては必要な指示を発した。池田はオリンピックの開会式には「何としても出席したい」と担当医に要望すると、「晴れならば出席」という条件付きで許可をもらうことができた。[59]

十月十日、開会式、快晴。天皇以下皇族に続いて、池田夫妻が入場した。池田にとってこれが最後の公務になった。池田の側近、田中六助は、開会式の様子について次のように書き残している。

小生は首相病状悪化を知れるだけに、首相が元気そうな姿をしている、あるいは無理をしてそう見させている姿に胸がつまる思いする。オリンピックの入場式の感激もさることながら、首相のことが頭を去来してどうにも仕方なし。[60]

他方、政敵の佐藤は別の見方をしている。

美事。何もかも準備万端至極良好。九四ヶ国の参加で有史以来初めてのもの。大成功。陛下もことの他の御機嫌の御様子。池田首相も病気をおしての見物。此の世の想出の一つか。[61]

首都東京でおこなわれたオリンピックはまるで「政治休戦」のような状況を作り出した。[62]しかし池田の周辺では、首相退陣の日程が本格的に探り始められていた。開会式の日、田中六助は大平正芳邸を訪れ、池田に引退を促すことが得策だと大平に訴えた。大平も、「オリンピックがすんだあとがよい」という意見にうなずいた。[63]

その後、大平と前尾は意見を交わし、「オリンピック終了の翌日の日曜日、十月二十五日に退陣を表明する段取りを決めた」。大平は担当医の比企総長に、「オリンピック直後におやめになっては」と池田を諭すよう要請した。池田は、この忠告が大平と前尾の意向であることを知らされると、あっさりと覚悟を決めた。[64]

いよいよオリンピックが始まった。秘書の伊藤は、病室の池田の様子を次のように観察している。

オリンピックのテレビ放送は食い入るようなまなざしで見ていた。三宅選手が日本人としてはじめて金メダルを取ったときなど、手を打って喜んでいた。円谷選手がマラソンでエチオピアのアベベについで二番めに、マラソン・ゲートに入ってきたときも手をたたいて声援していた。ニチボー貝塚の女子バレーボール・チームがソ連と決戦をやっていたときは、他の人が何をいっても耳を傾けなかった。レスリングで何本も日の丸があがると、目がしばたたいていた。日本がこれほど立派なオリンピックをやることができたというよろこびとすべてに手ぬかりなく運営されたという関係者への感謝の気持ちがあったらしく、首相はよくわたしにその話をした。

「やはり根性だね。スポーツだけではなく、政治も同じだよ。根性は教育によって培われるんだ。日本の選手団がここまでやれたのは根性を養ってきたからだと思わないかね(65)」

池田は日本選手団の活躍の理由を「根性」だと理解した。もともと陸上競技界ではローマ・オリンピック（一九六〇年）で「完敗」したときから、選手に「根性」がないことなどが批判されていた(66)。そのあと一九六二年十月にＮＨＫで放送された『生活の知恵』で、「根性」がテーマとして取り上げられると、スポーツ界や企業関係者の間でも、「根性マン」の養成が目指されるようになっていた(67)。勝敗を左右する要因は「根性」である。そんな考え方が優勢になるにつれ、根性の養成にいっそう拍車がかかった。オリンピック選手強化本部でもトレーニングの考え方として「スタミナとパワー」以外に、六二年度から新たに「根性づくり(68)」に着目した。プレオリンピックとして六三年十月におこなわれた東京国際スポーツ大会では、オリンピック選手強化本部が「選手に〝根性〟のあることを実証(69)」できた点を大会の成果に数えた。かねて「人づくり」を政策課題としていた池田も、東京オリンピックのテレビ観戦を通して、やはり「根性」を培う精神教育の重要性を再認識することになったのである。

それに対して佐藤はどうか。彼の日記が興味深い。「ニュー・ライト」の池田に対して、「ハード・ライト」たる佐藤のストレートな物言いが書き込まれている。

> 十月十七日　土
> 中共核実験成功。大々的にこの報導（ママ）。次々に大事件突発。勿論兵器開発までには時間のかゝる事ならんが時を同じくしてソビエット、英国等に次々の変化。忙しくなるか。オリンピックは一時に水をかけられた感じ。[70]
> 十月二十三日　金
> 午前中接客。昨日と仝様首相の病状が主。オリンピック柔道のヘーシンク対神永の試合を見る。遂に敗、体力の前には術もきかぬ。残念だが仕方なし。日本女子バレーを最後に金メダル十六ケで三位の成績。国力の伸長を見る。国旗、国歌問題はオリンピックで解決か。[71]
> 十月二十四日　土
> オリンピックの閉会式に臨む。
> 多大の成果をあげ、十六の金メダルを日本に齎《もたら》したこの平和の催しも円滑裡に終る。国歌、国旗の問題もこれで解決。楽しい想い出となる。[72]

佐藤は、オリンピックを通して日の丸と「君が代」が国民の間に素直に受け入れられている様子を目の当たりにした。佐藤は、これで日の丸や「君が代」をめぐる問題が一挙に解決できると楽観した。この佐藤の認識の背景には、オリンピックの開催を控えて地方議会で国旗掲揚の決議が次々になされ、街なかでも日の丸が多く翻るようになっていたこともあったのだろう。[73]くしくも二月十四日の国会で、自民党の長谷川峻が、オリンピックは、日の丸について「暗い戦争のイメージ」ではなく「新しい国旗に対するイメージ」を呼び起こすのではないかと期待し、文部大臣に対してオリンピックを好機とした国旗掲揚や国歌斉唱の奨励を要請した[74]が、長谷川の期待がまさに現実になった格好である。同様に、作家の三島由紀夫も佐藤の認識と重なる発言をしていたことに注目しておきたい。すなわち三島は、オリンピック閉会後に雑誌が企画した座談会で「国旗ひとつとってみても、すっとするところがたしかにありましたね。いままでは日の丸や君が代に対しては、今度の戦争でよごれたから、もう見るのもいやだ、という感情的な議論があったですね。(略)それがこんどは、日の丸はよごれてもなおきれいである、というナショナリズムが出てきたんじゃないかな、と思う[75]」と発言した。

さて、池田の秘書・伊藤は、閉会式の日について次のように書き留めた。

十月二十四日　土曜日
あす辞意表明。準備はいっさい終わって、なにもすることなし。オリンピックはきょう閉会式。夜九時ごろの実況放送をテレビで見る。サヨナラの字幕がうつる。池田総理の退陣にふさわしいと感じた。十時すぎから新聞社の問い合わせがひっきりなしにかかる。[76]

十月二十五日午後三時、池田は自民党副総裁の川島正次郎、三木武夫幹事長、鈴木善幸官房長官の三人を呼んで、首相と党総裁の辞意を正式に表明した。[77]

池田は総理の辞任後に、自身の回想録をまとめるつもりであった。タイトルも『安保からオリンピックまで――在職四年四カ月』に決まっていた。[78] 池田はオリンピックに職責を負う立場にはなかったが、それでも東京オリンピックに対する思い入れや感慨は相応にあったと考えて差し支えないであろう。池田はいったん退院したが、政界に復帰することなく一九六五年七月に再入院し、翌八月に他界した。こうしてオリンピックの閉会は、池田政権の一連の政治日程に最終的な区切りを付けたというだけではなく、池田の政治生命そのものにも重要な区切りを付けることになったのである。

他方で、次期総理を狙う佐藤らにとっては、いうまでもなく、オリンピックの閉会がそれまで控えていた政治行動を公然とおこなうスタートの合図になった。

注

（1）「朝日新聞」一九五九年五月二十七日付

（2）ＩＭＦ（国際通貨基金）総会での池田勇人の演説から。伊藤昌哉『池田勇人 その生と死』至誠堂、

一九六六年、二五一ページ
（3）内田忠夫／大内力／小宮隆太郎／長洲一二「高度成長のヒズミを追う 共同討議 政策と日本的状況」、朝日新聞社編「朝日ジャーナル」一九六四年八月二日号、朝日新聞社、一二―二〇ページ
（4）月刊社会党編集部『日本社会党の三十年』日本社会党中央本部機関紙局、一九七六年、四七三―四七七ページ
（5）勝間田清一「不十分だった社会党の対応」、エコノミスト編集部編『証言・高度成長期の日本』上所収、毎日新聞社、一九八四年、八四、九〇ページ
（6）「朝日新聞」一九六四年一月一日付
（7）施政方針の原案は、官房長官の黒金泰美と相談して秘書の伊藤昌哉が書き上げた。前掲『池田勇人その生と死』二二二ページ
（8）旧態依然とした自民党の体質改善を図り、財務の健全化や派閥の弊害の解消などを推進することを「近代化」と呼んだ。当時の自民党の幹事長・三木武夫が代表的な推進派だった。
（9）「官報号外 第四十六回国会衆議院議事録 第三号」一九六四年一月二十一日、一三ページ、「官報号外 第四十六回国会参議院議事録 第三号」一九六四年一月二十一日、一五ページ
（10）この点は従来から指摘されている。沢木耕太郎『危機の宰相』（〔文春文庫〕、文藝春秋、二〇〇八年、二五三ページ）など。また、スポーツ界でも同様の認識が示されていて、清川正二が来たる東京オリンピックについて「敗戦後、新しく生まれ変わった日本が、真に平和を愛好する国であり、日本人が常に人類の平和の維持に協力しているという真の姿を世界の人たちに示す絶好の機会である」と述べた。清川正二『東京オリンピックに思う――スポーツの外国通信』ベースボール・マガジン社、一九六三年、五三―五四ページ

(11)「官報号外 第四十六回国会衆議院議事録 第三号」一九六四年一月二十一日、一五ページ
(12)同議事録一五ページ
(13)「官報号外 第一回国会衆議院議事録 第六号」一九四七年六月二十四日、二一ページ
(14)自民党史編纂委員会編『自由民主党史』自民党史編纂委員会、一九六一年、ページ番号なし
(15)岡邦行『大島鎌吉の東京オリンピック』東海教育研究所、二〇一三年、一九〇—一九三ページ
(16)服部龍二『佐藤栄作——最長不倒政権への道』(朝日選書)、朝日新聞出版、二〇一七年、一七三ページ
(17)佐藤栄作、伊藤隆監修『佐藤栄作日記』第二巻、朝日新聞社、一九九八年、七八ページ
(18)この間の経緯には別の見方もある。吉村克己『池田政権・一五七五日——高度成長と共に安保からオリンピックまで』行政問題研究所出版局、一九八五年、三〇三—三二二ページ
(19)前掲『佐藤栄作日記』八三ページ
(20)同書一二〇ページ
(21)前掲『池田勇人 その生と死』二三三ページ
(22)前掲『佐藤栄作日記』一二八ページ
(23)同書一三〇ページ
(24)前掲『池田勇人 その生と死』二〇一、二一〇ページ
(25)五十嵐仁「高度成長と保守本流政権」、歴史学研究会編『日本同時代史4——高度成長の時代』青木書店、一九九〇年、一六ページ
(26)戸川猪佐武『佐藤栄作と高度成長』(「昭和の宰相」第六巻)、講談社、一九八二年、九九—一〇〇ページ

(27) 松下圭一「新池田内閣とニュー・ライト」「思想」一九六四年四月号、岩波書店、一三二―一三三ページ
(28) 前掲『佐藤栄作日記』一四一ページ
(29) 同書一四一ページ
(30) 「朝日新聞」一九六四年六月十六日付夕刊
(31) 前掲『池田勇人 その生と死』二三三ページ
(32) 前掲『佐藤栄作日記』一四二ページ
(33) 前掲『池田勇人 その生と死』二三三、二三四ページ、土師二三生『人間 池田勇人』講談社、一九六七年、三五八―三六〇ページ。この背景には、右翼勢力による政界への「上部工作」もあったとされる。警察庁警備局編『[部外秘] 治安情勢の回顧と展望 昭和40年』警察庁警備局、一九六五年、三九ページ、公安調査庁編『[庁用] 内外情勢の回顧と展望』公安調査庁、一九六五年、一四五ページ
(34) 開高健『ずばり東京――昭和著聞集』上・下、朝日新聞社、一九六四年
(35) 同書下、一四七ページ
(36) 同書下、一五七ページ
(37) 前掲『池田勇人 その生と死』二三六ページ
(38) 「朝日新聞」一九六四年七月十九日付夕刊
(39) 「米原子力潜水艦寄港の波紋」「中央公論」一九六四年十月号、中央公論社、三四ページ
(40) 「第四十六回衆議院内閣委員会議事録 第五十二号（閉会中審査）」四、一三ページ
(41) 「[部外秘] 月刊警備情勢」一九六四年九月号、警視庁警備局警備第一課、一、一二八ページ
(42) 前掲『日本社会党の三十年』四九二―四九四ページ、前掲「月刊警備情勢」一九六四年九月号、一

〇六、一一三―一一四、一二九―一三一ページ。また、前掲『治安情勢の回顧と展望 昭和40年』三一ページも参照。

(43) 渕上保美「原潜寄港の問題点と阻止闘争の展望」、日本労働組合総評議会編「月刊総評」一九六四年十一月号、日本労働組合総評議会、三一ページ。九月七日の総評緊急評議会で、オリンピック中の宣伝活動などを決定した。酒井寅吉「〝低調〟をきわめた政治と新聞――原子力潜水艦寄港問題」、総合ジャーナリズム研究所編「総合ジャーナリズム研究」一九六四年十月号、東京社、一三―一四ページ

(44) 前掲「月刊警備情勢」一九六四年九月号、六一ページ

(45)「連載座談会マスコミ月評――公然の秘密日本核武装」、日本労働組合総評議会編「月刊総評」一九六四年十一月号、日本労働組合総評議会、四二ページ

(46) 同座談会、三九―四二ページ

(47) 警察庁長官官房総務課編『10年のあゆみ』警察協会、一九六五年、二九七ページ

(48) 前掲『佐藤栄作日記』一九八ページ

(49)「朝日新聞」一九六四年十一月十二日付夕刊。佐世保港の緊迫した状況については、中本昭夫『続佐世保港の戦後史』(芸文堂、一九八五年)一六〇ページ以下が詳しい。佐世保でもオリンピック期間中にデモを休止したことは、同書一五四ページを参照。

(50) 前掲『日本社会党の三十年』四九四ページ

(51) 前掲「月刊警備情勢」一九六四年九月号、一〇六―一〇七ページ。民青同のスポーツに対する立場については、弘津恭輔『民青同の研究――日共の青年労働運動の性格と実態』労働法学出版、一九六四年、八九―九二ページ、公安調査庁編『[部外秘]日本共産党の青年運動――民青同四〇年史』公

安調査庁、一九六五年、一〇九―一一〇ページを参照。

(52)「労働界のスポーツ組織」、朝日新聞社編「朝日ジャーナル」一九六四年四月十九日号、朝日新聞社、五九ページ、「朝日新聞」一九六四年十月二十六日付。社会党も「オリンピックはオリンピック、われわれはまず政治が第一」とし、オリンピックに対して静観する構えを崩さなかった(「記者席　首相、大喜びで五輪開会式へ」「毎日新聞」一九六四年十月十一日付)。また、以下も参照。山田宗睦「オリンピックへの革新の姿勢」「月刊社会党」一九六四年一月号、日本社会党中央本部機関紙局、一三四―一四三ページ。「オリンピックをねらう財界とマスコミの動向」、国民文化会議編「国民文化」一九六四年四月号、国民文化会議、二―一二ページ。共産党はGANEFO(オリンピックに対抗して社会主義国、アラブ諸国などが一九六三年におこなった「新興国競技大会」のこと)の問題もあり、東京オリンピックに対する態度を決めかねていたことは、小和田次郎『デスク日記――マスコミと歴史 1963-1964』(〔みすず叢書〕、みすず書房、一九六五年)八七―八八ページを参照。

(53)前掲『人間 池田勇人』三七一ページ

(54)小島章伸「〈IMFレポート〉東京総会を顧て――新秩序を求める国際通貨体制」、『国際問題』編集委員会編「国際問題」一九六四年十月号、日本国際問題研究所、四二ページ

(55)宮内庁『昭和天皇実録 第十三』東京書籍、二〇一七年、六九七ページ

(56)前掲『池田勇人 その生と死』二五〇―二五三ページ、前掲『人間 池田勇人』三六八―三七一ページ。その後の自民党内の動向は、「首相療養でぐらつく自民党――〈政変〉を予想する各派の作戦と舞台裏」(「経済展望」一九六四年十一月号、経済展望社)四―七ページを参照。

(57)大平正芳回想録刊行会編『大平正芳回想録 伝記編』大平正芳回想録刊行会、一九八二年、二四七ページ、前尾繁三郎『政治家の方丈記』理想社、一九八一年、三七九―三八〇ページ

(58) 前掲『人間 池田勇人』三七〇ページ
(59)「首相〝退屈〟に俄然ハッスル」「週刊現代」一九六四年十月二十二日号、講談社、二〇ページ
(60) 塩口喜乙『聞書 池田勇人——高度成長政治の形成と挫折』朝日新聞社、一九七五年、二二五ページ
(61) 前掲『佐藤栄作日記』一八六ページ
(62) 藤山愛一郎『政治わが道——藤山愛一郎回想録』朝日新聞社、一九七六年、一四七ページ
(63) 前掲『聞書 池田勇人』二二四—二二五ページ
(64) 前掲『大平正芳回想録 伝記編』二四八ページ、前尾繁三郎「池田勇人と私」、国家予算歩みの会『国家予算の歩み10——池田勇人』所収、国家予算歩みの会、一九七九年、二一八—二一九ページ
(65) 伊藤昌哉「秘書官の見た人間・池田勇人」「中央公論」一九六四年十二月号、中央公論社、二一八ページ
(66) 日本体育協会編『第十七回オリンピック大会報告書』日本体育協会、一九六二年、二〇ページ。そんな背景もあってか、「陸上競技マガジン」一九六二年二月号(ベースボール・マガジン社)の巻頭座談会では「根性をトレーニングする」がテーマになり、大島鎌吉や加藤橘夫(両者とも東京オリンピック選手強化対策本部の設立時からのメンバー)もこれに加わっていた。彼らは「今の選手は戦前に比べて根性がない」という文脈で「根性」という言葉を使っていた。さらに東京オリンピックで陸上競技が「惨敗」したときにも、やはり「根性」の不足が原因とされた(前田新生/岡野栄太郎/広瀬豊「座談会:オリンピックをこう見た!」「陸上競技マガジン」一九六四年十二月号、ベースボール・マガジン社、一一四ページ)。
(67) 本明寛『根性——日本人のバイタリティー』ダイヤモンド社、一九六四年、一、六五—六六ページ。

『生活の知恵』は毎週火曜日午後十時十五分から放送。テーマに「根性」が取り上げられたのは十月三十日。ゲストはファイティング原田ほか。「朝日新聞」一九六二年十月三十日付

(68) 日本体育協会『東京オリンピック選手強化対策本部報告書』日本体育協会、一九六五年、一六八ページ、「〝根性づくり〟テキスト生まる」、日本体育協会東京オリンピック選手強化対策本部編「OLYMPIA」第十三号、日本体育協会東京オリンピック選手強化対策本部、一九六二年、三三ページ。また、大島鎌吉・東俊郎・加藤橘夫らによる座談会「いわゆる「根性」について」が、「OLYMPIA」第十二号(日本体育協会、一九六二年五月)から第十四号(日本体育協会、一九六二年十月)にかけて連載された。

(69) 日本体育協会東京オリンピック選手強化本部編『東京オリンピック選手強化4ヶ年のあゆみとあと1年の対策』日本体育協会東京オリンピック選手強化本部、一九六三年、六〇ページ

(70) 前掲『佐藤栄作日記』一八八ページ

(71) 同書一九〇ページ

(72) 同書一九〇ページ

(73) 「子どもにまかせよう——国旗掲揚推進懇談会」、朝日新聞社編「朝日ジャーナル」一九六四年五月三日号、朝日新聞社、三五ページ

(74) 「第四十六回国会 衆議院 文教委員会議事録 第三号」一九六四年二月十四日、一ページ

(75) 大宅壮一/司馬遼太郎/三島由紀夫「敗者復活五輪大会」「中央公論」一九六四年十二月号、中央公論社、三五五ページ。ただし、一方で強調すべきは、ここでいうナショナリズムには沖縄やマイノリティに対する問題意識がすっぽりと抜け落ちていたことである。

(76) 前掲『池田勇人 その生と死』二五九ページ

(77) 前掲『人間 池田勇人』三七二ページ
(78) 前掲『池田勇人 その生と死』i―ii

第2章　天皇・原子力・オリンピック

中房敏朗

はじめに

オリンピック憲章の第五十七条は開会式の規定である。ここでは、オリンピック競技大会の開会を宣言するために「元首あるいは首長」（The Sovereign or Chief of State）[1]を招待することを定めていた。そのため東京オリンピックでも、憲章に違反しないためには、日本の元首が開会を宣言する必要があった。だが戦後日本の憲法では、天皇を国家元首と明記していない。天皇は日本国の象徴である。そうすると、仮に天皇がオリンピックの開会宣言のために登壇すると、天皇は「元首」か否かという法的な論争になりかねなかった。当時のオリンピック東京大会の組織委員会はこの問題を回避するためにどうしたのか。このときの対応については後述するが、先に確認しておくべき大会がある。第三回アジア競技大会である。

一九五八年五月二十四日、東京の国立競技場でアジア大会の開会式がおこなわれた。開会を宣言したのは、天皇裕仁である。ただし前例と異なる点があった。第一回大会（インド）と第二回大会（フィリピン）では国家元首が大会の「総裁（patron）」を務めるとともに大会憲章に基づいて開会を宣言した。ところが日本でおこなわれた第三回大会の場合、「総裁」になったのは、天皇ではなく皇太子明仁であった。皇太子が「総裁」になったにもかかわらず、皇太子は開会を宣言しなかった。このとき、天皇には大会に関わる地位は特に用意されず、皇后とともに開会式に「行幸啓」、つまり「外出すること」が公式に要請されただけだった。[2] それなのに、天皇が開会を宣言した。

どうしてこんな奇妙な決定がなされたのか。シュテファン・ヒューブナーはこのことについて二つの解釈を提示した。第一に、当時のアジア諸国では戦争の記憶がまだ十分に克服されておらず、天皇ではなく皇太子を「総裁」に選んだことで、アジア諸国の抵抗感を多少なりとも和らげようとしたという解釈である。第二に、もしも天皇が開会宣言だけではなく大会の「総裁」を務めたならば、天皇の憲法上の地位に対する疑念がより強くなる可能性もあったが、そのような問題を回避するために皇太子を「総裁」に指名したという解釈である。[3] ほかの解釈もありうるだろうが、いずれにせよ、日本の組織委員会のメンバーが、当時の時代的な制約のなかで、大会憲章を意識しながら天皇や皇太子の処遇に苦慮していた様子がうかがえる。

それでは東京オリンピックの場合はどうだったのか。まずはこの問題からみていこう。

1 パトロン・オブ・ザ・ゲームズ

オリンピック東京大会組織委員会が天皇に「名誉総裁」の就任を要請したのは一九六二年であった。同年五月二十四日、官房副長官の服部安司が以下の談話を発表した。

オリンピック東京大会組織委員会の津島会長から天皇陛下に名誉総裁をお願いしたいとの要請があり、内閣法制局で法律上の問題を検討していたが、その結果は支障がないということだった。二十五日の閣議で検討して組織委員会の要請を了承することになろう。(4)

ここでは、事前に法律上の問題がないかどうかを検討していたことが興味を引く。そして、この談話のとおり、翌日二十五日の閣議で、オリンピックの名誉総裁を天皇に要請する方針を決定した。(5)五月二十八日の組織委員会でも第二十九回会議で、天皇を「東京大会の名誉総裁に仰ぐこと」を満場一致で決議した。(6)なお新聞では、名誉総裁の就任とあわせて開会宣言も依頼することが報じられている。(7)この点は重要である。一九五八年のアジア大会と違って、天皇は名誉総裁に就き、かつ開会宣言もあわせておこなう方針が明確に示されたからである。これで東京オリンピックは、天皇をどのように処遇するかという点で、アジア大会よりも一歩踏み込むことになったといえる。五月三十日、宮内庁は、天皇が依頼の件を承認した旨を組織委員会に通知した。[8] これは『昭和天皇実録』でも確認できる。すなわち、三十日に「財団法人オリンピック東京大会組織委員会より願い出があり、この日、昭和三十九年開催予定のオリンピック東京大会の名誉総裁《パトロン・オブ・ザ・ゲームズ》に推戴されることをご承認になる」[9] とある。ここで「名誉総裁」という言葉に、わざわざ「パトロン・オブ・ザ・ゲームズ」と補足している点に注目したい。

「名誉総裁」という言葉自体は戦前から使われていて、博覧会などで皇族や華族のために用意された地位の呼称であった。[10] 一九六四年の東京オリンピックでは、この「名誉総裁」という言葉を英語の「Patron of the Games」に対応させて使用しはじめたのである。[11]『昭和天皇実録』にいう「パトロン・オブ・ザ・ゲームズ」も、この謂にほかならない。パトロン・オブ・ザ・ゲームズとは、直訳すると「大会後援者」である。これはオリンピック憲章の定めにはなく、そのため必置というわけでもなかった。各国のオリンピック組織委員会が慣例的に置いてきた地位にすぎない。とはいえ、大会で最も名誉ある地位であることは間違いなく、遅くともロンドン大会(一九〇八年)以降、君主や大統領がその地位に就いてきた。[12]

天皇が大会の名誉総裁に就任したことは、オリンピック組織委員会のメンバーにとっても朗報であり、組織としても「これをもって、ますます確固たるものになった」[13]と喜んだ。この決定は組織委員会の会報でも次のように報じられた。

オリンピック東京大会組織委員会は、かねてからオリンピック東京大会の名誉総裁に天皇陛下のご就任をお願い申し上げていたが、五月三〇日宮内庁を通じ、快諾の知らせがあった。この結果、一九六四年一〇月一〇日の開会式は陛下の開会宣言によって大会の幕が開かれる。[14]

一見、何の変哲もない文章だが、ここには奇妙なロジックがある。この文章では、天皇が名誉総裁に就任したことによって、天皇が開会を宣言する、といっているのである。オリンピック憲章にそんな規定はない。しかしこの奇妙なロジックと重なる認識が、なぜか国会でも説明されていた。一九六二年七月三十一日に国会衆議院のオリンピック東京大会準備促進特別委員会で、日本社会党の阪上安太郎が当時の組織委員会の会長・津島壽一に対して、「国民の象徴である天皇を総裁に推戴した」経過を問い質した。その答弁はこうである。

従来各国で行なわれたオリンピック大会においては、その国の元首または首長という方が開会の宣言をするという規定が憲章にあるのでございますが、それに関連いたしまして、それらの国においては、パトロン・オブ・ザ・ゲームズという、肩書きと申しますか、みな元首、大統領あるいは王、女王がお持ちになっておることは、御承知の通りでございます。これらの観点からいたしまして、名誉総裁という言葉は、これは日本でわれわれの作った言葉でございますが、どうしても各国並みに、その上に立つ方を、パトロンと申しますか、そういったようなことに推戴するのがいいだろう、こういうことだったのでございます。従いまして、この件につきましては、五月中旬の組織委員会の決議を経まして、政府の意向を伺い、お願いを申し上げたのですが、政府においても、閣議においてこれが決定されまして、その上でわれわれは所定の手続をとって名誉総裁に御推戴申し上げた、こういうことになっております。憲章の関係からいって、開会の宣言を陛下に名誉総裁としてお願い申し上げるという点も宮内庁方面に了承を得まして、このことをモスクワのＩＯＣ総会に報告して各国の委員の了承を得た、これが経過でございます。[15]

津島の弁はひどく歯切れが悪い。例えばオリンピアンの清川正二は『東京オリンピックに思う』[16]のなかで、東京大会では「オリンピック憲章」[17]が定めるとおり、「元首の開会の辞」を天皇におこなってもらいたいと明快に述べたのに対して、津島の答弁はそうではない。津島は回りくどい説明のあと、天皇に「名誉総裁」として宣言を依頼した、と述べたのである。なぜか。先のヒューブナーの解釈を援用すると、次の解釈が可能である。すなわち憲章どおりに「元首」として天皇が開会を宣言すると、天皇は「元首」であるか否かという不要な論争が起きかねないことから、天皇が「名誉総裁（パトロン）」として開会を宣言する形式にこだわった、と。この解釈を補強できる背景もある。内閣に設置された憲法調査会が、ちょうど日本国憲法の改正問題について調査・審議していたのである。[18]そのため知識人の間では天皇制に関する議論が活発[19]になり、また政界の右派の間では憲法を改正して天皇を元首と定めるように求める動きもあって、野党がこれに対して警戒を強めていたのである。一九六二年二月一日の国会の予算委員会でも、社会党の木原津與志が、天皇を元首とすべきという動きがあることにふれ、天皇は現行どおり「象徴」でいいのかどうかを首相の池

写真1　「名誉総裁」として開会を宣言する天皇
(出典：「オリンピック東京大会特集」第3号、徳島県体育協会／徳島新聞社、1964年、23ページ)

田勇人に問い質した[20]。池田は回答を避けたが、天皇の地位についてはこれほどにも政治的な争点になりかねない情勢がくすぶっていたのである。

一方、ロバート・ホワイティングが当時を回想して、天皇は「国際オリンピック委員会が通常要求する国家元首としてではなく、対外的には東京オリンピックの〝パトロン〟という立場でその役割を担った[21]」と述べていることも興味深い。彼の言葉から、当時の組織委員会は国内事情に配慮しただけではなく、他方では海外の人々、特に戦時中に日本と敵対した国の人々に対しても配慮して、天皇を「元首」とする表現を避けようとしたと解釈できるからである。もしこれがホワイティング一人だけの認識でなく、多くの外国人が同様に受け止めたとしたら、当時の組織委員会の意図は相応に成功したといえるだろう。ただし、たいていの人々はそもそも憲法やオリンピック憲章の詳細を理解していなかったようであり、国内外で天皇の開会宣言がとりたてて問題になるようなことはなかった。

十月十日、開会式。ファンファーレが鳴り響く。「各国選手団の列が、次つぎと入場して、流れるように行進し、天皇の席の前でいったん国旗を傾けて通る。天皇はそれに手を振ってこたえる」、そんな光景を見て「平和はいいな、平和は……[22]」と思ったのは、市川崑の下で記録映画の製作に携わった作家の安岡章太郎であった。一方、開会式を見て、敗戦直後にダグラス・マッカーサーのそばに立つ天皇を思い出したのは三島由紀夫である。

開会式のとき、陛下のいかにもうるはしい御機嫌と、ブランデージIOC会長の懇願を受けて開会宣言をされる堂々たる御姿を見て、私は十九年前の、マッカーサー元帥と並んだ悲しいお写真と思ひ比べ感無量なものがあつた。このとき、十九年前を思ひ浮かべた人は私一人ではないと思ふ。[23]

2　オリンピック・イブの集火式

一九六四年十月九日金曜日——

この日は「オリンピック・イブ」である。東京オリンピックの聖火リレーは、この「イブ」の日に合わせて東京に到着することになっていた。オリンピアのヘラ神殿跡で採火された火は、途中十一カ国を経由してアメリカの統治下にあった沖縄に入ったあと、空路で九州に上陸し、四つのトーチに「分火」された。そしてオリンピックの開会式までの約一カ月という限られた期間内に、四十六都道府県庁所在地をすべて通過できるように、四つのコースに分かれてリレーがおこなわれた。

最終目的地は、もちろん国立競技場である。

だが、聖火がたとえ東京に到着してもそのまま競技場に入れるわけではない。聖火はどこで待機したのか。国立競技場から五キロほど離れた皇居前広場である。

皇居前広場は、北の丸公園なども含めて、正式には「皇居外苑」という。戦前には、ここで親閲式や観兵式などの数々の儀礼や式典がおこなわれていた。占領期になると、天皇も列席する憲法関係の式典のほか、占領軍、日本の警察、労働団体といった多様な勢力によるパレードや集会がおこなわれ、一種混沌とした政治空間に変貌した。しかし日本の独立後は、平和条約の発効と憲法施行五周年を祝う式典が一九五二年におこなわれたのを最後に、皇太子の立太子礼などの例を除いて、式典や集会の開催はいっさい途絶えていた(24)。

皇居前広場は、こうして長らく人が群れない空疎な空間になっていた。その慣例を破ったのが、東京オリンピックにほかならない。これを企画したのは東京都聖火リレー実行委員会だった。四つの火を再び一つにまとめるという単純な行為を大掛かりな式典とし、これを「イブ」の日に皇居前広場で盛大に挙行したのである。この「集火式」は、もちろんオリンピックの公式行事のリストにはなく、日本独自のアイデアだった。

九月九日から全国の道府県庁所在地を走破した聖火が、十月七日から九日にかけて順次、丸の内の東京都庁舎に到着した。午後三時四十五分、それまで都庁舎の聖火灯に保管されていた聖火が、再び四本のトーチに移された。都内の高校から選ばれた四人のランナーが、皇居前広場に向かって走り始めた。沿道には大勢の見物人が手に手に日の丸の小旗を振っていた。皇居前広場もすでに三万五千人の観客でふくれあがっていた。ランナーが到着すると、警視庁音楽隊のファンファーレが鳴り響いた。この広場が式典の会場として大勢の人々で埋まるのは、実に十二年ぶりのことだった。[25]

ただし不可解な点がある。集火式は当初、皇居前ではなく、都庁舎前でおこなう予定であった。[26]東京都が都のシンボルである都庁舎の前で式典をおこなう計画に、不自然な点はない。一九五八年のアジア大会の折にも聖火リレーがおこなわれ、開会式の前日は都庁で聖火を安置したが[27]、東京オリンピックでもこの前例に準じて計画されたと考えられる。集火式の備品を納める業者に対しても、同じ予定を伝えていた。岩谷産業も指示どおり都庁前で式典をおこなう前提で、「もう一つの聖火台」の製造に着手していた。しかし直前になって、東京都から設置場所の変更を伝えられる。せっかく造った聖火台も、聖火が競技場に向けて出発したあとは、皇居前には不釣り合いとばかりに、広場から直ちに撤去するよう求められた。同社の会長・岩谷直治は当時を回想して次のようにいう。

このニュースが報じられると、労働組合団体からは「デモ隊をいっさい入れたことがない皇居前でセレモニーをやるつもりか」と一方的に咎められるし、「神聖な場所で外国から持ってきた火をたくとはけしからん」と別の方面からも厳しく責められた。[28]

この問題は、九月十日におこなわれた国会の特別委員会でも取り上げられた。社会党の永井勝次郎が、参考人の東京都オリンピック準備局企画部長の森岡一夫に対して、集火式の会場が都庁から皇居前に変更になった理由を問い質した。森岡は、都庁前が非常に狭いことを理由に挙げた。それに対して永井は、そこにいったいどんな意味があるのかと重ねて尋ねたが、森岡はかたくなに同じ理由を繰り返すにとどまった。[29]結局、集火式の場所が変更になった本当の理由、あるいは誰もが納

写真2　集火式の様子。「聖火台」は薪能のかがり火をイメージして作られた
(出典：東京都編『第18回オリンピック競技大会東京都報告書』東京都、1965年、12ページ)

得できる本当の意味は明かされずに終わった。

集火式には、東京都知事や文部大臣をはじめ、国際オリンピック委員会会長のアベリー・ブランデージ、オリンピック組織委員会会長の安川第五郎らも顔をそろえた。ギリシャからは、採火式を担当したアレカ・カッツェリ夫人も招かれた(30)。ギリシャの伝統的な衣装に身を包んだ夫人が右手を挙げるのを合図に、四つのトーチが一斉に聖火台に向けられた。聖火台に点火したのは、先の高校生ランナーではなく、スーツ姿の東京都知事、都議会議長、東京都聖火リレー実行委員会会長、集火式副会長だった。「君が代」が斉唱され、ポールには日の丸と都旗が揚がった。国際色豊かなオリンピックの関連行事だというのに、主催者や来賓の挨拶のあとは「聖火リレー万歳」の三唱で式典は閉じられた。途中、紅白の布を巻いた木柵の横木がゆるんで観覧中の女性の足の上に落ちて軽傷を負うという事故もあったが、いかにも役人を満足させそうな式典は、二十分足らずで終了した。[31]

集火式には大勢の関係者が集まったが、天皇や皇族の姿はなかった。その日はオリンピックのために来日したノルウェーの皇太子ハラルドと、イランの皇弟パハラヴィーのために用意した宮中午餐に参加していたからである。とはいえ、天皇が皇居前にしつらえられた「もう一つの聖火台」のことを知らずにいたわけではない。午餐が終了したあと、天皇は皇后とともに皇居正門の二重橋まで足を運び、暗闇に映える「聖火」を静かに見届けた。[32]

聖地オリンピアから総距離二万六千七十二キロを経て東京にたどり着いた聖火は、翌日のオリンピック開会式を控えて、日本の聖域、皇居前の広場——ロラン・バルトが言った「空虚な中心」の一角——で、警視庁の機動隊員に夜通し警護されながら煌々と燃え続けたのである。

こうして聖火は、一つは古代ギリシャの聖域で採火されたという意味で、もう一つは首都東京に鎮座する日本の「象徴」をかたどる聖域で一夜を明かしたという意味でも、「聖なる火」という意匠の強度をよりいっそう強めることができたのである。

3　オリンピックと原発——二つの国家的事業

一九六三年十二月九日から翌年六月二十七日まで、オリンピック担当大臣は佐藤栄作であった。このとき、佐藤はほかにも科学技術庁長官、北海道開発庁長官を兼任していた。当時は、規定によ

写真3　1963年7月24日、神宮球場でおこなわれた東京オリンピック協賛・プロ野球オールスター戦。始球式で佐藤栄作オリンピック担当大臣とバッテリーを組む組織委員会会長の安川第五郎
（出典：安川第五郎伝刊行会編『安川第五郎伝』安川第五郎伝刊行会、1977年、口絵）

り、科学技術庁長官が自動的に原子力委員長を兼任したから、佐藤は都合四つのポストに就いたことになる。ところでオリンピック担当大臣が、よりによって原子力委員長も兼任するというのは、意図せざる結果ではあったにしても釈然としない人事であったようにみえる。しかしながら、それは現在の私たちの目からみた違和感であって、六〇年代の日本の社会的・政治的な文脈からみると、とりたてて疑問視するようなことではなかった。オリンピックと原子力は対立するものではなく、平然と両立できたのである。

当時のオリンピック東京大会組織委員会会長は安川第五郎であった。その彼も佐藤と重なる分野の役職を兼務していた。安川は同会長の責務を負いながら、日本原子力発電（原電）会長と日本原子力研究所（原研）顧問という、二つの肩書ももっていたのである。実際、安川はいつも原電本社の会長室から代々木のオリンピック組織委員会まで通っていた。[33] もちろん安川は三つの要職を兼任したことによって、オリンピックのために費やすべき労力をおろそかにしていたわけではない。すでに安川は、原電の仕事を社長の一本松珠璣に任せていて、[34] アジアで初めて開催される「民族の祭典」のために、与えられたオリンピックの任務に対し「もてるすべての情熱と努力」[35] を傾けて取り組もうとしていた。そうはいっても、原子力方面の仕事も放置するわけにはいかなかった。原研では一九六三年十月ごろから労使関係が極度に悪化しており、[36] 国会でもこの問題で佐藤が原子力委員長として質疑に立つことがあった。[37] 佐藤は六四年二月十八日の日記で、安川が原研の人事の相談のために佐藤を非公式に訪れたことを記している。[38] つまり安川と佐藤とは、オリンピックのほかに、原子力の分野でも職務のために顔を合わせていたのである。

安川の経歴を簡単に振り返っておこう。安川は福岡県の出身で、東京帝国大学工科大学を卒業後、日立製作所技士を経て、地元の福岡で安川電機製作所を興した。長く経営者として実績を積むが、元来「電気技術屋」であった安川は、アメリカで成功した原子力発電に関心を寄せていた。一九五五年十二月の原子力基本法の成立後、翌年六月に原研が開設した。その際、総理府の原子力委員会の推薦によって安川が初代理事長に就任する。翌年十一月、日本初の商業用原子炉の開発を目ざす原電の創設時にも、やはり安川が初代社長に就任した。国会で発電所の予算や安全性が問題になったときには、安川が参考人として野党の厳しい追及を受けた。[39] 六〇年一月、原電は茨城県の東海村で原子力発電所の建設に着工し、六四年九月に発電所の建設工事が完了した。原子力発電所も、新幹線と同様にオリンピック開催前のタイミングで完成を目指していたことは確認しておいていい。[40]

そんな電気畑の安川が、まったく畑違いのオリンピック組織委員会に迎えられたときにはすでに七十六歳であったが、戸惑うことも多かった。安川は「読売新聞」の記者に対して「君、これからこの仕事は大変だよ。スポーツ界というのはもっとスカーッとしていると思っていたら、たいへんなところだ」と本音を漏らすこともあった。NHKの記者に対しても同じように、スポーツ界は「複雑怪奇だ」とよくこぼしていたという。[41]

さて、原子力とオリンピックの二つの分野で要職を兼務することは、きわめてまれなケースだろう。そんな希有な立場に身を置いた安川が、自らの所感を率直に語る機会があった。母校の修猷館高等学校でおこなわれた安川の激励会である。いよいよ東京オリンピックの開催が差し迫った一九六四年の一月二十七日に、安川は講演のなかで次のように語った。

私は組織委員会長の重大な責務が一つあるのと、もう一つ重大な職責を今年解決するものがある。それは従来ひっかぶっておる原子力発電所の設備が本年で工事が終わるんです。丁度また運がいいか悪いか知らんが、本年末に工事が終わって、それから重大な燃料を挿入して、来年の三月に発電しようという計画で、オリンピックが済むか済まんかで燃料挿入という重大な段階に入る。だから私の一生にとっては、この原子力発電の完成とオリンピックの行事を無事に済ますというこの二つが、私には一生のヤマが、本年に固まって来ておる。だからこの二つが二つとも無事に済めば私はもういつあの世に行っても遺憾はない。[42]

安川は人生の最終段階で二つの大きな国家的事業の責任者になった。もちろん実際の仕事は彼の大勢の部下が携わることになるが、それでも安川は二つの職責を自分のものとして受け入れた。もっとも、ここで注目したい点は、安川にとって原子力とオリンピックが平然と並列できたことである。いくら平和利用とはいえ、世界唯一の戦争被爆国において原子力事業の責任者がスポーツの祭典に携わることに、葛藤も疑念もなかったようである。なぜそんな心境になれたのか。

4 「人類」と「平和」

東京オリンピックの誘致が始まるころから東京オリンピック開催の年にかけて、つまり一九五〇年代から六〇年代は、ちょうど原子力の「平和利用」が映画や展覧会などを通じて国内外で喧伝され、先進諸国が競って原子力発電所の建設を進めていた時代であった。同じ「第三の火」であっても、軍事利用と平和利用とが画然と区別され、後者の「火」だけが俄然、脚光を浴びた時代だったのである。[43] 安川も戦争を体験したが、「技術屋」の性分のせいか、彼の好奇心は「第三の火」の恐るべき力よりも、同じ「第三の火」によって切り開かれる「人類の未来」の可能性のほうばかりに向いていた。安川は原子力を「恐るべき力」ではなく「偉大な力」と理解したのである。[44] そんな安川にとって原子力とオリンピックは、同じ国家的な事業ではありえても、両者の間に衝突しあうような政治的な意味合いの違いや理念の違いなどは存在しなかった。仮にあったとしても、その違いはさして重要なものではなかったのであろう。
もっとも、そのような考え方の持ち主は彼に限らなかった。例えば、次に引用する「朝日新聞」の「天声人語」は、一九六二年十月から四カ月間空席であった組織委員会の会長に安川が就任した際に書かれたものだが、看過できない同時代の語りが書き込まれている。

東京オリンピック組織委員会長を引きうけた安川第五郎の受けっぷりはスッキリしていた。何の注文もつけず無条件にスパッと就任を承諾したのは、ファインプレーで、すがすがしい。▼四カ月ももたもたしてシャッポが決まらず、みんなが困っているのを〝見るに忍びない〟という気持ちだったらしい。この際〝時の氏神〟というものだ。これでどうやらバラバラの五輪の輪も中心ができてまとまりがつこう。（略）▼オリンピックムードもいままで高まりようがなかった。安川会長就任のあと五輪選手強化対策本部長も早急に決め、道路や施設の建設も進み、やがて、今秋のプレ・オリンピック開催ともなれば、自然にムードも盛り上がってくる。▼前原子力研究所理事長、日本原子力発電会長の安川さんが、こんどは〝人間原子力〟の五輪スポーツ組織委会長で〝原子力から原始力まで〟の幅広い脚光を浴びた。立派な東京大会づくりをして下さい(45)。

ここには、日本原子力発電会長である安川が、スポーツの祭典であるオリンピック組織委員会会長を兼任することに対して、疑念のかけらもみられない。しかも、かつて国会で安川が原子力発電所の予算や安全性について野党から厳しい追及を受けたことは忘却されているし、今後も同じ立場になる可能性があることについてはまったく考えが及んでいない。原子力とオリンピックという異質のものを、機知を利かせて「原子力から原始力まで」と巧みに繋ぎ合わせてさえいる。さらに、オリンピックについても「〝人間原子力〟の五輪」と、はばかりなく形容してみせる。このような表現は、もちろん多くの日本の人々が戦時のまがまがしい記憶からある程度自由になっていたからこそ成立するレトリックである。被爆国の日本でさえ悲惨な過去が忘れられ、原子力がもはや恐怖や憎悪の感情を呼び覚ます対象ではなくなろうとしていたのである。[46]そうした一九六〇年代に固有の文脈において、原子力とオリンピックは対立する概念ではなかった。むしろ原子力とオリンピックには「人類」と「平和」という共通のキーワードがあり、見事に重なり合う概念でさえあったのである。その点からいうと、「原子力の日」の制定も、看過できない事実である。一九六四年七月三十一日に池田内閣は、十月二十六日を「原子力の日」とすることを閣議決定した。「原子力についての国民の理解と関心を深め[47]」るためである。

そうした文脈に注意すると、東京オリンピックの最終聖火ランナーに、原爆投下の日に広島近郊で生まれた十九歳の青年・坂井義則が選ばれたことも重要な意味をもつ。確かに当時でも賛否が分かれる人選ではあった。[48]オリンピック大会組織委員会事務総長の与謝野秀の場合、この人選について「原爆を憎むこと人後に落ちない私も、オリンピックに原爆を持ち出したい気持ちのひと」とは意見が異なるので、「いやな気持ち[49]」になったという。しかし大方のメディアは好意的に受け止めた。「運命の日」に生まれた坂井は、広島を離れて、すでに早稲田大学の学生になっていた。最終ランナーに決まると、新聞や雑誌では「原爆っ子」と親しみを込めて呼ばれるようになった。「原爆っ子」でありながらも、美しく力感あふれる走法の持ち主に、女性誌も「がんばれ！」と声援を送った。(50)「原爆」という言葉の意味が東京オリンピックの式典を通してより透明なものに昇華されたとしたら、それは原子力のイメージが軍事的・否定的なものから平和的・肯定的なものへと大きく移行していた時代とうまく共鳴できたからこそであろう。もちろん、人によっては「恐怖の記憶」を呼び覚ます際どい人選であったとはいえ、「運命の日」は容易に「新しい日本の出発」の日として読み替えられていくのである。

なお、聖火リレーの日本への初上陸地点は沖縄であったが、一九六二年二月の段階では、初上陸地点を広島にして「原子爆弾」の中止を世界にアピールすることも有力な案の一つである、と前事務総長の田畑政治が国会の特別委員会で説明していた。(51)つまり組織委員会では「広島」へのこだわりが以前からあり、結果として聖火最終ランナーとして実現したとみることもできる。

5　組織委員会からみたオリンピック

「オリンピック」とさえ一言いえば「無理でも何でも通る」。開会式がいよいよ近づくと、関係者の間で横柄な振る舞いが目立ってきた。前年に刊行された雑誌でも、「オリンピックというニシキの旗をかかげれば、相当の無理もまかり通る。この権威主義の害が恐ろしい(52)」と警戒されていたが、それが露骨に現れてきたのである。安川が知る「或る人」の場合、東京の街なかで巡査に交通違反で捕まったが、「オリンピックの用だ」といったら簡単に放免されたらしい。東京あたりでは、オリンピックに甘い人たちがずいぶんと生まれたようだ。安川が所属する組織委の事務局でも、そんな「世の中」の空気に甘えて「高圧的」に振る舞う「現象が相当見え」始めた。安川は部下に対して、国民に頭を下げながら準備を進めるよう、何度も諭したというから、よほど目に余ることが続いたのだろう。[53]

八月二十六日、ギリシャのオリンピアで採火式がおこなわれた。採火式にはギリシャの国王とともに安川も参列し、古式の儀式に従って宮殿跡の基礎石の上に置いた凹面鏡で火を点ける瞬間を観覧した。文字どおり「荘厳」な光景を目の当たりにして、七十八歳の安川でも感動した。これを見るまで安川は、「ギリシャくんだりまで行って太陽の火でわざわざ取って」こなくても、マッチならどこにでもあるし、せいぜい「高千穂あたり」で火を取れば十分だと考えていたが、考えを改めた。採火された火は、ギリシャの青年の手によってアテネの飛行場までリレーされ、最後にギリシャ・オリンピック委員会会長から安川に手渡された。[54] このあと聖火は、日本からチャーターした日本航空の特別機によって十二カ国の十四都市を歴訪しながら日本へ運ばれた。経由地になった都市では、大勢の市民が集まり、夜を徹して「聖火祭」がおこなわれた。先にアテネから日本に帰った安川は、報道を通して各国の歓迎ぶりを知り、「世界親善」というオリンピックの一面を実感した。[55]

十月十日、前日と打って変わり青空が広がったのを見て、安川は「天佑」だと思った。その日、安川は定刻どおり国立競技場のロイヤルボックス前に設けられた演壇に立ち、七万五千人の観衆と各国の選手団を前にして、開会の式辞を述べた。

大会が始まると、組織委員会でもある程度予想されていたとおり、些細なトラブルが続いた。その対応には、おもに安川、東龍太郎、竹田、与謝野の四人があたった[56]。事務総長の与謝野の回想によれば、水泳場に関係がないほかの大勢の選手が選手村から押し掛けたり、ロイヤルボックスの席が規定の数より足りなかったりして、しばらく対応に追われた。

日を重ねるにつれて事務局でもゆとりができた。だが問題は途絶えなかった。サッカーでは、イタリアや北朝鮮(朝鮮民主主義人民共和国)の不参加によって入場券の払い戻しがおこなわれた。射撃では皇太子の「お成り」に合わせて突然花火が鳴ったので、吉川貴久が「少々安静が乱れ」て二位になり損なって三位になったと不満げだった。ボクシングではスペインの選手が審判を殴り、韓国の選手が判定にゴネて紛糾した。世界の新聞が「どこの国が金メダルを何個とった」と大騒ぎするので、オリンピック委員会会長のブランデージがたまりかねて、プレスに注意を与えるという一幕もあった[57]。亡命希望者も現れた。ハンガリーの選手二人、台湾の選手一人、そのほか観客十人、船員一人が第三国への亡命か渡航を希望したが、外務省と法務省の調整によって、それぞれ希望する国に引き渡された[58]。組織委員会の岩田幸彰渉外部長に十七日から七回ほど「浅野とブランデージをやっつけてやる」という脅迫電話もあったが、単なるいたずらで終わった[59]。美談もあった。ヨットから滑り落ちたオーストラリアの選手をスウェーデンの選手が競技を中断して助け上げ、生命を救った[60]。

十月二十四日、閉会式。午後五時前、天皇夫妻が会場に入ったあと、式典が始まった。オリンピック憲章では、閉会式に「元首または首長」を招待する明文規定がなかった（現在もない）。安川によれば、そのため当初は、天皇の負担を考えて、皇太子夫妻を閉会式に招待する予定であった。ところが、これを聞いた天皇が「皇太子にそんな権限があるのか」と不服の意を表したことから、天皇の意を汲み取って、閉会式にも開会式と同様に天皇を招待することになった。[61]

天皇は会期中に七回来場した。大会には七カ国から計十数人の王族が参加していて、天皇をはじめ皇族にとってオリンピックは皇室外交の好機でもあった。[62]天皇の来場の際には、安川も必ず送迎の場に出向いたが、その間、天皇は安川に一言も声をかけなかった。しかし閉会式が終わったあとにだけ、天皇は安川のところへ歩み寄り、「無事にすんでよかったね[63]」とねぎらった。この言葉は、天皇が先に閉会式にあわせて詠んだ歌「この度のオリンピックにわれはただことなきをしも祈らむとする[64]」と対応するものであり、天皇の率直な所感でもあったのだろう。閉会式のあと、外苑の空に花火が上がり、ヘリコプターが舞った。[65]

安川にとって東京オリンピックは、外国に「ニッポン」を知らしめたということも成果であったが、それよりも「日本国民が自省し、自信をとりもどした」ことが、より大きな成果であったよう

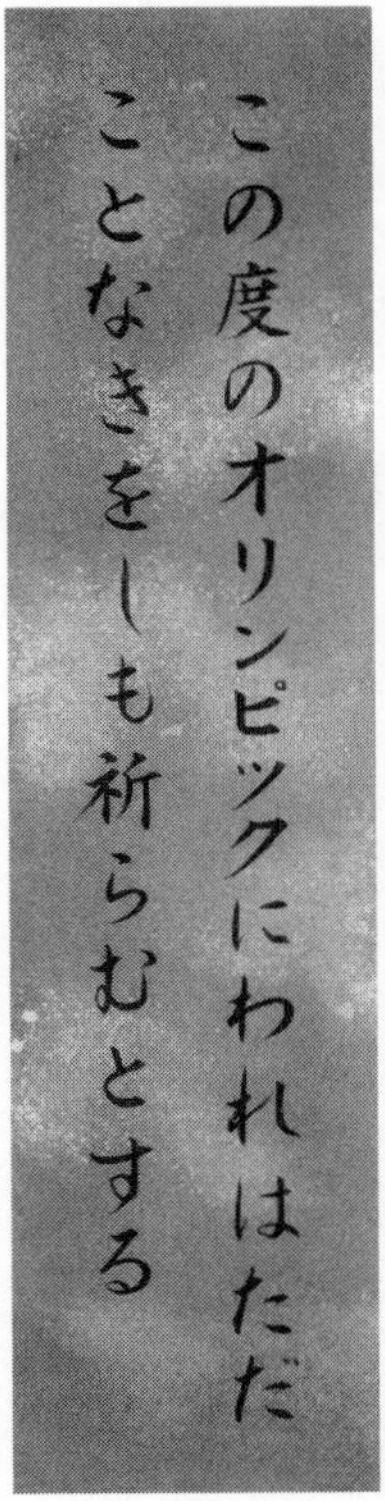
この度のオリンピックにわれはただ
ことなきをしも祈らむとする

図1　天皇がオリンピック開催を控えて詠んだ歌
（出典：サンケイ新聞社編『天皇――昭和を国民とともに』サンケイ新聞社、1984年、ページ番号なし）

に思われた[66]。

一九七〇年十一月、文化の日。八十三歳になった安川は、勲一等旭日大綬章を受章した。受賞の理由は「電力・原子力事業への貢献、またオリンピック東京大会の運営に尽力した[67]」功績によるものである。この勲章は、もちろん個人の功績をたたえるシンボルだが、原子力事業とオリンピックが同じ時代に国策として推進されたと同時に、両者の理念が重なり合うことさえもできた希有な時代を象徴する、ある種社会的な記念物でもあったように思われる。

注

(1)『オリンピック憲章(IOC一九五八年版原本に対し一九六〇年八月ローマに於ける第五十七回IOC会議の改正による)』日本体育協会訳、日本体育協会、一九六一年、二七ページ、*The Olympic Games: fundamental principles, rules and regulations*, International Olympic Committee, 1962, p. 34.

(2)第三回アジア競技大会組織委員会編『第三回アジア競技大会報告書』第三回アジア競技大会組織委員会、一九五九年、六、四〇四ページ。「総裁」の英文表記が「patron」であったことは次を参照。*III Asian Games Official Programme*, Bunshodo, 1958, p. 2.

(3)シュテファン・ヒューブナー『スポーツがつくったアジア——筋肉的キリスト教の世界的拡張と創造される近代アジア』高嶋航/冨田幸祐訳、一色出版、二〇一七年、二二二—二二三ページ

(4)「朝日新聞」一九六二年五月二十五日付

(5)「朝日新聞」一九六二年五月二十五日付夕刊

(6)オリンピック東京大会組織委員会編『第十八回オリンピック競技大会公式報告書』上、オリンピック東京大会組織委員会、一九六六年、三九ページ
(7)「朝日新聞」一九六二年五月二十九日付夕刊
(8)「朝日新聞」一九六二年五月三十日付夕刊
(9)宮内庁編『昭和天皇実録 第十三』東京書籍、二〇一七年、三六八ページ
(10)農商務省編『日英博覧会事務局事務報告』下、農商務省、一九一二年、八九八ページ、橋本種次郎編『時局博覧会協賛会誌——勅諭拝受五十年記念』勅諭拝受五十年記念時局博覧会協賛会、一九三二年、二四ページ
(11)The Organizing Committee for the Games of the XVIII Olympiad ed., *The Games of the XVIII Olympiad, Tokyo 1964: The Official Report of the Organizing Committee*, 1, 1966, p. 62.
(12)Theodore Andrea Cook, ed., *The Fourth Olympiad: Being the Official Report of The Olympic Games of 1908, Celebrated in London, Under the Patronage of His Most Gracious Majesty King Edward VII and by the Sanction of the International Olympic Committee*, The British Olympic Association, 1909, p. 46. ロンドン大会以降、アントワープ大会など一部を除き、夏季大会では「パトロン」が置かれたことは各大会の公式報告書で確認できる。
(13)前掲『第十八回オリンピック競技大会公式報告書』上、三九ページ
(14)オリンピック東京大会組織委員会編「東京オリンピック——オリンピック東京大会組織委員会会報」第十号、オリンピック東京大会組織委員会、一九六二年七月、三ページ
(15)「第四十回国会 衆議院 オリンピック東京大会準備促進特別委員会議事録 第六号(閉会中審査)」一九六二年七月三十一日、二ページ

(16) 清川正二『東京オリンピックに思う――スポーツの外国通信』ベースボール・マガジン社、一九六三年
(17) 同書四八ページ
(18) 憲法調査会第一部会編『前文・天皇・戦争の放棄・改正・最高法規に関する報告書（憲法調査会報告書付属文書第七号）』大蔵省印刷局、一九六四年、六三―八七ページ
(19)「思想」（岩波書店）が一九六二年五月号と六月号で「憲法」の特集を組み、「思想の科学」（思想の科学社）も一九六二年四月号と八月号で「天皇制」の特集を組んだ。
(20)「第四十回国会 衆議院 予算委員会議事録 第五号」一九六二年二月一日、二ページ
(21) ロバート・ホワイティング『ふたつのオリンピック――東京1964/2020』玉木正之訳、KADOKAWA、二〇一八年、一二三―一二四ページ。実際、外国人向けの「案内印刷物」も用意されたが、「パトロン」の表記に誤りが見つかり刷り直されたという（寺山修司『思想への望郷――寺山修司全評論集下：人物ノート・スポーツ評論』大光社、一九六七年、一九四ページ）。
(22) 安岡章太郎『僕の昭和史』（新潮文庫）、新潮社、二〇〇五年、六三九ページ
(23) 三島由紀夫「秋冬随筆」「こうさい」一九六四年十二月、鉄道弘済会広報部、三島由紀夫『決定版三島由紀夫全集』第三十三巻、新潮社、二〇〇三年、一三五ページ。なおイタリアの「イル・ジョルノ」紙は、開会式のロイヤルボックスに立つ天皇に違和感を抱き、アドルフ・ヒトラーやベニート・ムッソリーニと並ぶ「過去の亡霊が立っているのではないか」などと報じて、この記事を執筆した記者が本国で「日本の元首をヒボウし、名誉を棄損した」と告発された（「天皇の名誉棄損で訴えられたイタリア記者」「週刊サンケイ」一九六四年十一月九日号、産経新聞出版局、三〇―三三ページ）。
(24) 原武史『完本 皇居前広場』（文春学藝ライブラリー）、文藝春秋、二〇一四年、二〇四―二一六ペ

ージ
(25) 東京都編『第十八回オリンピック競技大会東京都報告書』東京都、一九六五年、二六ページ、「毎日新聞」一九六四年十月十日付
(26) 組織委員会・聖火リレー特別委員会の国内小委員会では少なくとも一九六四年四月九日の第十四回会合まで、式典は「宮城前は使用禁止」であり、都庁舎前でおこなう計画が確認されていた(夫馬信一『緊急事態 TOKYO1964——聖火台へのカウントダウン』みずき書林、二〇二一年、五〇―五三ページ)。
(27) 前掲『第三回アジア競技大会報告書』七七ページ
(28) 日本経済新聞社編『私の履歴書——経済人26』日本経済新聞社、二〇〇四年、三七六―三七八ページ
(29)「第四十六回国会 衆議院 オリンピック東京大会準備促進特別委員会議事録 第八号(閉会中審査)」一九六四年九月十日、八ページ
(30) アレカ・カッツェリ夫人が日本に招待された経緯は以下を参照。秋山如水『東京オリンピックの内と外——報道室長の見た舞台裏』ベースボール・マガジン社、一九六五年、四七―四八ページ
(31) 警視庁『オリンピック東京大会の警察記録』警視庁、一九六四年、二四九―二五一ページ、「毎日新聞」一九六四年十月十日付
(32) 前掲『昭和天皇実録 第十三』七一一ページ
(33) 富永和郎「偉大なる凡人」、安川第五郎伝刊行会編『安川第五郎伝 別冊——遺稿と追想』所収、安川第五郎伝刊行会、一九七七年、四一〇ページ
(34) 安川第五郎伝刊行会編『安川第五郎伝』安川第五郎伝刊行会、一九七七年、二四三ページ

(35) 安川第五郎『聖火は消えて――オリンピックの成功は国民の総力』(「歴史をつくる人々」第七巻)、ダイヤモンド社、一九六五年、一二ページ

(36) 吉岡斉『原子力の社会史――その日本的展開 新版』(朝日選書)、朝日新聞出版、二〇一一年、一〇七ページ

(37)「第四十五回国会 参議院 科学技術振興対策特別委員会議事録 第二号」一九六三年十二月十二日、「第四十六回国会 参議院 科学技術振興対策特別委員会議事録 第三号」一九六四年二月二十一日

(38) 佐藤栄作、伊藤隆監修『佐藤栄作日記』第二巻、朝日新聞社、一九九八年、九〇ページ

(39)「第三十八回国会 衆議院 決算委員会議事録 第十七号」一九六一年四月五日、「第四十回国会 衆議院 科学技術振興対策特別委員会議事録 第十一号」一九六二年三月一日、「第四十回国会 衆議院 科学技術振興対策特別委員会議事録 第十二号」一九六二年三月八日

(40) 三十周年記念事業企画委員会編『日本原子力発電三十年史』日本原子力発電、一九八九年、一六―一七、四三―五一ページ

(41) 竹田恒徳ほか「座談会 東京オリンピックと第五郎――組織委員会関係者の思い出」、前掲『安川第五郎伝 別冊』所収、五二四―五二五ページ

(42) 修猷通信編『聖火――安川会長が語るオリンピック秘録』修猷通信事務局、一九六五年、三七―三八ページ

(43) 吉岡俊男「第三回原子力平和利用国際会議の概観」「電気学会雑誌」第八十五巻第二号(通巻九百十七号)、電気学会、一九六五年、二一九―二二四ページ、外務省編『わが外交の近況 第八号』外務省、一九六四年、六五―六六ページ、吉見俊哉「被爆の悪夢からの転換――原子力広報言説の戦後史」、丹羽美之/吉見俊哉編『戦後復興から高度成長へ――民主教育・東京オリンピック・原子力発

電』(記録映画アーカイブ)所収、東京大学出版会、二〇一四年、二五三—二八〇ページ。一九六〇年代前半に戦争体験の「風化」が顕著になることは、以下を参照。吉田裕『日本人の戦争観——戦後史のなかの変容』(岩波現代文庫)、岩波書店、二〇〇五年、一一八—一三四ページ、小熊英二『〈民主〉と〈愛国〉——戦後日本のナショナリズムと公共性』新曜社、二〇〇二年、五五九—五六三ページ

(44)前掲『聖火は消えて』八四—八六ページ

(45)「朝日新聞」一九六三年二月六日付

(46)同様の認識は、子ども向けの啓蒙書にもみられる。岸本康『原子力の話』(新版少年の観察と実験文庫)、岩崎書店、一九六四年、崎川範行『原子力の世界』(少年少女最新科学全集)、あかね書房、一九五九年。そのほかの原子力をめぐる言説は、前掲「被爆の悪夢からの転換」二六一ページ以下を参照。

(47)「朝日新聞」一九六四年七月三十一日付、二面

(48)アメリカの日本学者エドワード・サイデンステッカーが八月十五日の「時事通信・解説版」の対談で、最終ランナーの人選について「非常に不愉快」と述べたことから、多様な反響が各方面で巻き起こった。JOC(日本オリンピック委員会)常任理事で元皇族の竹田恒徳も同様に不快感を示したという(「文句つけられた最終走者——〝原爆っ子〟が与える海外へのショック」「週刊新潮」一九六四年九月七日号、新潮社、三二、三五—三六ページ)。また次も参照。エドワード・G・サイデンステッカー『流れゆく日々——サイデンステッカー自伝』安西徹雄訳、時事通信出版局、二〇〇四年、二九七—二九八ページ、前掲『緊急事態 TOKYO1964』一二三ページ

(49)与謝野秀『オリンピック雑記帳』毎日新聞社、一九六五年、一二三—一二四ページ

(50)「〝走る〟ことがぼくのすべて―聖火最終ランナー 坂井義則君」「平凡」一九六四年十一月号、平凡出版、一八四―一八五ページ、「最終ランナーは19歳――合宿住まいの坂井義則くん」「週刊明星」緊急増刊・一九六四年十月十日号、集英社、四〇―四二ページ

(51)「第四十回国会 参議院 オリンピック準備促進特別委員会議事録 第三号」一九六二年二月二十八日、四ページ。田畑政治は五輪閉会後の手記でも、やはり反原爆への思いを「広島」に込めたことを語っている(「朝日新聞」一九六四年十月二十五日付)。ただし、「原爆っ子」が最終ランナーに選ばれたことについて特別な意図はなかったと強調する選考委員もいた(前掲「文句つけられた最終走者」三四ページ)。なお聖火リレーの「日本の最初の着陸地点は沖縄とする」ことが決定したのは、一九六二年七月四日に開催された組織委員会・聖火リレー特別委員会の第一回会議である(夫馬信一、鈴木真二航空技術監修『1964東京五輪聖火空輸作戦』原書房、二〇一八年、一〇七ページ)。

(52)「ニシキの旗」、朝日新聞社編「朝日ジャーナル」一九六三年七月十四日号、朝日新聞社、三ページ

(53) 前掲『聖火』四八ページ

(54) 前掲『聖火』六三―六八ページ、前掲『聖火は消えて』三六―三八ページ。ただし夫馬によれば、委員会会長ではなく総務主事のラパスとされる。前掲『1964東京五輪聖火空輸作戦』一九八ページ

(55) 前掲『聖火』六八―六九ページ

(56) 原田知津子『希望の祭典・オリンピック――大会の「華」が見た40年』幻冬舎ルネッサンス、二〇一二年、六六―六七ページ

(57) 前掲『オリンピック雑記帳』一二九、一四四、一八三、一八五、一九〇ページ。そのほかのトラブルは「オリンピック・トラブル集――史上最高の規模と成功の陰に」「週刊新潮」一九六四年十一月二日号、新潮社、二六ページを参照。

(58)文部省『オリンピック東京大会と政府機関等の協力』文部省、一九六五年、一四七ページ、警察庁長官官房総務課編『10年のあゆみ』警察協会、一九六五年、三一五―三一六ページ

(59)小和田次郎『デスク日記――マスコミと歴史 1963-1964』(みすず叢書)、みすず書房、一九六五年、一七六―一七七ページ。そのほかにも脅迫の電話や怪文書が届いたことは、前掲『オリンピック東京大会の警察記録』三九七ページを参照。

(60)前掲『オリンピック雑記帳』一八九ページ

(61)前掲『聖火』八二―八三ページ

(62)「競技場の天皇ご一家」、婦人生活社編「婦人生活」一九六四年十一月号、婦人生活社、一八三ページ。この年の十月に限っても来日した国賓などの外国賓客は四カ国六人に及んだ(「国賓・公賓など外国賓客(元首・王族)一覧表(昭和27年~昭和63年)」「宮内庁」〔https://www.kunaicho.go.jp/about/gokomu/shinzen/hinkyaku/hinkyaku-s.html〕[二〇一九年五月二十日アクセス])。

(63)前掲『聖火』八五ページ

(64)前掲『昭和天皇実録 第十三』七一二ページ

(65)小林信彦『1960年代日記』(ちくま文庫)、筑摩書房、一九九〇年、一四七ページ

(66)前掲『聖火は消えて』一三四ページ

(67)前掲『安川第五郎伝』三四五ページ

第3章　忘れられた遺産
――文学者たちの東京オリンピック批判

坂上康博

はじめに

一九六四年に東京オリンピックが開催されたとき、「毎日新聞」「朝日新聞」「報知新聞」の特派員として熱心に取材を重ね、誰よりも多くの記事を書いた人物が誰か、ご存じだろうか。実は、『金閣寺』[1]などの作品によって当時ノーベル文学賞の有力候補にもなっていた三島由紀夫[2]である。いまではとても考えらないことだが、当時は、三島をはじめとするそうそうたる文学者たちが新聞社や出版社の要請を受けてオリンピックの観戦記や随筆などを執筆した。

それらは相当な数にのぼり、講談社編『東京オリンピック』[3]と『1964年の東京オリンピック』[4]の二冊だけでも、合わせて四十九人の文学者による百五編の観戦記や随筆、座談会の記録が収められている。そのなかで評価が飛び抜けて高いのがやはり三島由紀夫で、その「華麗なる文体」は「他の追随を許さない」[5]、「熱を入れてテレビ観戦した一九六四年の東京オリンピックは、年月とともに色褪せたが、三島の文章はあの興奮を思い出させ、独特の目のつけどころで楽しませてもくれる」[6]などと称賛されている。

当時の興奮や感動を文学者たちの文章によって追体験するのもいいだろう。しかし、彼らの文章によって追体験できるのはそれだけではない。そこには、〝東京オリンピックが強烈な批判の的になっていた〟という私たちのイメージを覆すような事実も克明に刻まれている。本章で注目したいのは、この文学者たちによる東京オリンピック批判である。

以下ではまず、東京オリンピックに対する国民の批判意識が封じ込められていくプロセスを捉える。文学者たちが置かれていた当時の状況を知るためである。そのうえで、彼らのオリンピック批判のうち、①膨大な開催経費や都市開発に対する批判、②彼らが示した平和への決意と願い、③抑圧的な状況への反発、④ナショナリズムへの批判、以上の四つにスポットライトを当ててみたい。[7]

1　封じ込められた国民の批判意識

一九五九年五月二十六日、ドイツ・ミュンヘンで開催されたIOC（国際オリンピック委員会）総会で、第十八回オリンピック競技大会の開催地が東京に決定した。オリンピック招致委員会や日本のスポーツ界は歓喜の渦に包まれたが、国民やメディアの反応はどうだったのだろうか。この決定に歓喜し、来たる日の開催を待ち望んだのだろうか。

例えば、翌日の新聞各紙の社説は、招致決定の喜びを語る一方で、資金調達や施設、道路などの整備、住民の立ち退き問題などに関する懸念を表明している。その一つ「朝日新聞」は、経済評論家によるオリンピック開催反対論もあわせて掲載し、その後も、女優の高峰秀子による批判や返上論などを繰り返し掲載した。[8] また、一九六二年二月に都政調査会が東京都区民を対象に実施した意識調査でも、東京オリンピックに「大いに賛成」は三八％にすぎず、「きまったことだから、まぁ賛成」三四％、「反対だがきまったことだから仕方がない」一一％、「反対」一〇％だった。[9] 四五％の人々が既成事実に引きずられての消極的賛成ないし黙認という状況だったのである。

開催の四カ月前、一九六四年六月にＮＨＫが実施した調査の結果は、こうした国民のホンネを示すものといっていいだろう。そこでは、「オリンピックを開くのにたくさんの費用をかけるくらいなら、今の日本でしなければならないことはたくさんあるはずだ」という意見に対して、東京では賛成五九％、反対三六％、金沢でも賛成四七％、反対四〇％と批判的な意見が多数を占めている。[10] 新幹線建設費などの関連経費を含めて約一兆円という莫大なオリンピック関連予算が国民的な反発を生んでいたのである。ただし、こうした批判意識は、一九六四年六月時点では、前記のような刺激文を用いた調査などによって引き出されないかぎり表面に姿を現すことはなく、人々の心の中にひそかにしまい込まれるようになっていた。

例えば、同時期に実施されたＮＨＫの調査では、オリンピックの開催は「うれしいことだ」と答えた者が、東京、金沢ともに九四％に、オリンピックは「日本国民全体が協力して成功させねばならない」という意見に対し、賛成が東京で九七％、金沢で九五％に達するのである。表面的にはオリンピックへの支持が圧倒的多数になり、日本全体が挙国一致的なオリンピックムードに覆われていくのである。(11)さらにこうしたムードは、オリンピック開幕の一カ月前に始まった聖火リレーによって飛躍的に高められた。当時まだアメリカの占領下にあった沖縄を出発点とする聖火リレーは、計十万七百十三人のランナーに受け継がれ、二千八百七十万人もの人々に見守られながら、全都道府県を通過し、各地で熱狂的な歓迎を受けたのである。(12)

こうして、評論家の安田武が「日本国内には、東京大会を歓迎しないという、わずかな言説・表情すらもゆるさない、とする空気がみなぎりはじめている。オリンピックに無関心であることさえ、かつての国賊、非国民ということばで、とがめられかねまじきありさまである」(13)と指摘したような抑圧的な「空気」に日本中が覆われていったのである。

そして東京オリンピックが開幕した十月十日から二週間、日本中がオリンピック一色に塗りつぶされることになる。(14)普及率が八三％に達していたテレビがすさまじい威力を発揮し、NHKによるオリンピック実況中継だけでも一日平均十時間に及び、金メダル十六個（アメリカ、ソ連〔ソビエト連邦〕に次ぐ世界第三位）、銀五個、銅八個という日本選手の活躍が人々を熱狂させ、テレビの前に釘づけにした。女子バレーボールの決勝で、「東洋の魔女」と呼ばれた日本がソ連を破った試合の視聴率は、NHKと民放を合わせると八五％にのぼった。(15)新聞の投書欄も、「こぞって大なり小なり、あのラジオのアナウンサーの悲壮調に代表されるマス・コミの大宣伝に影響されていることのあきらかな文章」であふれたが、当時、最年少の芥川賞作家だった大江健三郎は、「それも無理のないことである。二週間ぶっつづけにそれに耳をかしていれば、その影響からすっかりまぬがれることなどできない」と指摘している。[16]

以下で取り上げる文学者たちのオリンピック批判は、このような日本の全体状況に臆することなく果敢に立ち向かい、ペンで闘った人々の記録にほかならない。

2　膨大な開催経費や都市開発に対する批判

東京オリンピックの開幕直前まで、莫大な開催経費に対する反対意見が国民の過半数を占めていたことは先にみたとおりだが、ここでは、オリンピック開催中にこうした国民の声を代弁するようにして展開された文学者たちによる批判を取り上げてみよう。

大衆目線から根本的な批判を加えたのが、英文学者で評論家の中野好夫や芥川賞作家の開高健らであった。中野好夫は、「札束を敷きつめた道路」や競技場などを短期間で次々と建設したことに対して、「これだけの金、これだけの努力が、もしこの十年国民生活の改善、幸福の方へ向けられていたら、どんな結果が生まれていたろうか。東京の水キキン、糞尿地獄などは、もちろん苦もなく解消していたろうし、全国にわたる交通戦争だって相当以上に緩和されていたはずだ[17]」と批判した。

開高健も、「下水道は二割しか完備してなくて、都民の雲古の六割は海へじかに捨てる」という劣悪な状態を指摘するとともに、「陽照れば水涸れ、雨降れば洪水、風吹けば家たおれ、地震がきたら石油タンクが爆発する」「そういう国で新幹線や何かをふくめれば一兆三千億エンもオリンピックに使う」[18]と批判した。当時の人々にとってこれが一九六四年六月に発生した新潟地震をはじめ日本列島を襲った自然災害を列挙したものであることは一目瞭然であり、それらに対する救済や生活基盤の整備を後回しにして、莫大な予算をオリンピックにつぎ込んだことへ怒りを開高はぶつけたのである。

オリンピックを名目とした公共投資や無謀な都市開発については、芥川賞作家の松本清張やSF作家としてデビューしていた小松左京らも批判を加えている。「東京の道路が整備されたことでオリンピックの効用を説く人がある」が、「別にオリンピックがなくても、やる気さえあれば道路の整備はやれたのである。国際的な「聖典」という看板を押し立てなければこれほどのこともできなかったというなら、役人の行政手腕の不足を語る以外にはない」[19]。松本清張はこのように批判した。小松左京も同様に、公共投資や都市整備は本来、オリンピックと「別個にやらなくてはならないこと」であると原則的な批判を加えたうえで、さらに「なにごとも「オリンピックのため」というニシキの御旗のもとに、新幹線大赤字の責任までウヤムヤ」にしたこと、また、「都市にすむ人間を無視したトッカン工事で、めったやたらに高速道路や地下鉄」を作るという「異様」なやり方に強く異議を唱えた。[20]

女性や社会的弱者の立場からオリンピックの開催が国民生活に与えた影響について批判したのが、

表1　東京オリンピックの開催総経費　（単位：万円）

1. 組織委員会経費	994,600
2. 大会競技施設の建設整備費	1,658,800
①政府事業（国立競技場など）	512,000
②東京都事業（駒沢競技場など）	469,600
③神奈川県事業（湘南港ヨット競技場など）	287,900
④横浜市事業（三ツ沢蹴球場など）	38,900
⑤埼玉県事業（大宮蹴球場など）	37,200
⑥その他（日本武道館など）	313,200
3. 大会準備のための関連経費	96,082,900
①道路整備	17,527,900
②公園整備	333,500
③下水道整備	3,444,900
④上水道整備	3,805,000
⑤隅田川浄化	104,800
⑥清掃施設整備	960,500
⑦アメリカ軍施設建設	1,028,000
⑧横浜港整備	55,000
⑨東海道新幹線	38,000,000
⑩中央線と環状7号との立体交差工事	863,700
⑪地下鉄整備	18,949,200
⑫私鉄の都心乗り入れ工事	2,851,300
⑬東京国際空港整備	857,600
⑭宿泊施設整備	3,137,000
⑮放送通信施設整備	3,113,900
⑯その他	
合計	98,736,300

（出典：オリンピック東京大会組織委員会編『第18回オリンピック競技大会公式報告書』上〔オリンピック東京大会組織委員会、1966年、73ページ〕から筆者作成）

作家の曾野綾子や開高健である。曾野はいう。「このたびのオリンピックで、主婦にとって最大のニュースは、野菜の値段の上がったことではなかったろうか」「キュウリが一本二十五円、キャベツが一個百五十円」。オリンピックの「組織委員会などは、オリンピックは成功した、と思っているだろうけれど、民のカマドの煙は、そのとき、ひどく細ったのである」。「その期間中、一番気の

図1　環状6号線大橋付近の道路工事（上：着工前、下：工事中）
（出典：東京都編『第18回オリンピック競技大会東京都報告書』東京都、1965年、91ページ）

毒だったのは一カ月の食事がきめられている老人ホームや生活保護家庭の人たちだった」[21]

他方、開高はオリンピック関係の工事で亡くなった人々を数え上げた。[22] 高層ビル（競技場・ホテルなどを含む）が十六人、地下鉄工事十六人、高速道路五十五人、モノレール五人、東海道新幹線二百十一人、合計三百三人。病人と負傷者の数はもっと多く、八日以上の休職者（新幹線関係を含まない）だけで千七百五十五人で、統計的にはこのうちの「ほぼ一割近くが障害者になる」。これらは、開催に間に合わせるための無理な突貫工事が生み出した犠牲者だったにちがいない。オリンピックがもたらした被害のなかでもこれほど直接的で残酷なものはないだろう。開高は続けて、労働者が負傷するとどれくらいの補償がなされるのかを詳細に書き出し、また、「国民総収入は世界第八位だが国民一人あたりの収入は世界第二十三位である」という事実を示す。こうして開高の批判は、最終的には国家を俎上に載せ、その非情さを告発するのである。

文学者たちの批判は、選手強化費にも及んでいる。開高は、選手強化費が二十三億円という莫大なものであり、日本が目標とする金メダル数の十五で割ると一個が一億五千万円、選手一人あたり五百万円になるという事実を挙げた。[23] また、曾野は、大会終了後に、日本の実際の金メダル獲得数が十六だったことをふまえて、「二十億でメダルが十六個！　約一個一億二千五百万円という計算になる」「私はそれを、やはりムダづかいだと思うのだ。そんな浪費が社会で許されていいわけはない」と痛烈に批判した。さらに曾野は、日本の金メダル獲得数が世界第三位だったというが、それは人口六百万人に一人の割合でしかなく、イタリア、ハンガリー、オーストラリア、チェコスロバキアよりも低いこと、また、日本のメダルの半分以上が重量別の種目で獲得したものだったことを指摘する。そして日本の選手養成が大した成果を生み出さなかったことは、「ここの数字に明瞭にあらわれている」[24]と主張した。

一九八七年に刊行された『日本体育協会七十五年史』[25]は、「オリンピック大会の東京開催が決定した際、国内にもさまざまな批判があり、反対の声も聞かれた。敗戦後まだ日が浅く、他に日本でやるべきことが多いし、国民生活も不安定なのでまだその時期ではないとの意見が多かった」と当時の状況を正確に記している。しかし、それに続く、「が、終わってみれば、だれもが〝やってよかった〟と考えた東京オリンピック大会であった」[26]という総括は、正確さを欠いていると言わざるをえない。莫大な開催経費や都市開発に対する批判は、大会終了後も決して消え去ることはなかったからだ。

例えば、東京オリンピック終了後に芥川賞作家の安岡章太郎は「やっぱりやってよかった」と書いたが、その際、一兆円を超えるという「金の勘定をヌキ」にして考えた場合、という条件を付け加えることを忘れてはいない[27]。実際、大会終了から二カ月後に東京の区民を対象として実施された調査では、「大変な費用がかかったので、いろいろな点で国民に負担をかけ、犠牲を払わせた」という回答が五〇%を占めている[28]。

さらに大会終了から八年後に東京都が刊行した『東京百年史』[29]も、「「世紀の祭典」のためと称して、東京中をほじくり返す一大建設工事は確かに行なわれた。しかし戦後の恒久化した住宅難はじめ都民の都市生活に必要欠くことのできない都市施設の整備や消費物資の流通機構などについては何ら改善の実績はなかった」「一カ月足らずの期間の〝巨大な運動会〟は都民生活を豊かにする要素にはなり得なかった。運動会用の化粧は東京の体質改善による結果としての美ではなく、あくまで化粧にすぎなかった」[30]と総括している。

東京オリンピックの開幕直前まで莫大な開催経費に対する反対が国民の多数派だったこと、しかし、こうした批判意識は、既成事実や社会的な抑圧、聖火リレーやメディアによって喚起された熱狂などによって封じ込められていったこと、こうしたなかで、国民の声を代弁するようにして文学者たちによる批判が大会期間中に展開されたことはこれまでみてきたとおりだが、少なくとも東京では大会終了後にもこうした批判意識が消え去ることはなく、『東京百年史』の記述に結実するのである。

先に紹介したNHKの調査の「オリンピックを開くのにたくさんの費用をかけるくらいなら、今の日本でしなければならないことはたくさんあるはずだ」と回答した多数派の人々の心情に寄り添って東京オリンピックを総括するならば、それは彼らの願いが踏みにじられ、表面上の賛成を余儀なくされた屈辱と諦念の体験だったということになるだろう。文学者たちのオリンピック批判は、こうした人々の心情を追体験することができる貴重なタイムカプセルなのだ。

3　平和への決意と願い

一九六四年十月十日、秋晴れの国立競技場でオリンピックの開会式がおこなわれ、それをテレビで見た人は八〇%以上に達し[31]、多くの人々に感動を与えた。この日、高揚する人々の気持ちに寄り添いながらも、まだ生々しさをもつ戦争体験を軸に疑問を投げかけたのが、『人間の壁』[32]などの作品で高い評価と人気を得ていた芥川賞作家の石川達三だ。

日本でオリンピックを開催することについては、批判的な意見も少なくなかった。時期尚早という説、お祭り騒ぎだという説、もっと他にすることが有るだろうという意見。……私もかなり批判的だった。たかがスポーツではないか。何の為にそんな大騒ぎをするのか。……[33]

こうして石川達三も、批判意識を抱えたまま開会式を観戦したのだが、そこで自身が抱いていた疑問に対する回答を見つける。

しかし、ここに九十四ヵ国の選手六千人が集っている。かつては互いに殺しあい憎みあった第二次世界大戦の参加諸国が、あの時の恨みと憎しみとを忘れて、各々の国の旗をかかげ、美しいユニフォームを着て、整然と入場式に参列しているのだ。これが国と国とのあいだの平和をすすめ親睦と理解とをすすめるものであるならば、何と安いことであろう。戦争の犠牲の大きさにくらべれば、まことに喜ぶべき犠牲ではないだろうか。戦いの後には憎悪が残る。オリンピックの後には親愛の心と喜びの記憶とが残る。

参加国の全貌を視覚化する開会式が、批判意識を抱えていた石川をも飲み込み、平和運動としてのオリンピックの価値を実感させたのである。それは、ボリビアなど「たった一人」で参加した新興国が大選手団を送った国々の間に伍して「その国の旗をかざして入場して来る姿」に「涙を禁じ得なかった」「オリンピックの場においてのみ、彼は米国やソ連と対等であり得る」という石川の言葉にも示されている。

しかし、見逃してはならないのは、一見オリンピック賛美にみえるこの文章のなかに書き込まれている、「これが国と国とのあいだの平和をすすめ親睦と理解とをすすめるものであるならば」という冷静な付帯条件である。手放しのオリンピック賛美では決してない。世界平和の構築に貢献するものであるならば、日本が大きな犠牲を払って東京オリンピックを開催しただけの意義がある、というのが石川の主張なのだ。

そして石川は、すぐさま北ベトナム（ベトナム民主共和国）、中国、シリア、南アフリカ、北朝鮮（朝鮮民主主義人民共和国）といった不参加国に思いを馳せ、「世界はまだ一つになり切っていないのだ」といい、世界平和という理想と現実との間に存在する壁をくっきりと描き出す。そして日本の戦後復興についても、

戦争によって疲労しつくした日本。瓦礫の焦土と化した東京、大阪、横浜。……敗戦後の混乱と、全く自信を喪失していた当時の日本の姿。……あの当時の日本と、この盛儀を開催している日本と、同じ民族の姿だとは信じられない気がするのだ。政治への批判、社会への批判、

いろいろな批判がありながらも、わが日本人はわずか二十年にして、よくこの盛典をひらくまでに国家国土を復興せしめたのだ。日本人はそれだけの能力を持っていたのだ。

と日本人の能力をたたえながら、続けて、「その能力が、かつてはあの大戦をたたかい、今はオリンピック大会を開催している。その能力とエネルギーの根元は別のものではあるまい。そのエネルギーを良き目的に結集し得たとき、日本は真にアジア諸国と世界の国々との信頼をかち得るに違いない」と主張する。戦後復興を成し遂げ、オリンピックを開催した日本人の能力やエネルギーについても、決して手放しで喜ぶのではなく、その目的を誤ればかつての戦争のような惨事を引き起こしかねないとみているのだ。戦争体験を軸にした重い警告である。

石川と同様に戦争体験を軸にしながらも、自身の体験をより克明に自省的に描くことで、オリンピックの開会式を日本の歴史と交錯させ、痛烈な思いを発信したのが直木賞作家の杉本苑子である。

二十年前のやはり十月、同じ競技場に私はいた。女子学生のひとりであった。出征してゆく学徒兵たちを秋雨のグランドに立って見送ったのである。場内のもようはまったく変わったが、トラックの大きさは変わらない。位置も二十年前と同じだという。オリンピック開会式の進行とダブって、出陣学徒壮行会の日の記憶が、いやおうなくよみがえってくるのを、私は押えることができなかった。

天皇、皇后がご臨席になったロイヤルボックスのあたりには、東条英機首相が立って、敵米

英を撃滅せよと、学徒兵たちを激励した。（略）
オリンピックの開会式の興奮に埋まりながら、二十年という歳月が果たした役割りの重さ、ふしぎさを私は考えた。同じ若人の祭典、同じ君が代、同じ日の丸でいながら、何という意味の違いであろうか。
あの雨の日、やがて自分の生涯の上に、同じ神宮競技場で、世界九十四ヵ国の若人の集まりを見るときが来ようとは、夢想もしなかった私たちであった。夢ではなく、だが、オリンピックは目の前にある。そして、二十年前の雨の日の記憶もまた、幻でも夢でもない現実として、私たちの中に刻まれているのだ。(34)

杉本は、「アメリカの選手が入場してくる。ソ連の選手がすぐあとに続く……。オリンピックの持つ意義、その重大さ、尊さを痛感せずにはいられない」とオリンピックを賛美しながらも、石川達三よりもあからさまに平和に対する不安を表明し、オリンピックの華やかさに対して、それは誰もが抱いている平和に対する不安の「反動」ではないかと鋭く問いかける。

きょうのオリンピックはあの日につながり、あの日もきょうにつながっている。私にはそれが恐ろしい。祝福にみち、光と色彩に彩られたきょうが、いかなる明日につながるか、予想はだれにもつかないのである。私たちにあるのは、きょうをきょうの美しさのまま、なんとしてもあすへつなげなければならないとする祈りだけだ。（略）

もう戦争のことなど忘れたい、過ぎ去った悪夢に、いつまでもしがみつくのは愚かしいという気持ちはだれにもある。そのくせだれもがじつは不安なのだ。平和の恒久を信じきれない思いは、だれの胸底にもひそんでいる。東京オリンピックが、その不安の反動として、史上最大のはなやかさを誇っているとすれば問題である。二十年後のために——永久とはいわない、せめてまためぐってくる二十年後のために、きょうのこのオリンピックの意義が、神宮競技場の土にたくましく根をおろしてくれることを心から願わずにはいられない。

渾身の力を振り絞った杉本の訴えである。杉本はまた、「私たちは泣きながら征く人々の行進に添って走った。髪もからだもぬれていたが、寒さは感じなかった。おさない、純な感動が燃えきっていたのである」と、出陣学徒壮行会での自分やほかの女子学生たちのことも描いている。これは自身が軍国少女だったことの赤裸々な告白にほかならないが、ここで杉本が暗示しているのは、イベントによってもたらされる「感動」がいかに危険なものになりうるか、ということだろう。

戦争が終わって十九年。国民の戦争体験の記憶は、なおも生々しく、重い。石川達三や杉本苑子らによる自らの戦争体験に基づく平和への決意、そして現状への警告は、多くの国民の心の琴線に触れるものだったにちがいない。それはまた、時を超えて私たちの心にも染み通ってくる力強さをもっている。

4　抑圧的な状況に向かって

東京オリンピックがもたらした戦時中に似た抑圧的な状況に対しても、文学者たちは敏感に反応し、批判を加えた。批判はおろか無関心であることさえ許されない「空気」に日本中が覆われている、と安田武が指摘したことは先にみたとおりだが、小松左京も、「いやに禁欲的でしかめつらしいアマスポーツ」に「戦争中の精神主義やら、権威主義のにおい[35]」を感じ取り、さらに東京オリンピックの準備期間中に作られてきた抑圧的な状況を次のように批判した。

どこかの誰かが、この「ニシキのミハタ」を戦後初めて国家的規模の実験に使ってみて、それが現在もなお戦前同様、政治手段として充分有効なものであると確信したのではないか。(略)新聞だって、ラジオ、テレビだって、すでにりっぱに協賛体制をととのえているし、このムードもりあげに反対しようとしても、いつのまにかできない情勢になっている。(略)それはかつての「二千六百年」前後における「翼賛」ムードとはなはだ似ている。(略)どうも旗さえふりまわしていれば、誰も「表だって」反対しないし、いろんなことがウヤムヤになって流れて行くという妙な風潮が、オリンピック準備期間中に定着しかかっているのではないかまた、小松は、「その便法〔オリンピックという錦の御旗：引用者注〕が、あくまで便法であり、邪道ですらあることを知りつつ、採用することをゆるした側」にも問題があり、そこに「現代日本社会全般の衰弱」が示されているとし、「日本の知識人、革新層もナメられたもの」だと批判した。(36)

安田武や小松左京が、〝戦時体制の再来〟というかつての戦争体験を基盤にした批判を加えたのに対して、世界一周旅行記『何でも見てやろう』(37)で一躍有名になった作家の小田実は、抑圧的な状況そのものを克明に描くことで批判を試みた。オリンピックの開幕三日前、小田は、オリンピックに「興味をもてる人ももてない人もいる」のに、後者をまるで「非国民」扱いしていると批判した。小田は、それが「政治」によってもたらされていて、「おそろしいのは、その「政治」に、いつのまにか、人々がひきずられて行っていることだろう。ジャーナリズムがその人々をあおりたてる」という。(38)そして「オリンピックが人々の心に植え付けていっているもの」が「滅私奉公」「選民思想」「公私の混同」であるとし、さらに次の二つを挙げた。

「根性、気合いの不当な重視」（「このごろの若者はなっとらん。ひとつ気合いをかけてやってくれ。いいか、不言実行だ」。そのことばによって、人々の発言、批判を封じる）。「既成事実の重視、長いものにまかれろ」（「きみが反対だって、もう施設はできてしまった。こうなった以上は一億一心で」）。

このように小田は、どのような言葉や論理が人々を抑圧しているのかを克明に描いてみせたのだ。

それだけではない。小田は「今度のオリンピックで私がおそれていたそのひとつは、ナショナリズムの無責任な賛美だった[39]」と述べ、

ナショナリズムに酔うこと自体がわるいというのではない。酔うことによって、たとえば、酔わない人、酔えない人を「なんだこいつは」と白い目で見始めることがおそろしいのである。

その白い目でとりかこまれるとき、酔わない人もまた、酔ったというポーズをとらなければならない。そして、そのポーズをとっているうちに、その人もまた、ほんとうに酔い始める。

とナショナリズムの「無責任な賛美」がもたらす同一化圧力とその排他性や暴力性に対しても、鋭い批判を加えた。さらに小田は、ナショナリズムの「無責任な賛美」に陥らないために次のように主張する。

ナショナリズムは、目的ではない、それを目的としたことにおいて、過去の悲劇が起こった。ナショナリズムは、いわば出発点なのだろう。

その出発点から出発して人は、どこへゆくか。ナショナリズム自体に導いてもらってゆくかぎり、それは、狂信的な国家主義となるほかない。わが祖国のすべてが善、といったことになるほかはない。

それでは、なにによって導かれたらいいのか。

理性、冷静な理性――私は、そんなふうに答える。

小田がいう「狂信的な国家主義」が戦時下の自民族中心主義的なナショナリズムを指していることは明らかだろう。そうした事態を小田はナショナリズムの自己目的化と捉え、こうした「悲劇」の再来を阻止すべく、その理性によるコントロールの重要性を訴えたのだ。

5 「無責任なナショナリズム」の広がり!?

では、東京オリンピックによって「ナショナリズムの無責任な賛美」が引き起こされるのではないか、という小田の予想は当たったのだろうか。「幸いなことに」はずれた、というのが小田の評価だ。(40) その原因の一つは「日本チームがふるわなかったこと」であり、もし「日の丸がどんどんあがり、君が代が、じゃんじゃん鳴り響いていたなら、人々のナショナリズムもいやがうえにも喚起されていたことだろう。その喚起は多くの場合、人を狂信、熱狂にかりたてるのだ」という。ナショナリズムの脅威を小田は、その「無責任な賛美」がもたらす同一化圧力とその排他性、暴力性にみていたが、「君が代」、日の丸のシーンが少なかったためにそうした事態が起こらずにすんだというのだ。

しかし、それから二年後、小田は自身の評価を覆すような発言をしている。小田は、東京オリンピックの翌年には「ベトナムに平和を!市民連合」の運動に参加するようになるが、そんな彼に衝撃を与えたのは、六年にわたって予備校の教師として日々接してきた二十歳前後の若者たちの意識の変化だった。小田が「もっともはげしい」変化を遂げたと感じたのが「ナショナリズム」と「国家観」だったという。[41]「日本をどう思うか」という問いに対して、十人中八人までが「日本は立派だ」と答えるようになったが、

日本のどこが立派なのかと訊くと、一様に口ごもる。「国を愛する」ということも同じ。国の何を愛するのかという問に対して確とした返答がないのも同じ。「国を護るか」——同じように、ほとんどすべてがそれを自明のこととして答える。特攻隊のような行為によってさえ「国を護る」と答える若者も、半数はいる。しかし、それでいて、国の何を護るのか、何のために国を護るのか、という問には明確な答えはない

という。このような若者の意識を小田は、「無責任なナショナリズム」と呼び、続けて次のように指摘する。

こうした無責任なナショナリズムの高揚について、オリンピックは、やはり、大きな効果をはたしたと思う。そして、オリンピックが期待されたもう一つの効用、インターナショナリズム

への道はほとんど効果をあげていない。これは、現場教師としての卒直な感想である。もう誰もオリンピックのことを問題にしなくなったので、特に書いておきたい。今こそ、人はオリンピックについて論じるべきだろう(42)

小田がいう東京オリンピックによる「無責任なナショナリズムの高揚」は、調査データによっても確認することができる。例えば東京オリンピック閉幕から二カ月後のNHKの調査では、「オリンピックは日本人の民族の自覚を深め、誇りを高めるのに役立った」かという問いに、東京でも「そうだ」と答えた者が八四%に達している。(43)

また、内閣総理大臣官房広報室が、東京オリンピックの開催前の一九六四年二月と開催後の同年十二月に実施した調査では、「日の丸の旗を、多くの人が掲げるように、国としても、もっと力を入れるべきだと思いますか」という問いに、「力を入れるべきだ」が六九%から八〇%に増え、「その必要はない」が二一%から一三%に減少している。さらに「今度のオリンピックで、日の丸の旗に対するあなたの感じは、これまでと多少変わりましたか」という問いに対しては、二〇%の人々が「変った」と答えているのである。(44)

東京オリンピックの招致が決定する前年、一九五八年の時点では、多くの戦争体験者にとって日の丸は、「あの戦争の悲惨さを思い出さ」せる「軍国主義、国粋主義、侵略主義のシンボル(45)」だった。しかし、同年八月、文部省は学校教育法施行規則を改正して「道徳の時間」を特設するとともに、小・中学校の学習指導要領を改訂して、戦後初めて日の丸、「君が代」を義務教育の場に持ち込んだ。オリンピックを二年後に控えた六二年からは、官庁で日の丸が常時掲揚されるようになる。さらに翌六三年六月、池田勇人内閣は総理府にオリンピック国民運動推進連絡会議を設置し、この運動の一環として「国旗・国歌の尊重」を目標に掲げた。また、全国高等学校校長協会は、六四年四月から日の丸と「君が代」の尊重などを生徒に教えることを決め、九月には、文部省が「気をつけ」「休め」などの号令や姿勢、方向転換などの集団行動についてまとめた教師用解説書を都道府県教育委員会に配布した。(46) アメリカの歴史家アンドルー・ゴードンが指摘しているように、それらは「社会を管理することにかけては意欲満々な政府」が「オリンピック開催の機会をとらえて」打ち出した「さまざまな社会改革のキャンペーン」の一つだった。(47)

佐藤栄作が首相に就任するのは、東京オリンピックが閉幕した翌月、十一月九日だったが、佐藤は、オリンピックの閉会式出席した十月二十四日の日記に、「多大の成果をあげ、十六の金メダルを日本に齎したこの平和の催しも円滑裡に終る。国歌、国旗の問題もこれで解決」(48) と書いている。十六個の金メダルは、日の丸が揚げられ「君が代」が吹奏される表彰式のシーンを十六回生み出したわけだが、佐藤は、それが日の丸、「君が代」問題の最後の仕上げとして絶大な効果を果たしたと捉えていたのである。(49)

小田は、表彰式での日の丸、「君が代」のシーンが少なかったことを「ナショナリズムの無責任な賛美」に至らなかった原因に挙げたが、もし、オリンピックの開催に乗じて進められていた政府による一連の〝国旗・国歌の復活〟の取り組みを視野に入れて、それと重ね合わせてこの問題を考えていたならば、評価は違ったものになっていたのではないだろうか。念のためにいえば、小田はナショナリズムを本能的で自然なものとして捉えていて、オリンピックで「日の丸があがるとやはりうれしい——そういった素朴な気持ち」[50]についても肯定的に捉えている。小田が問題としているのは、それをほかの人間に強制することである。国を挙げての〝国旗・国歌の復活〟は、日の丸、「君が代」に対する個々人の信条の違いをいっさい認めない、従わぬ者を排除する暴力性を帯びている。これこそが、小田が最も恐れていた同一化圧力にほかならない。二年後、その効果が若者のナショナリズムや国家観の変化を生み出していることに小田が気づいたということだろう。

最後に、「インターナショナリズムへの道」に関して東京オリンピックは「ほとんど効果をあげていない」という小田の発言についても一言ふれておきたい。これはオリンピックの開催意義に対する根本的な批判にほかならないからだ。

近代オリンピックはその創設当初から、世界の若者たちがスポーツを通じて相互理解を深め、つまりインターナショナリズムを涵養して平和な社会を生み出していくという明確な目的を掲げてきた。この目的がどれほど達成されたのか——これこそが、オリンピックの成果を見極める際の最も根本的な評価基準である。この点に関して「ほとんど効果をあげていない」という小田の指摘は、東京オリンピックは成功したという私たちのイメージを根底から覆し、疑問を突き付けるものなのである。

おわりに

文学者たちが表明した東京オリンピックへの疑問や批判は、開催経費や都市開発に対するものだけでなく、それがもたらした抑圧的な状況やナショナリズムの問題など多岐にわたり、さらにはオリンピックの開催意義に関する根本的な問題にも及んでいた。しかし、こうした文学者たちの発言は、その後、高度経済成長と一体になって作り出されていった強固な「成功神話」[51]によって、その存在さえかき消され、何ら検証がされず、教訓も導き出されないまま半世紀以上放置されることになったのである。「今こそ、人はオリンピックについて論じるべきだろう」──この小田の呼びかけから五十五年の歳月が過ぎている。

芥川賞作家の菊村到は、東京オリンピックの閉会式当日に書いた随想のなかで、「やはりオリンピックは、やってみてよかったようだ。富士山に登るのと同じで、一度は、やってみるべきだろう。ただし二度やるのはバカだ[52]」と言い放った。この言葉はとても重い。本章で取り上げた文学者をはじめ多くの人々の思いを代弁するものといっていいだろう。その重さを噛み締めることもせず、過去を封印したまま、二〇二一年の夏に二度目の東京オリンピックがコロナ禍のもとで開催された。それが意味することを、未来のために、歴史の真実をふまえて考えていくうえで、文学者たちのオリンピック批判は、根源的な示唆を与えてくれる。それはいまも色あせてはいない、東京オリンピックが残したもう一つの遺産なのである。

注

(1) 三島由紀夫『金閣寺』新潮社、一九五六年
(2) 三島由紀夫の当時の取材ノートは、工藤正義/佐藤秀明/井上隆史翻刻「未発表「オリンピック」取材ノート(全)」(「特集 三島由紀夫・短篇小説」「三島由紀夫研究」第十五号、鼎書房、二〇一五年)として翻刻されている。
(3) 講談社編『東京オリンピック——文学者の見た世紀の祭典』(講談社文芸文庫)、講談社、二〇一四年、初版は一九六四年十二月刊行。
(4) 石井正己編『1964年の東京オリンピック——「世紀の祭典」はいかに書かれ、語られたか』河出書房新社、二〇一四年
(5) 石井正己「作家たちの東京オリンピック」、同書所収、二〇九ページ
(6) 佐藤秀明「解説」、三島由紀夫、佐藤秀明編『三島由紀夫スポーツ論集』(岩波文庫)所収、岩波書店、二〇一九年、三〇〇ページ
(7) 文学者たちによる東京オリンピック批判の全貌については、Sakaue Yasuhiro, "A Different Legacy: The 1964 Tokyo Olympics and Contemporary Criticism by Novelists and Literary Critics," in Andreas Niehaus and Kotaro Yabu eds., *Challenging Olympic Narratives. Japan, the Olympic Games and Tokyo 2020/21*, Ergon, 2021 で概括的な把握を試み、その一部を拙稿「3つの東京オリンピックと歴史研究

の課題――忘却と捏造、神話化に抗して」(歴史学研究会編「歴史学研究」第千八号、績文堂出版、二〇二一年)で再論した。また、拙稿「1964年のナショナリズムと東京オリンピック――文学者たちの言説をめぐって」(一橋大学スポーツ科学研究室編「一橋大学スポーツ研究」第三十八巻、一橋大学スポーツ科学研究室、二〇一九年)では、ナショナリズムの問題に焦点化して考察を試みた。本章は、以上の拙稿のなかから四つの論点を取り上げて、加筆・修正を施したものである。

(8)以上、波多野勝『東京オリンピックへの遥かな道――招致活動の軌跡1930-1964』草思社、二〇〇四年、一七二―一七三ページ、佐藤卓己『輿論と世論――日本的民意の系譜学』(新潮選書)、新潮社、二〇〇八年、一八五―一八六ページ

(9)藤竹暁、秋山登代子協力「東京オリンピック――その五年間の歩み」、日本放送協会放送世論調査所『東京オリンピック』所収、日本放送協会放送世論調査所、一九六七年、一六―一七ページ

(10)同書二六ページ、「付表」同書所収、一四一ページ

(11)同書二四ページ

(12)同書四六―六三ページ、オリンピック東京大会組織委員会編『第十八回オリンピック競技大会公式報告書』上、オリンピック東京大会組織委員会、一九六六年、二五四、五三七ページ

(13)安田武「東京五輪が近づく国民的熱狂の中での疑念」「新潟日報」一九六四年十月八日付(水出幸輝「警告する新潟地震――オリンピックを介した二つの「破壊」」〔石坂友司/松林秀樹編著『一九六四年東京オリンピックは何を生んだのか』所収、青弓社、二〇一八年〕二四三ページから再引)

(14)前掲「東京オリンピック」六四―八二ページ

(15)浜田幸絵『〈東京オリンピック〉の誕生――一九四〇年から二〇二〇年へ』吉川弘文館、二〇一八年、二〇五、二三八ページ

(16) 以上、大江健三郎「お祭りの教訓は現実生活では役にたたない」「サンデー毎日」一九六四年十一月八日号、毎日新聞社（前掲、講談社編『東京オリンピック』所収、二三〇ページ）
(17) 中野好夫「オリンピック逃避行」「朝日新聞」一九六四年十月十六日付（同書二七〇ページ）
(18) 開高健「超世の慶事でござる——わが双眼鏡に映った開会式」「週刊朝日」一九六四年十月二十三日号、朝日新聞社（開高健『ずばり東京——開高健ルポルタージュ選集』〔光文社文庫〕所収、光文社、二〇〇七年、三九一、三九七ページ）
(19) 松本清張「憂鬱な二週間」「サンデー毎日」一九六四年九月十五日臨時増刊号、毎日新聞社（前掲『1964年の東京オリンピック』所収、四七ページ）
(20) 小松左京「後戯雑感——オリンピックのあとにくるもの」「思想の科学」一九六四年九月号、思想の科学社、六三ページ
(21) 曾野綾子「東京五輪の〝大いなる遺産〟」「週刊サンケイ」一九六四年十一月九日号、産業経済新聞社（前掲、講談社編『東京オリンピック』所収、三四九—三五〇ページ）
(22) 以下、開高健「サヨナラ・トウキョウ」「週刊朝日」一九六四年十一月五日号、朝日新聞社（前掲『ずばり東京』所収、四一〇—四一四ページ）
(23) 前掲「超世の慶事でござる」三九一ページ
(24) 以上、前掲「東京五輪の〝大いなる〟遺産」三五二—三五三、三五六ページ
(25) 日本体育協会『日本体育協会七十五年史』日本体育協会、一九八六年
(26) 同書二七六ページ。しかし、その二十六年後に刊行された日本体育協会／日本オリンピック委員会『日本体育協会・日本オリンピック委員会100年史——1911→2011 Part1』（〔日本体育協会・日本オリンピック委員会の100年〕、日本体育協会／日本オリンピック委員会共同刊行、二〇一二年）では、

東京オリンピックは「国民の多くが待ち望んだ」ものだった（二七五ページ）という記述に書き換えられている。
(27) 安岡章太郎「晴着をきせられた日本」「潮」一九六四年十二月号、潮出版社（前掲、講談社編『東京オリンピック』所収、三六九ページ）
(28) 前掲「東京オリンピック」二一九ページ
(29) 東京百年史編集委員会編『東京百年史』全七巻、東京都、一九七二―七九年
(30) 東京百年史編集委員会編『東京百年史』第六巻、東京都、一九七二年、三二一―三二二ページ
(31) 前掲「東京オリンピック」六八ページ
(32) 石川達三『人間の壁』新潮社、一九六一年
(33) 以下、石川達三「開会式に思う」「朝日新聞」一九六四年十月十一日付（前掲、講談社編『東京オリンピック』所収、二六―二九ページ）
(34) 以下、杉本苑子「あすへの祈念」「共同通信」一九六四年十月十日配信（同書三七―三九ページ）
(35) 以下、前掲「後戯雑感」六一、六四―六五ページ
(36) 知識人や革新層による批判や反対運動が皆無だったわけではない。例えば国民文化会議は、一九六四年四月から研究会やシンポジウムを開催して集団的討議を重ね、オリンピック開幕の直前、十月一日には日高六郎／佐藤毅編『にっぽん診断――オリンピックの後どうなる』（〔三一新書〕、三一書房）を刊行し、東京オリンピックにまとわりつく「権力と資本の現実」を中心に据えた批判を展開した。
(37) 小田実『何でも見てやろう』河出書房新社、一九六一年
(38) 以下、小田実「わしがよんだわけじゃない」「共同通信」一九六四年十月七日配信（前掲、講談社

編『東京オリンピック』所収、二四三―二四四ページ)

(39) 以下、小田実「〝世紀の祭典〟五輪の現実」「時」一九六四年十二月号、旺文社(同書三八七―三八八ページ)

(40) 以下、同書三八七―三八八ページ

(41) 以下、小田実「平和の倫理と論理」「展望」一九六六年八月号、筑摩書房、四一―四二ページ。この小田の指摘については、鵜飼哲「イメージとフレーム――五輪ファシズムを迎え撃つために」(小笠原博毅/山本敦久編『反東京オリンピック宣言』所収、航思社、二〇一六年、一四―一七ページ)も参照。

(42) 同書四二ページ。この文章は前記の引用に続き、かっこ内に記されたものである。

(43) 前掲「東京オリンピック」二一八ページ。また、「今度のオリンピックは一流国としての日本の実力を世界に示した」も「そうだ」が七五%だが、他方で、六八%の者が「これで日本が世界の一流国の仲間入りをしたと思うのは間違いだ」と回答している(二一九ページ)。

(44) 前掲『輿論と世論』一九六ページ

(45)「日本のトレードマーク「日の丸」掲揚復活をめぐって」「週刊サンケイ」一九五八年十月十二日号、産業経済新聞社、三一―三二ページ(竹内幸絵「東京オリンピックプレ・イベントとしての赤と白の色彩」〔朴順愛/谷川建司/山田奨治編『大衆文化とナショナリズム』所収、森話社、二〇一六年〕一一〇ページから再引)

(46) 以上、田中伸尚『日の丸・君が代の戦後史』(岩波新書)、岩波書店、二〇〇〇年、六五―六六、八〇―八一ページ、小林正泰「1964年東京オリンピックをめぐる道徳教育の課題とその論理――国民的教育運動における公衆道徳と「日本人の美徳」」、東京大学大学院教育学研究科基礎教育学研究室編

「研究室紀要」第四十二号、二〇一六年、一三五―一四五ページ、前掲『輿論と世論』一八七、一九五ページ、関春南『戦後日本のスポーツ政策――その構造と展開』大修館書店、一九九七年、一四六―一四七ページ、五十嵐顕/伊ケ崎暁生編著『戦後教育の歴史』青木書店、一九七〇年、二五〇ページ。

(47) アンドルー・ゴードン『日本の200年――徳川時代から現代まで』上、森谷文昭訳、みすず書房、二〇〇六年、五六三ページ

(48) 本書第1章「池田勇人首相と東京オリンピック」(中房敏朗)三九ページ

(49) 実際、NHKが閉会式前日に実施した調査でも、「いちばん感激したこと」として「日の丸があがり、君が代が吹奏されたとき」を挙げた者が三五%に達し、「開会式で聖火台に火がともされたとき」を抜いて第一位に躍り出た(前掲『輿論と世論』一九四ページ)。

(50) 前掲「〝世紀の祭典〟五輪の現実」三八七ページ。また、小田は「新興国のナショナリズム」も肯定的に捉えている(同書三八八―三八九ページ)。

(51) 石坂友司/松林秀樹「なぜいま一九六四年東京オリンピックを問うのか」(前掲『一九六四年東京オリンピックは何を生んだのか』所収、一一ページ)、阿部潔「「2020」から「1964」へ――東京オリンピックをめぐる〈希望〉の現在」(小路田泰直/井上洋一/石坂友司編著『〈ニッポン〉のオリンピック――日本はオリンピズムとどう向き合ってきたのか』所収、青弓社、二〇一八年、一九二―二一六ページ)、吉見俊哉『五輪と戦後――上演としての東京オリンピック』(河出書房新社、二〇二〇年、一四―二二、二九一、三三八ページ)も参照。

(52) 菊村到「やってみてよかった」「読売新聞」一九六四年十月二十四日付(前掲、講談社編『東京オリンピック』所収、三一四ページ)

コラム　敗者へのまなざし——文学者は何を思ったか

坂上康博

瀬戸内晴美「〝はやる馬〟に敗れた〝武者人形〟」

めがねをとると、武者人形のように端正で可愛いらしい神永の素顔。少し、青みがかっている。額が白く、緊張がそこに凝縮しているように見える。勝たねばならぬという悲壮な責任感を背負っているのだろうと気の毒になる。(1)

完成したばかりの日本武道館でおこなわれた一九六四年東京オリンピックの柔道競技。この「お家芸」で日本選手は、軽量級、中量級、そして重量級でも順調に金メダルを獲得していった。こうして迎えた無差別級の決勝戦、オランダのアントン・ヘーシンクと対戦した神永昭夫の表情を瀬戸内晴美（寂聴）は、「サンデー毎日」に寄せた観戦記のなかでこのように描いている。

瀬戸内は、「神永は三年前パリの第三回世界選手権でヘーシンクに敗れていること。日本側は以来三年間「打倒ヘーシング」を目標に、今日まで雪辱に燃えて来たこと」を知っていた。だから、それが神永の表情の背後にあると感じたのだ。

この日の試合を日本武道館で観戦していた瀬戸内は、神永が予選でヘーシンクに判定負けを喫し、その後敗者復活戦で勝ち上がっていくのを見守った。そして決勝戦。「気力が一まわりも二まわりも神永を大きく見せているようだ。勝つかもしれないと思う。神永が必死でねばっているのが感じられる」。決勝戦での神永の戦いぶりは、瀬戸内に勝利の可能性を感じさせるものだった。しかし、試合開始から八分三十秒、神永は「再び、押さえこまれ、もう盤石の下の虫みたいな感じで、あがきもとれない。ひくひくわずかに動く手足や首が蒼白になり、見ていられない。ついにクニユキ主審の片手がヘーシンクを指した。場内にどっとため息と、嘆声がもれた」。「正座して、衣紋《えもん》を直す神永の顔は真青で、泣いているように見えた。よく闘ったと思う」。「神永が可哀そうで気がついたら涙が出ていた」。この光景は、瀬戸内自身のなかに二十年前に自身が陸上の選手として味わった敗北の感覚を蘇らせる。

力のない選手だったので、試合に全力を尽くして、それでも負けていく時の、身も魂もぐんぐん奈落へひきこまれるような空白の一瞬の、何ともいいようのない虚しさが、残酷で、非情で、思いだすだけで肌に粟が生じてくるのである。

瀬戸内自身のこうしたスポーツ体験が神永への深い理解と感情移入につながったのだろう。そして主張する。「スポーツなんて、もっとのびのび気楽に楽しむものではないだろうか。日本人は何でも勝ち負けにやっきになりすぎるような気がする」。「勝つ人間のかげには必ず負ける人間がいる。人間はどうしてこんなに、勝ち負けが好きなのだろうか。もっとのんきにスポーツは楽しめないものなのだろうか」

勝たなければならないという悲壮な責任感を背負って戦った末に敗者になった神永。瀬戸内は、そんな神永にひたすら寄り添い、そこに自身が経験した残酷で非情な敗北のむなしさを重ね合わせることで、敗者が受け取るダメージを克明に描いてみせた。そして、悲壮な責任感と一体になった勝利至上主義の非人間性を批判したのである。

平林たい子「国家意識と人間」

他方、平林たい子は、ヘーシンクと神永の試合は「中世の真剣勝負を思わせる陰惨さ」があり、「はじめの一回戦を見ただけでテレビを消した」[2]という。両選手の力の違いは明白であり、「真剣勝負に負ける同胞のいたましい挫折の姿を見るにたえなかった」からだ。

この試合と比較すると、同日の夜におこなわれたソ連（ソビエト連邦）と日本の女子バレーボールの決勝も、「もちろん負けてよい勝負」ではなかったが、「こちらの方は、君が代とか日章旗とか金メダルとかいう仮定の言葉が安易にいえるだけかえって、スポーツをスポーツとして扱っていたように思う」。「らくな気持ちで、笑いながらときどきテレビに向かって拍手できた」

それに対して、「柔道は、たった一回の君が代や一個の金メダルでは象徴できない大きく深刻なものを賭けていたのではあるまいか」。そして「この二つのムードのちがいはオリンピック・ゲームを貫く二つの意識を現わしているように思う」という。それはどのようなものか。

この場合、この深刻なものというのは、ある男子の生涯の事業や、ある集団の存在の根本的な権威に触れるものである。決して、いま世界のスポーツ界の背後に忍び込もうとしている強い国家意識にすぐ結びつくようなものではない。が、スポーツがスポーツ外の意識にまで発展したところで競技が行なわれたため、強い国家意識がスポーツを支配するときと、ひどく似た作用をしていた。スポーツが他の対抗意識と一緒になりがちなものだということを、このときにも私はつよく感じたのである。

要するに女子バレーボールとは違って、柔道の試合は、選手個人の人生や柔道組織の権威をかけたものになっていて、そのことが「強い国家意識」によるスポーツ支配に似た状況を作り出しているというのである。この評論は「読売新聞」に掲載されたものだが、平林はそのタイトルである「国家意識と人間」というテーマに沿って問題をさらに掘り下げていく。「強い国家意識とスポーツ」が結び付いた例として平林は、ステート・アマチュアと呼ばれ国家から称号をもらっているソ連の選手を挙げる。そして重量挙げの三宅義信選手が「金メダルをもらった瞬間、自衛隊から位を昇進させられた」ことを取り上げ、「おそらくいまの自衛隊は、こういうことで声価をあげようとしているのだろう。それ自体がつよい国家意識とはいえないにしろ純粋なスポーツ意識では決してないものである」という。そのうえで平林は、国際的な競技の場で選手たちに作用している二つの力について次のように指摘する。

大部分の選手は国際競技では国家意識と、スポーツマンシップとの二つの少しちがう次元の求心力に動かされて競技しているものであろう。こんなときスポーツマン意識だけが完全にスポーツを動かしていないように、つよい国家意識がスポーツマンを支配し切ることもむずかしい。それがスポーツのもつある種の抵抗力である。

国家意識に完全に支配されることはないが、それから自由になることもできない選手たち。選手の背後にある力学、そして支配と抵抗の構図を平林はこのように描いてみせたのである。

大江健三郎「緊張のあとの日常生活」「競技場のユーモア」

大江健三郎は、テレビでアメリカと日本の女子バレーボールの試合を観戦し、「アメリカの、全体に大柄で陽性で、ものにこだわらない感じの娘たちにくらべて、日本チームの娘たちは、ずっと小柄に見えるし、陰性な精神主義のにおいがするし、いらいらと緊張しているように感じられる」(3)などと、両チームのコントラストを描いた。何がこのような違いを生み出しているのか。

勝った日本チームは、オリンピックにいたるこの数年、おそらくもっとも重い期待の首カセ、足カセになやまされた娘たちのチームである。彼女たちがヒザにまいている包帯のように、だれの目にもあきらかな期待の首カセ、足カセ。それがグラウンドでの彼女たちの表情に、そこはかとない陰気さをまねいているのかもしれない。もっとも、すばらしいスパイクがきまったとき、攻撃した娘はその年齢にふさわしく明るい微笑を浮かべるのだが……。

オリンピックがせまってからの、ここ数週間というものは、新聞も、週刊誌も、なんとなく息苦しい気分にみちていた。（略）若い選手たちにとっての、ジャーナリズムとその背後にあるものの圧迫感は、それこそ激甚なものだったろうと思うのである。とくに、この女子バレーボール・チームの、東洋の魔女たちにとってなど格別に。

大江は、選手たちが背負った強大なプレッシャーこそがその要因であるとし、さらに「スポーツ関係者と呼ばれるおとなたちや、ジャーナリズムや、それこそ無責任なわれわれ一般の観客の過度の期待が、重苦しく肩のこるシコリだらけの重大事にしてしまっている」と批判した。

しかし、日本の選手みんなが明るさを失ってしまったわけではない。その五日後におこなわれた水泳競技を観戦した大江は、そこに強大なプレッシャーとその背後にあるものとの戦いに打ち勝った一人の選手を発見する。木原美知子だ。水泳の女子百メートル背泳の予選で敗れた木原は、「コーチのところへ戻ってくると、エ、へ、へへへ、と笑ったそうである」「あの健康な美少女はレースに負けたが、なにものか黒くいやらしいものとの戦いには勝ったのである」[4]。大江はそれをユーモアという言葉で表現する。「このオリンピックに時としてみなぎる深刻な気分はそういうユーモアの介入によってはじめて救われるものだ」。「ともかく最終日まで、このユーモアの感覚が失われてしまうことのないように」という大江の願いは、先にみた「もっとのびのび気楽に」という瀬戸内の願いとも重なる。

曾野綾子「孤独な娘たち」「体操鑑賞記」「東京五輪の〝大いなる遺産〟」

水泳女子百メートル背泳は、先のローマオリンピックで銅メダルを獲得した日本の田中聡子にメダルの期待がかかっていたが、惜しくも四位に終わった。優勝したアメリカのキャシー・ファーガソンとの差は〇・九秒。この試合を観戦した曾野綾子は、表彰式でのファーガソンの表情の変化を次のように描写した。

その小さな男の子のような顔に、アメリカ国歌が演奏された時、急にソバカスが、かっと赤くうきでたように見える。そのつぎの瞬間、彼女は耐えられなくなったように、両手で顔をおおった。国家の栄誉という化け物が、かわいい娘の子にオンブオバケのようにとりついて泣かせたのだ。(5)

曾野は、「国家の栄誉」を「化け物」と強烈に批判したのだ。(6) さらに曾野は、田中聡子が四位に終わったとき、監督が「今日から自分は素質のいい小学生か中学生をさがす」と発言をしたことに対しても、容赦ない批判を加えている。指導者は「選手という牛を飼う、カウボーイ的な存在」になっていて、「ブルーのブレザーを着た牛飼いたちは、きょうあたり、すでに全国に散らばって、メキシコ大会に間に合いそうな牛を物色し、それを温室の中にひきずりこんで育てようとする。それは、長い、ムダな、そしてスポーツの持つヒューマニズムに反した道標ではないだろうか(7)」。

曾野は、男子体操競技も観戦している。その初日、自分から最も近いところでなされているあん馬やつり輪などの演技に見入りながら、オリンピックの現状についての批判的な思索をめぐらせる。

かつて、スポーツをやる青年たちは、オリンポスの山にいる神々に、己が技術をささげた。人間の世界から一段とびぬけた信仰にささえられたという点では彼らは高貴であった。しかし今のオリンピックは違う。そこには技術を神にささげるという信仰心はない。人と人との競争がその関心の第一の要素を占めるようになった時、オリンピックは堕落したのかも知れない。技術を国家にささげているという言い方はあるかも知れない。しかし国家というものは、その呼び方の荘重さの割りには、あいまいな内容を持っている。たとえば相手と殴り合うという行為が、国家の栄誉をかけたスポーツであれ、母校の名誉のための試合であれ。暴力団の××組のナワバリ争いのケンカであれ、そうそう本質的には違わないように思えるのは、私が女だからなのだろうか。(8)

曾野は、そういったあと「その点、体操というものは、闘争の要素がうすいのがいい」といい、日本の小野喬選手があん馬で「小さな失敗」をしたのを「自然で人間的な、美しいエラーであった」と評した。さりげなく、しかし実に鋭く、競争至上主義や国家というものの曖昧さを批判しているのである。男子体操競技で日本は、五個の金を含む計九個のメダルを獲得することになるが、曾野はそうした勝利の喧騒から距離を置き、人間的な感性によって失敗をも美しいものとして優しく包み込み、描いてみせたのだ。

開高健「超世の慶事でござる」、小田実「メダルに縁のない国の話」、菊村到「オリンピックまんざい」

日本選手のこわばった表情や所作を繊細な感性によって読み取り、鋭い批判をぶつけた文学者はほかにもいる。開高健もその一人だ。開高は、「週刊朝日」に連載中のルポルタージュで東京オリンピック開会式の入場行進を取り上げ、「赤い布をヒラヒラ、ヒラヒラふって愛嬌たっぷりに笑いくずれてる」ソ連の選手団とは対照的な日本選手団の姿を「女も、犇《ひし》と眦《まなじり》決して一人一殺の気配。歩武堂々、鞭声粛々《べんせいしゅくしゅく》とやって参ります」[9] と批判とユーモアを込めて活写した。さらに開高は、女子バレーボールチームに象徴される非人間的な練習をやり玉に挙げた。「なにしろ鬼だの魔女だのというのがおりまして、日頃練習のときは、秋霜《しゅうそう》烈日、〝死ねッ！〟とか〝泣けッ〟とか〝バッキャロ〟〝家へ帰れ〟などという声のかかるまぞひずむ道場なのですから、そろそろと歩くだけでも、もう、なにやらむらむらとちがうのでございます」

また、小田実も、開会式で外国の選手が隊列を乱してカメラを持って駆け寄ったり、ＩＯＣ会長アベリー・ブランデージの演説や天皇の開会宣言の間も、隊列の後ろでハイヒールを脱いで芝生の上に座っていたりするのを見て、「それは、オリンピックがすくなくとも軍隊の観兵式ではなくて、世界の運動会であることを示していて、なかなか好ましいことがらであった」[10] と、当時の日本人の常識を覆すような評価を披露した。さらに小田は、金メダル至上主義によって選手が抑圧されている状況全体にも批判の目を向ける。「日の丸が何本あがったか。金メダル。根性のないやつは選手村を去れ。丸刈りになってワビを入れる。惜敗。涙。君が代に立たないやつがいるぞ。がんばれ、がんばれ。そんなことばっかりだったら、私は息がつまる」

「根性」という言葉に、試練や苦労に耐え物事をやり通すたくましい精神といった新しい意味が付け加わり、流行語としてスポーツ界や経済界で爆発的に普及しはじめるのは、東京オリンピックのほんの数年前からである。(11)こうしたなか、東京オリンピック選手強化本部は、根性を「高い目標意識をもち、その目標達成のために精神を集中しそれを持続する強烈な勝利への意思」と定義し、「選手に自己の力、否、人間の力の限界に挑んで練習に総力を結集する」(12)ことなどを求めた。こうして、日本のスポーツ界の精神的な支柱となった根性に対して正面から批判を加えたのは小田だけではない。

「ぼくは、その根性という言葉をきくと、さむけがするんだ。根性なんて言葉は、アマ・スポーツに持ちこむべき性質のものじゃないよ。日本じゃ、スポーツマンは、まるで求道者だ。難行苦行をつんでさ、スポーツマンであるためには、人間を放棄しなければならん、と言ってるみたいじゃないか(13)」

「読売新聞」に掲載された菊村到「オリンピックまんざい」の一節である。漫才のセリフという形式をとっているが、中身はまさに根性主義による非人間的な難行苦行の日本のスポーツに対する強烈な批判である。この菊池の批判もまた、選手たちを悲壮な状況から救い出すために文学者たちが発した温かい人間的なメッセージにほかならない。

注

(1) 以下、瀬戸内晴美「〝はやる馬〟に敗れた〝武者人形〟」「サンデー毎日」一九六四年十一月六日号、毎日新聞社（講談社編『東京オリンピック――文学者の見た世紀の祭典』〔講談社文芸文庫〕所収、講談社、二〇一四年、一七六―一八一ページ）

(2) 以下、平林たい子「国家意識と人間」「読売新聞」一九六四年十月二十七日付夕刊（同書所収、三三四―三三七ページ）

(3) 以下、大江健三郎「緊張のあとの日常生活」「読売新聞」一九六四年十月十三日付（同書所収、二五七―二六一ページ）

(4) 以下、大江健三郎「競技場のユーモア」「読売新聞」一九六四年十月十八日付（同書所収、二八六―二八七ページ）。また、大江は、「とくに自衛隊員の選手たちの奮闘ぶり」によって青少年に対するスパルタ式教育を再評価すべきという声が起こったことに対して、「教育の全体を単純にスポーツと、それもオリンピックのように特殊な選良たちのおこなうスポーツを性急にむすびつける」ことの問題性についても鋭く指摘している（大江健三郎「お祭りの教訓は現実生活では役にたたない」「サンデー毎日」一九六四年十一月八日号、毎日新聞社〔同書所収、二二三ページ〕）。

(5) 以下、曾野綾子「孤独な娘たち」「毎日新聞」一九六四年十月十五日付（同書所収、一〇三ページ）

(6) この曾野の主張は、選手は国家を背負うべきとする石原慎太郎と真逆である。石原の主張については、拙稿「1964年のナショナリズムと東京オリンピック――文学者たちの言説をめぐって」（一橋大学スポーツ科学研究室編「一橋大学スポーツ研究」第三十八巻、一橋大学スポーツ科学研究室、二〇一九年）二八―三一ページ。

（7）以下、曾野綾子「東京五輪の〝大いなる遺産〟」「週刊サンケイ」一九六四年十一月九日号、産業経済新聞社（前掲『東京オリンピック』所収、三五三、三五七ページ）

（8）以下、曾野綾子「体操鑑賞記」「朝日新聞」一九六四年十月十九日付（同書所収、一三七―一三九ページ）

（9）以下、開高健「超世の慶事でござる――わが双眼鏡に映った開会式」「週刊朝日」一九六四年十月二十三日号、朝日新聞社（開高健『ずばり東京――開高健ルポルタージュ選集』〔光文社文庫〕、光文社、二〇〇七年、三九一、三九七ページ）

（10）以下、小田実「メダルに縁のない国の話」「共同通信」一九六四年十月十八日配信（前掲『東京オリンピック』所収、二八八―二八九ページ）。この開会式の隊列の乱れは、「規律中心」の訓練に慣れていた当時の日本人に深い印象を与えたようだ（例えば、内田隆三「成長の時代の幻像――精神史としての東京オリンピック」〔小路田泰直／井上洋一／石坂友司編著『〈ニッポン〉のオリンピック――日本はオリンピズムとどう向き合ってきたのか』所収、青弓社、二〇一八年〕一七八―一七九ページ）。

（11）本書第1章「池田勇人首相と東京オリンピック」（中房敏朗）三八ページ。最近の研究では、スポーツ界の根性論には、科学性の重視や選手の自主性、創造性への配慮などがあったが、それらをより身近な文脈へと翻訳しながら、非科学性、従順の強制、個人の抑圧といった真逆の意味を根性に付与したのが高度経済成長期を勝ち抜く「企業戦士」を求めていた当時の経済界ではないか、という新たな見方も提起されている（下竹亮志「根性論の系譜学――六四年東京オリンピックはスポーツ根性論を生んだのか？」、石坂友司／松林秀樹編著『一九六四年東京オリンピックは何を生んだのか』所収、青弓社、二〇一八年、八五―九八ページ）。

(12) 関春南『戦後日本のスポーツ政策――その構造と展開』大修館書店、一九九七年、一六〇―一六一ページ

(13) 菊村到「オリンピックまんざい」「読売新聞」一九六四年十月十九日付（前掲『東京オリンピック』所収、二九五ページ）

第4章　五輪競技を開催した八王子市——記録映画にみる都市の経験

高尾将幸

はじめに

一九六四年の東京オリンピック（以下、東京大会と略記）の記録映画と聞いて、多くの人が思い浮かべるのは市川崑監督の『東京オリンピック』だろう。六五年三月二十日に公開された同作品は、観賞人員千八百五万人、配給収入十一億円という日本映画史上の大ヒット作になった。東京大会をめぐる国民的記憶の共有に大きな影響を及ぼした作品であるとともに、レニ・リーフェンシュタールの『オリンピア』（一九三八年）と並ぶオリンピック記録映画の金字塔として国際的にも評価されている。(1)

だが、東京大会の記録映画はそれだけではない。実は東京大会では映画作品を含む大小多くの映像資料が大量に残されていることがわかってきた。散逸している状態ではあるが、近年、一部がDVD化(2)されるなど、アーカイブ化の動きもみられる。開催地になった自治体が企画したものもあり、例えば調布市による『私たちの見たオリンピック』(3)(インターネットで視聴可)や藤沢市による『東京オリンピック藤沢』(制作:福原健司、二〇一五年。藤沢市図書館で視聴可)が挙げられる。本章で取り上げる東京都八王子市で製作された記録映画もそこに含まれる。

東京大会では都心部に加えて、八王子市(自転車競技)、神奈川県(バレーボール、サッカー、カヌー、セーリング)、埼玉県(射撃、近代五種、ボート、サッカー、クレー射撃)、千葉県(近代五種)、長野県(馬術)がそれぞれ会場になった。選手村だけでも四つの分村(八王子、相模湖、大磯、軽井沢)を設けている。「成長著しい首都の都心部で開催された国民的イベント」としてイメージされがちな東京大会だが、実は地域によって多様な経験と記憶が残されているのである。八王子市を事例に、記録映画を中心にして掘り起こしてみたい。

1　八王子市の記録映画

八王子で作られた東京大会の記録映画は二本存在する。一つは市が正式に企画して毎日映画社に製作を委託した『オリンピックと八王子』(一九六五年)、もう一つは『私たちの八王子――オリンピックの記録』(一九六五年)という作品である。後者は八王子市の企画になっているが、実際の撮影と編集は市内の八王子アマチュア映像協会（現・八王子映像）という愛好者団体が請け負っていた。そしてその実質的な作業を中心的に担ったのが西澤幹夫氏である。

写真1　西澤幹夫氏（2016年10月27日、野上五十満氏撮影）

二本のうち、現在、公開されているのは『私たちの八王子』で、八王子市図書館[4]で観賞できる。『オリンピックと八王子』は公開されていないが、八王子市教育委員会がDVD化し、保管していたものを借りることができた。『オリンピックと八王子』が十六ミリフィルム（三十分）、『私たちの八王子』が八ミリフィルム（八十分）である。しかし、図書館で公開されている『私たちの八王子』は、実は二〇〇四年にデジタル化した際に再度編集が施されたもので、約五十分の作品になっている。本章では、西澤氏から譲り受けた最新版（二〇一六年現在）をもとに話を進めていく。

二〇一六年十月、西澤氏に当時の状況についての聞き取り調査に協力してもらった。というのも、西澤氏は八王子市の企画調査室主査という立場から、記録映画の作成だけでなく、行政内部の動きに通じている人物のためだ。一九二八年に長野県で生まれた氏は大学を卒業後、八王子市の職員として三十七年間勤務し、その間、総務部長や企画部長を歴任している。趣味の八ミリ映画製作を始めるにあたっては叔父の影響があったという。東京大会の前、植竹圓次市長から「八ミリが好きなら撮っておけよ」と軽く言われたことがきっかけで撮影を開始したが、当初は正式な「記録映画」

として期待されていたわけではなかったそうだ。

西澤氏に、全体としてどのようなイメージに基づいて製作したかを尋ねたところ、市民、選手、八王子市の三つを柱にして、その感動を伝えたいという趣旨を抱いていたという。そしてその際、「ニュース映画」ではないものにしたかったそうだ。つまり、単に競技の結果を伝えるだけではなく、それに対して市民や行政がどのように大会に関わったのか、その成果はどのようなものだったのかを後世に伝える内容を目指したという。実際に、『私たちの八王子』では大会に備える当時の市民の姿によく焦点が当てられている。

『私たちの八王子』は、多摩御陵とトラック競技場のカットから始まり、タイトルコールのあと、イラストを用いた近代オリンピックの概要が続く。その後、一九六四年元日の夜明けから、冬の大会前強化合宿、開村式、聖火リレー、実際のレース本番に至るまで、約一年にわたる出来事の時系列的な記録になっている。トラック競技、ロードレースともに、ルールの説明とレースの経過も詳細に伝えられている。日本選手の活躍ももちろん含まれている。

さらに、道路やトラック競技場の建設工事、高尾山の火渡り祭、八幡八雲神社の夏祭りや市民祭といった市民生活への目配りがなされているのも印象的だ。エピローグでは精密機械工場内部の様子を映して、工業都市としての八王子市の発展への期待がにじむ。BGMのほとんどはクラシック音楽で、当時、八王子アマチュア映像協会会長だった白岩延明氏が担当したという。

『オリンピックと八王子』は、東京駅の駅名標を映したシーンから始まる。電車は都心からのどかな田園地帯へと進んでいく。そして「親切都市宣言」(後述)のモニュメントを映したところまでがプロローグである。『オリンピックと八王子』でも、競技場、選手村の建設、道路工事の様子を映し出して、夏祭り、聖火リレー、実際の競技などを『私たちの八王子』と同様に収めているが、両者で大きく異なるのは、『オリンピックと八王子』では古代から近代（現代）に至る、とてつもなく長い「八王子の歴史」が参照されている点だ。市内とおぼしき遺跡の発掘シーンでは、実際に掘り起こされた縄文時代の土器をクローズアップして、話は奈良時代、戦国時代、江戸時代、近代へと展開する。そして伝統的な八王子車人形（人形劇）や織物産業の概況まで延々と話が続くが、その間、七分、オリンピックへの言及はまったくない。

さらに、テレビカメラ（芝電気〔現・日立国際電気〕）や魚肉ソーセージ（日本水産）の製造工場にも焦点が当てられる。そこでは、実際の労働と製造の様子が、さながら産業映画のような緻密な視線によって捉えられる（ちなみに芝電気は東京大会のビデオを独占供給している）。そのほか、真新しい団地や市民プールで遊ぶ子どもたちの姿、観光地化が進む高尾山周辺とハイカーたちの様子も見て取れる。

競技については、ロードレースのカットと「選手たちは走る」というナレーションがこれらの話の合間に挟まれる程度で、『私たちの八王子』とは対照的に、『オリンピックと八王子』では競技のルールや結果はほとんど伝えていない。日本選手は名前も言及されず、「日本の選手も健闘する」というナレーションが入る程度である。

2　八王子市による自転車競技誘致と植竹市政

一九五九年五月、IOC（国際オリンピック委員会）総会で六四年の東京開催が決定すると、八王子市は秋多町（現・あきる野市）と共同で自転車ロードレース競技の誘致活動を展開した。その結果、同年十二月、組織委員会から同競技を八王子周辺地区で開催したいとする要請文が市に提出されるに至る。その後、熱心な誘致のかいもあって、六一年一月、組織委員会競技施設小委員会は、自転車ロードレースを八王子コースにすることを正式に決定した。(5)

他方、トラック競技会場については立川競輪場や後楽園球場、あるいは三重・鈴鹿サーキットの名前まで挙がっていたが、組織委員会はなかなか決定できずにいた。最終的には一九六三年八月、八王子での開催が決定した。場所は多摩御陵（武蔵陵墓地）のそばにある都立陵南運動場が指定され、東京大会では唯一の仮設の競技施設になった。実に大会まで一年という差し迫った状況だったが、強力な誘致活動の結果だったとされている。(6)

東京都の南西部に位置する八王子市は、都内唯一の中核市に指定されていて、現在は約五十八万人の人口を擁する巨大なベッドタウンとして知られている。近世以来、織物産業で栄えた地域であり、戦後も朝鮮戦争特需でいち早く復興を遂げるが、その後は過剰設備問題が表面化し、いわゆる織維不況に直面する。その結果、織物産業に依存する従来の産業振興策を改めようとする動きが出てくる。具体的には、積極的に工場誘致をしていくような軌道修正がされることになった。ちょうどそのころ、高度成長に伴う市街地の無秩序な拡大や住宅不足に伴う過密化など、東京都心の既成市街地では人口や産業の集中による弊害が顕在化していた。その対策として、一九五六年には首都圏整備法が成立し、都心から離れた周辺地帯の一部に市街地開発区域、いわゆる（工業）衛星都市を配置する計画が立てられることになった。言うまでもなく、その至上命題は既成市街地の人口過密の解消である。[7]

この衛星都市の指定をめぐっては、周辺地域の自治体間で猛烈な争奪戦がおこなわれた。八王子市では当時の野口義造市長が積極的にこれに取り組み、一九五九年五月に正式指定を受けた。[8]この市街地開発区域指定を受けるにあたっては、一体的に都市基盤整備を進めるために市町村合併の推進が求められていたため、八王子市は隣接する浅川町（八王子市と同じく第一次指定をすでに受けていた）に合併を強く呼びかけ、五九年四月に正式に編入するに至っている。[9]これに先立って、五五年には横山村をはじめ六村を編入するなど、八王子市は人口・市域ともに急速に拡大していった。

こうしたなか、第二次産業従事者の割合は、一九五五年に三七・二％だったのが六五年には四五・七％へと増加する。そして人口は、同じ十年間で約九万五千人から二十万人超にまで倍増した。織物産業の落ち込みもふまえると、このころの新たな工業化策が八王子市にもたらしたインパクトがどれほど大きなものだったかがうかがえる。

こうした急激な地域社会の変容への対応こそが、当時の八王子市の大きな課題だったといえる。そして八王子での東京大会を語ろうとすれば、植竹圓次という個性を抜きにすることはできない。

一九五七年二月、東京日日新聞社（現・毎日新聞社）を退職したばかりだった植竹は、当時の八王子市長だった野口（自由民主党公認）の要請を受け、同市の助役に就任する。野口は植竹の新聞社の先輩であり、東京大会の誘致活動も野口市政下で始まった。その後、植竹は野口のあとを受けて六一年二月に市長選に出馬して初当選する。ロードレース競技の誘致が決定した翌月のことだ。以後、ジャーナリスト時代に培ったセンスで、三期十二年にわたって市政の舵取りをしていく。[10]

植竹は、新しいアイデアに基づくユニークな行政、先進的な行政を提案した市長として知られているが、東京大会に関係があるところでいえば、まず「親切運動」が挙げられる。

一九六一年、植竹は市長として最初の施政方針演説のなかで次のように述べている。

私といたしまして考えますのはこの苦しい間、いかに人心を振興し、萎び沈痛を防ぐかという点であります。（略）人心を新たにする一つの方策といたしましてこの際街ぐるみの親切運動を展開し、観光の宣伝、あるいは商店街の繁栄等に市を挙げて努力するということも一つの行き方ではないかと考えます。[11]

植竹はこれを、観光産業の育成や、市民の道徳意識とマナーの向上につながる「精神運動」と称している。これに対し議会では、単なる精神運動に予算（五十万円）を付けるのはいかがなものかという批判もあった。これに対して「市は観光都市、消費都市として発展し、外来客も増えており、三年後のオリンピック東京大会の自転車競技が市内において開催されることが予想され、多くの外国選手も集まることであり、国際親善の一助となるよう」[12]この運動を展開したい旨、答弁している。ところで、植竹が「この苦しい間」と述べているのは財政問題である。繰り返しになるが、地域経済の柱である織物産業が傾きかけるなか、八王子市は赤字団体に転落直前の財政的危機を迎えていた。また、一九五五年には横山村など六つの村を、五九年には浅川町を、それぞれ編入するなどして市域が一気に拡大し、多様な人口と財政的な課題を抱える自治体へと変貌していった。こうした状況を植竹は、工場誘致や都市基盤の整備だけでなく、市民の「人心を新たにする」ことで乗り越えようとしていたのである。「オリンピックに向けて」というのは、そのための格好の名目だった。

その後、同年六月には親切標語の募集がおこなわれ、八月には市役所、町会、商店連盟、バス会社などの市内の機関・団体が参加する「八王子市親切会」という官民共同の組織も結成された。初年度は「親切は窓口からいたしましょう運動」「車内を明朗にいたしましょう運動」「親切箱の設置」(寄付金のため)といった活動に始まり、翌年には「親切な人の表彰」「環境美化の運動」「雨傘の無料貸付け」(駅などに設置)がおこなわれている。

3　八王子を美しく!

以上、記録映画と当時の八王子の概要をみてきた。ここからは、八王子での東京大会を人々がどのように経験したか、行政はどのようにして市民の同意や参加を実現していったのかという観点から同大会を振り返ってみたい。その際、記録映画がそれをどのように記録しているのかについてもあわせてみていく。

ここではまず、美化運動についてふれる。先にふれたように、親切会の活動の一つには官民共同の環境美化運動が含まれていた。市の広報紙「はちおうじ」は、「広がるまちの美化運動」と題して、各地区の取り組みを二号にわたって特集している。取り上げているのは、婦人会による八王子駅前南口広場の清掃活動、少年団による川の清掃、八王子商店連盟による造花の街なかへの設置、子ども会による公園の清掃だ。[13] また、恩方地区の新生活運動協議会が「川を美しくする運動」を開始し、川へのゴミの投棄を禁止するための立て札四十本を設置したことも取り上げられた。[14]

写真2　環境美化を呼びかける立て札
（出典：『私たちの八王子――オリンピックの記録』〔企画：八王子市、撮影・編集：八王子アマチュア映像協会、1965年〕）

実際、『私たちの八王子』にはその立て札が登場する。そこには「あら あら そこには すてちゃだめ」という標語に加えて、「財団法人善行会、東京都新生活運動協会、八王子美化推進会」という組織名が見て取れる。この並びが興味深い。
日本善行会は、一種のマナー向上や「奉仕」活動の顕彰を目的とした組織である。[15] 一九三七年に設立され、四九年には社団法人になり東京都知事が会長を務めるようになった。実は「親切運動」という名称も、もともと日本善行会が用いていたものだった。一九五五年十二月十三日付の「朝日新聞」朝刊では、十二月十五日から月末までを期限として、親切にされた人の体験座談会、親切に感謝する集い(踏切番や電話交換婦などに感謝状と花束を贈呈)、都内小・中学校の児童・生徒らに対しての標語の募集を善行会都本部が実施すると報じている。この動きは八王子市の広報でもふれていて、決して植竹市長のオリジナルというわけではなかった。[16]
次に、新生活運動協会というのは鳩山一郎内閣が一九五五年に設立した総理府所管の財団法人(実際の所管開始は一九五六年)である。虚礼や因習を打破し、衣食住の生活様式を改善するとともに、日常生活の合理化や科学化を地域社会から実現していくこと、さらには人権の尊重や遵法精神の徹底といった新しい道徳意識の普及を目的として活動を展開していた。青年団、婦人会、公民館がその足場になっていたようである。[17] 八王子市内では浅川地区の婦人会が早くから取り組んでいて、例えば地域の清掃活動や共同使用する花嫁衣装の作成、産児制限の講習会をおこなっている。[18]
美化推進会は八王子市内の各学区か地区ごとに設けられ、原則として全世帯が会員になっていた。本部は市役所におかれ、市が環境美化に必要な資材や花の種を配付したりするほか、助言や指導をおこなっていた。[19] 一九六三年六月九日には、日曜日ながら市内各区の代表者が集まり、八王子美化推進会の結成大会が盛大に執り行われた。朝八時からの一斉清掃では、家の周りや道路をはじめ、溝、川原、公園の掃除がおこなわれ、午後からは大会会場になる市民会館まで美化推進委員約二千人が「町をきれいに」と書いたたすきをかけて大行進をおこなっている。その後、前年に完成したばかりだった市民会館の広場で、約二千個の風船に花の種を付けて飛ばしたという。[20]

ところが、この一斉清掃が問題だった。というのも、集められたゴミの量があまりに膨大で、その処理が追い付かず、集めたゴミを再び川や溝に捨てるということまで起こってしまう。議会でも、市民から相当数の苦情が寄せられているという批判が市長に向けられ、結果として市の清掃行政の無力さを印象付けることになったという。[21] 衛生的な町づくりを目指した運動としては皮肉な結果である。

なお、この結成大会は愛都運動協会、新生活運動協会、日本花いっぱい協会の協賛のもとに、愛都運動八王子地区大会をかねておこなわれている。愛都運動とは、都内の町内会・自治会組織や東京都町会連合会から起こったもので、愛都心の高揚や美化推進をおもな目的としていた。一九六三年一月には、東京都町会連合会を主体として愛都運動協会が財団法人として発足、協力団体として都からの助成金を受けることが決まっている。その後、同協会は各区町会連合会の協力によって各地区で愛都運動推進大会を開いているが、このなかに二十三区外で唯一、八王子市の浅川地区が含まれている。[22] 八王子親切会の二十周年記念誌[23]には、同年三月十七日に愛都運動浅川地区大会が開催され、これに協賛したという記録が残っている。

『私たちの八王子』には、先述した立て札に続いて、複数の男性が溝から大きなごみを引き揚げる様子が収められている。その後、「財団法人愛都運動協会」と書いたたすきをかけた男性の指示のもと、多くの割烹着を着た女性たちが大量の風船を一斉に飛ばしている。写真3は『私たちの八王子』からのカットだが、女性の一部も「町をきれいに」のたすきをかけていることから、これは八王子美化推進会結成大会と愛都運動八王子地区大会のシーンだろうと推測される。『私たちの八王子』では「美化宣言をする町会もあります」というナレーションもあるが、実際にこのイベントでも第一地区の会長によって「美化宣言」がおこなわれた[24]。

写真3　美化運動の様子
（出典：前掲『私たちの八王子』）

このように、市域の拡大や人口の増大によって急速な都市化を経験していた八王子は、行政や地縁組織など複数のアクターが人々の公共心や暮らしの合理化ないし編成をめぐって競合する場になっていた。美化運動はまさにそれが顕著に表れる場だったが、市長の植竹はそれをうまくイベント化しながら、人々とその活動を「八王子市民」としてのものへと意味づけようと努めていた。

これらに加えて、オリンピックを迎えるにあたって花や緑でまちを彩りあるものにしようという「花いっぱい運動」もおこなわれた。もちろん植竹市長の提案である。最初の具体的な動きは、八

写真4　ロードレースコースと沿道のカンナ
（出典：『オリンピックと八王子』企画：八王子市、製作：毎日映画社、1965年）

写真5　カンナの植え付けの様子
（出典：前掲『私たちの八王子』）

王子駅の北口ロータリーに大花壇を作るというものだった。[25] 市内の多摩少年院園芸部がこの作成に携わっている。同少年院は、親切会に依頼されて、街なかに設置するための吸い殻入れ（百個）の作成も手がけている。[26] また、市は建設省（当時）に要望し、ロードレース会場になる甲州街道沿いにフラワーポットを設置している。そのほかにも、浅川中学校の生徒たちによって国鉄（現・JR東日本）高尾駅前に花箱が設置された。

さらに、十月の大会本番に向けてロードレースコース沿道にカンナの植え付けがおこなわれた。市内の加住町、川口町、元八王子、浅川地区で約二万球が植えられている。その球根は市が準備し、これに各地区の町会が協力している。[27] すでに二年前から八王子種苗生産組合が、市場出荷も控えてオリンピックに向けて大量に増殖を計画していた。[28]

西澤氏によると、一部の地域住民はカンナを植えるために土手や畑、空き地を進んで提供したという。また、この計画の発案者は市長で、後援会長が十月に見頃を迎えるからカンナを勧めたのだそうだ。ある程度高さがあるため、ロードレースで自転車がそばを通ると花が揺れる点も視覚的に望ましいと判断したらしい。『私たちの八王子』『オリンピックと八王子』双方ともロードレースの選手たちが沿道のカンナの脇を走り過ぎる様子を収めている。ただ、植え付けする市民の姿を捉えているのは『私たちの八王子』だけだ（写真4・5）。

4　イベントと親切都市宣言とオリンピック

すでにふれたが、市長の植竹はイベント開催をとても重視した政治家でもあった。就任後の施政方針演説では、「合併後の新市一体化を強め盛んな市民感情を市民意欲を高めるためにもカーニバル等をも多し溌剌たる生気を喚起するのも一策かと考える」[29]と述べた。一九六一年八月、その植竹の発案で「三万人の夕涼み」と題して第一回八王子市民祭（現・八王子まつり）が開催されることになった。第一回は、昼の部として子ども音楽会や海上自衛隊によるパレードが、夜の部は市営球場で鼓笛隊パレードや各種舞踊、仕掛け花火などがおこなわれている。

四回目になる一九六四年は、八月一日と二日にかけてオリンピック協賛第四回市民祭として開催されている。従来は市営球場が会場になっていたが、この年から甲州街道を通行止めにして実施されるようになった。『私たちの八王子』のナレーションによれば「七夕祭りも一緒にした超ワイド版」とあるが、七月初旬におこなわれる八王子七夕祭りのことだろう。

また、八王子の伝統的な夏祭りは、八幡八雲神社（七月）と多賀神社（八月）による山車祭りがあった。しかし、オリンピック後の一九六六年年には、両者の祭礼の一部が市民祭に吸収され、山車もそちらに参加するようになった。[30]相次ぐ合併と急速な工業化が進むなか、植竹は人々の「八王子市民」としての一体感や愛郷心を喚起するために、こうした祭りを活用したといえる。一方で、

写真6　第4回市民祭（1964年）のパレード
（出典：前掲『オリンピックと八王子』）

こうした「近代化」が進むなか、それまであった祭りの土着性は薄められていくことになる。『私たちの八王子』も『オリンピックと八王子』もともに、前夜祭のミス八王子コンテストと、甲州街道でおこなわれた鼓笛隊や吹奏楽団によるにぎやかなパレードの様子を収めている。『私たちの八王子』には「自動車パレード」が詳細に記録されていて、各種団体の宣伝車が見て取れる。例えば、八王子国旗掲揚推進協議会の「祝祭日には必ず日の丸を掲げましょう」や、時間を守る会「定刻はみんなが守るエチケット」というスローガンがみられる。後者の「公共広告」は市の広報紙にもみられ、所在地は八王子商工会議所内になっている。[31] 会議の時間に多少遅れてもかまわないという「八王子時間」をなくそうと、事業者側から起こった近代的な時間意識の啓蒙活動だったといえる。

模擬聖火リレーなるものも開催されたようだ

が、残念ながら映像や画像での記録は見つかっていない。そのほかにも、『私たちの八王子』には日産自動車やいすゞ自動車による自動車パレード、オリンピック音頭、夜の部の民謡の流し踊りや花火、それらを見守る観衆の姿を克明に収めている。

写真7　自動車パレードで提示した「時間を守る会」の広告
(出典：前掲『私たちの八王子』)

話は少し戻るが、一九六四年、植竹は年頭の挨拶で「世界初」となる「親切都市宣言」をおこなう構想を明かしている。[32] そして、五月九日、市民会館で親切都市宣言市民大会が開催された。当日は午後零時半から、各種団体からなる総勢二千人が、南多摩高校、八王子駅南口、甲州街道追分交差点の三カ所から音楽隊を先頭にして出発し、ここでも市民会館に向かって大行進が実施された。[33] その後、午後一時半から親切者の表彰や親切会会長（植竹市長）による宣言を含む式典が盛大におこなわれている。

『オリンピックと八王子』では「親切宣言都市」と書かれた高さ五メートルほどのモニュメントを冒頭に映すだけだが、『私たちの八王子』では行進から式典の様子に至るまで一分強にわたって詳細な様子を収めている。行進では、先頭の国旗を（服装から察するに）ガールスカウト、八王子市旗をボーイスカウトがそれ

写真8　親切都市宣言の大行進
（出典：前掲『私たちの八王子』）

ぞれ担当し、八王子市立第十小学校（音楽隊）、商工会議所、織物工業組合、浅川地区美化推進協議会らのプラカードが見える。その後、例のモニュメントは道路沿いに設置されたようで、その脇を自転車に乗った選手たちが走り過ぎていく姿も収められている。

『八王子市議会史』[34]によると、この親切都市宣言は市民ぐるみの八王子市オリンピック協賛会（以下、協賛会と略記）を設立する動きと不可分だったという。また、八王子市オリンピック事務局が一九六五年に作成した『オリンピックの記録』[35]には、協賛会とは「「オリンピックは市民の手で」と市民の大会に寄せる熱意を、資金面でとりまとめる機関として」[36]結成したと記されている。つまり募金集めのための組織だ。

結成は一九六四年七月だったが、四月三十日にその設立が事務局参事会で検討されている。もう本番目前というタイミングだ。いったいなぜ、これほど差し迫った時期に結成されたのだろうか。おそらくこれは、選手村の八王子分村建設が関わっている。当初、東京大会組織委員会は八王子への分村は作らない方針だった。しかし、一九六三年にプレオリンピック（オリンピック本番の予行演習）として開催された東京国際スポーツ大会のあと、海外の選手と役員から「代々木の選手村からは遠すぎる」という苦情があったため、急遽分村建設が決まる。その検討が始まったのが六四年の一月に入ってからで、正式決定はさらに四月までずれ込んだ。トラック競技場に近接した部分に、これも仮設として作られている。費用は二億三千万円だったが、競技施設同様、組織委員会が負担した。

協賛会による寄付集めの目標金額は一千万円と定められていたが、最終的には市内の事業所や商店などから千二百万円を超える額が集まった。使途については、歓迎塔の設置、選手や役員に贈る記念品、歓迎のためのレセプションや慰安演芸会のためとされている[37]。西澤氏も、協賛会で集めた金を使って選手を盛大にもてなし、当時のテレビで人気を博した女優の小林千登勢を呼んだ、と証言している。

こうした協賛会設立のタイミングと募金の使途をみると、それは選手村の選手と役員の接遇費用を賄うことを主たる目的としていたのではないかと推察できる。『八王子議会史――記述編Ⅲ』は、「親切都市宣言」を契機に「オリンピックの準備態勢はいよいよ市民ぐるみのものとな[38]」り、市（＝オリンピック事務局）と議会（＝オリンピック委員会）が全面的な協力体制をとることになったと記している。また、市民祭をオリンピック協賛市民祭として実施するうえで、協賛会の組織化は急務だったという。具体的なことはわからないが、前記の一連のイベントは、資金面でも実動面でもオリンピックという巨大イベントに対する市民を動員する仕掛けとして市側によって構想されていたと考えられる。

5　競技施設の建設

東京大会がもたらした開発にもふれておこう。ロードレースのコースは、個人コースに関しては八王子市内、団体コースについては八王子市、立川市、昭島市にまたがる道路を用いた。新設については四路線、舗装改修などが甲州街道（国道）を含む八路線だった。このうち、八王子市が建設したのは新設の二路線で、甲州街道バイパスに二億千三百万円、東浅川バイパスに一億四百万円を費やしている。前者は一九五五年から工事が始まっていたが、ロードレースコースに含まれることになったため、六〇年からオリンピック関連事業に組み入れられた。その結果、六五年の完成予定だったが、工期を早めて六四年七月に完成している。[39] 先にふれた市民祭が甲州街道に会場を移すことが可能になったのも、このバイパスの開通によるものとされている。[40]

そのほか、ロードレースには道路の幅員が最低六メートルを要したため、これに満たない道路の拡幅工事も実施された。市のオリンピック関連事業費は一九六〇年から六四年までの五年間で約三億五千万円が費やされているが、道路関係で実に三億二千万円近くを占めることになった。

記録映画にも道路工事の様子は登場する。『私たちの八王子』のナレーションは甲州街道バイパスについて、「オリンピックのために完成を一年繰り上げたバイパスは、市が総力をあげた大工事でした」と述べた。いまから道路の下に埋められようとしているむき出しの下水管や、実際に移動させられている人家の様子も見て取れる。また、それまであった建物を取り除いたあとのぽっかりと空いた空間が、工事中の雑然とした様子とともに収められているのも印象深い（写真９）。

他方、『オリンピックと八王子』ではそうした開発や破壊の痕跡はみられない。焦点を当てているのは、整然と進む舗装工事の様子である。ローラーで路盤を固めていく作業や安定剤と思われる液体を撒いているシーンが、実際の音とともに臨場感あふれるように表現されている。こうした産業映画のような手法は、トラック競技場の建設シーンでも見て取れる。建設作業員によって慎重におこなわれる傾斜の測定や路面の舗装作業を追いながら、ナレーションは「世界で最初の試みと言われる最大傾斜四五度のコンクリート走路、わずかな狂いも許されない」ことを告げる（写真10）。アベリー・ブランデージ会長の視察の様子や、バイパス開通式とトラック競技場走路開きの式典にも着目した『私たちの八王子』とは、やはり趣を異にしている。

写真９　道路工事の様子
（出典：前掲『私たちの八王子』）

なお、大会まで一年というところで始まったトラック競技施設の建設工事には、やはり無理があったようだ。大会直前の七月、走路開きとして日豪交歓自転車競技大会が開

写真10　トラック競技場建設工事
（出典：前掲『オリンピックと八王子』）

催されたが、練習中に選手たちの転倒が相次ぐほどの悲惨な出来栄えだった。結果的にオーストラリア側から危険すぎてレースができないという苦情が出され、立川の競輪場を使うことになった。[41]その後、なんとか本番に間に合うように改修工事がおこなわれた。

国際自転車連盟から指示されたトラックの設計速度（安全にコーナーを走れる計算上の最大速度）は時速六十キロとこれまでになく高く、そうした諸条件を満たす施設は国内には存在しなかった。既存施設の改修なども検討されたようだが、結局、用地（一〇％は民有地）の問題や都市計画公園指定地になっていたこともあり、仮設にすることが決まった。[42]総工費は環境整備費を含めると約一億五千万円が費やされた。二億三千万円をかけて作られたプレハブの選手村も仮設だった。

実は大会終了後、日本アマチュア自転車競技連盟などが将来の競技力向上を見据えて施設の存続を要望していた。[43]しかし、八王子市や地主が大会後の再整備を希望していたこともあり、一九六五年四月にはあっさり解体工事が開始される。(44) その後、都立陵南公園として市民の憩いの場に生まれ変わった。現在、当時をしのぶものとしては競技の優勝者名を記したプレートが残っている程度だ(写真11)。大会後の施設の後利用が問題になっている昨今の状況に鑑みると、ずいぶんと割り切った決断ができたように感じる。

おわりに

写真11　陵南公園にある東京大会の記念プレート（筆者撮影）

大会後、西澤氏は各町会などからの依頼を受けてボランティアで記録映画の上映会を催している。『私たちの八王子』も『オリンピックと八王子』も上映し、「百カ所はやったし、毎晩やった」という。夏休みに小学校の教室で上映していたら、地元の人たちが集まってきて外でやってほしいとお願いされ、最終的には校庭がいっぱいになるほど多くの人が集まったこともあった。そして上映後は「非常に喜んでくれた」と。

西澤氏によると、評判がよかったのは『私たちの八王子』のほうだった。「私が撮ったのは各町内の人たちがみんな映っている、清掃運動やったりしてるし、市内の行進やったり、お祭りやったり[45]」というのがその理由だという。「市民」の目線で製作された『私たちの八王子』は、ほぼ一年という時間の幅もさることながら、人々の取り組みを成功裏に伝えているようにみえる。それは、私たちが慣れ親しんだテレビ・ドキュメンタリーという手法にわりと近いところにあるからだろう。

他方、西沢氏は『オリンピックと八王子』を、「ときどき東京から来て撮るでしょう、そうすると現実感がない、臨場感がないんですよ、それとね、芸術的に凝っちゃってね[46]」と評する。非常に長い歴史の参照や産業映画的な手法は、多くの市民にとって「退屈」に映ったにちがいない。というのも、おそらくそれは自治体や地元企業をクライアントにした「PR映画」として構想されていたからである。あるいは、数多くの合併と編入を繰り返してきた人々にとっては、一貫した「八王子の歴史」など絵空事にすぎない表象と映ったのかもしれない。

八王子の記録映画製作は、『オリンピックと八王子』が「正式」な委託だったことからみても、「とりあえず」始まったものだった。西澤氏によれば、『オリンピックと八王子』を観た植竹市長は「残念そうだった」という。その後、植竹は八王子市を学園都市、工業都市、観光都市、消費都市としての性格を備えた都市へと改造する「四重都市構想」を掲げるなど、壮大な計画で市政を牽引していく。オリンピックを含む大小のイベントを通じて市民の一体感を演出することをもくろんだ植竹の戦略は、ひとまず成功だったといえる。が、マスメディア出身の植竹にとって、記録映画製作は唯一の「手抜かり」といえたのかもしれない。

さて、ここまでで特に印象的なのは、地域住民の東京大会に対するきわめて協力的な姿だ。この点について西澤氏は、戦争が終わって、オリンピックを開催できるまでに復興したこと、そしてそれを海外に向かって示すことが国民にとって何よりうれしいことだったというのが理由だという。だから、人々は立派に東京大会を開催するために労を惜しまなかったのだ、と。その一方で、行政側が人々の公共的なものへの渇望をうまくすくうことができた点も大きかったのではないだろうか。西澤氏はそれを「社会性」と呼んでいる。「八王子市の市民が公徳心があるとか、そういうことではな」く、「これは五十年という時間の違いですね、やればどこの市民でもやったと思いますよ[47]」と。

例えばそれは、行政が「美化推進委員」という肩書を用意し、住民がそれにこぞって呼応した点に見て取れる。本文でもふれたように、美化推進会の大行進に参加した住民は約二千人だったが、実はこの数は市民会館の定員に合わせている。しかし西澤氏によると実際は、三千人を超える希望者が委員に申し込んできたという。各自に「美化推進委員」のバッジと竹ぼうき、各地区に旗を、それぞれ市が提供したが、これは非常に喜ばれたようだ。

そこには、当時の日本社会で広く共有されていた公共性への志向があったのかもしれない。しばしば指摘されるように、戦前に果たせなかった近代的で合理的な空間の構築に向けて、あるいは惨めな〝戦後〟に終止符を打つ国民的な儀式としての側面が、そうした志向を支えていたともいえる[48]。あるいはそこに、新しい社会の建設に向けた希望を加えてもいいだろう。

しかしそれでも、その経験は当時の八王子を生きた人々のものだ。急速な工業化と新旧住民の混住化が進むなか、日々の暮らしとそれを支える市民意識や道徳観、あるいは行動様式を確立することは急務になっていた。オリンピックの開催は、その意味で新旧住民が協力してそれを支え、新しい都市の発展を願う祝祭としても経験されたといえる。『私たちの八王子』は、そうした人々にとって新しい自画像として差し出されたのである。

東京大会を国民的なイベントとして平板に理解するのではなく、歴史的な奥行きを伴ったものとして考えるべきではないか。残念ながら、多くの記録映像とともに、そうした多様な経験は歴史の片隅に放置されたままなのだが。

近年、東京大会当時の日本を、人々は経済的に貧しくはあったが活力に満ち、希望をもって生きていたとするノスタルジックな言説が広がってきたといわれている。ACジャパンのコマーシャル「ライバルは、一九六四年」は、そのわかりやすい表現の一つだろう。東京大会を通じて「古き良き私たち日本人」を見いだすことは、確かに心地よいものではある。(49)

しかし他方で、これまで開かれたオリンピックについて、いまとは違う社会状況や固有の歴史的経験を意識して振り返ることも重要ではないか。(50)そのことは、私たちが歴史の現在において、どのようにオリンピックと向き合い、それを経験するべきなのかという問いにもつながっているように思う。その意味で、記録映像は歴史的な資料であるとともに、オリンピックの何を、どのように記録/記憶すべきかを考えさせるメディア=媒介にもなるはずだ。

注

（1）田中純一郎『映像時代の到来』（「日本映画発達史」第五巻）、中央公論社、一九八〇年、一六—一九ページ。市川崑の記録映画『東京オリンピック』に関する論考として、以下のものが挙げられる。石坂友司「成功神話の内実と記録映画がもたらす集合的記憶」、石坂友司／松林秀樹編著『一九六四年東京オリンピックは何を生んだのか』所収、青弓社、二〇一八年、二四—四四ページ、Naofumi Masumoto and Gordon McDonald, "'Tokyo Olympiad': Olympism Interpreted from the Conflict Between Artistic Representation and Documentary Film," *International Journal of Sport and Health Science*, 1(2), 2003, pp. 188-195, Ian McDonald, "Critiquing the Olympic documentary: Kon Ichikawa's Tokyo Olympiad," *Sport in Society*, Volume 11, Issue 2-3, 2008, pp. 298-310.

（2）『TOKYO 1964——東京オリンピック開催に向かって』（ＤＶＤ全二巻）、ケー・シー・ワークス、二〇一八年

（3）調布市「東京1964大会「私たちの見たオリンピック」（東京都調布市の記録映画）」「調布市動画ライブラリー ChofuCity」二〇一七年八月十八日（https://www.youtube.com/watch?v=JTAXtJ3wgro）［二〇二一年十一月十九日アクセス］

（4）八王子市図書館のウェブサイトでは『私達の八王子 オリンピックの記録 1964』として情報が登録されている。実際の映像では『私たちの八王子』とタイトルが表示されるので、こちらを採用している。

（5）八王子の自転車競技の歴史については、東京都八王子市体育協会編『八王子市体育協会史』（東京都八王子市体育協会、一九九六年）一二四—一二五ページを参照。

(6) 東京都八王子市議会編『八王子市議会史――記述編Ⅱ』東京都八王子市議会、一九九〇年、八九四ページ
(7) 波多野重雄編著『八王子市政八十年史――歴代市長の足跡』ふこく出版、一九九六年、一八四ページ
(8) 小田宏信「第一次首都圏基本計画下における市街地開発区域整備の実際――八王子・日野地区および青梅・羽村地区を事例に」、成蹊大学経済学部学会編「成蹊大学経済学部論集」第四十七巻第一号、成蹊大学経済学部学会、二〇一六年、七九―一一九ページ
(9) 前掲『八王子市政八十年史』一八八―二〇一ページ
(10) 同書一九二ページ
(11) 前掲『八王子市議会史――記述編Ⅱ』八四九ページ
(12) 同書八五〇ページ
(13) 企画部広報課編「はちおうじ」一九六二年九月十三日号、八王子市、五ページ
(14) 企画部広報課編「はちおうじ」一九六二年十月十三日号、八王子市、五ページ
(15)「本会概要」「一般社団法人善行会」(http://www.zenkoukai.or.jp/outline.htm)［二〇一九年八月十二日アクセス］
(16) 企画部広報課編「八王子市広報」一九六〇年十二月十日号、八王子市、三ページ
(17) 宇ノ木建太「戦後日本の「近代化」と新生活運動――新生活運動協会の取り組みを対象として」、立命館大学政策科学会編「政策科学」第十九巻第四号、立命館大学政策科学会、二〇一二年、一七七―一九四ページ
(18) 浅川婦人会編『三十周年を迎えて』進藤志げゑ、一九七八年、三四―三五ページ

(19)企画部広報課編「はちおうじ」一九六三年五月二十二日号、八王子市、七ページ
(20)企画部広報課編「はちおうじ」一九六三年七月十二日号、八王子市、二ページ
(21)東京都八王子市議会編『八王子市議会史――記述編Ⅲ』八王子市議会、一九九〇年、三四一ページ
(22)菱山宏輔「1960年代前半における東京都町内会の自治意識とその包摂――防犯灯問題から東京オリンピックへ」、地域社会学会編「地域社会学会年報」第二十六号、時潮社、二〇一四年、一〇〇ページ
(23)八王子市親切会編『20年のあゆみ』八王子市親切会、一九八一年、四三ページ
(24)前掲「はちおうじ」一九六三年七月十二日号、二ページ
(25)企画部広報課編「はちおうじ」一九六二年四月十六日号、八王子市、七ページ
(26)企画部広報課編「はちおうじ」一九六三年八月十六日号、八王子市、七ページ
(27)企画部広報課編「はちおうじ」号外(オリンピック特集号)、八王子市、一九六四年六月十二日、一ページ
(28)前掲「はちおうじ」一九六二年十月十三日号、五ページ
(29)前掲『八王子市議会史――記述編Ⅱ』八五四ページ
(30)「八幡八雲神社」(http://hachiman-yakumo.or.jp/event/index.html)[二〇一九年七月三十一日アクセス]
(31)企画部広報課編「はちおうじ」一九六四年二月十三日号、八王子市、ページ数不明
(32)企画部広報課編「はちおうじ」一九六四年一月一日号、八王子市、二ページ
(33)企画部広報課編「はちおうじ」号外、八王子市、一九六四年五月九日、一ページ。なお、八王子市郷土資料館編『オリンピックがやってきた!――市民が支えた熱き日々』(八王子市教育委員会、二

〇〇八年）には、「八王子駅北口・南口、甲州街道追分交差点の三ヶ所」（三二ページ）という記載があるが、西澤氏によれば広報の記録で間違いないということだった。

(34)前掲『八王子市議会史――記述編Ⅲ』二〇八ページ

(35)八王子市オリンピック事務局編『オリンピックの記録』八王子市、一九六五年

(36)同書八ページ

(37)同書一一ページ

(38)前掲『八王子市議会史――記述編Ⅲ』二〇九ページ

(39)前掲『オリンピックの記録』二三ページ

(40)八王子市市史編集委員会編『新八王子市史――通史編6：近現代 下』八王子市、二〇一七年、五五一ページ

(41)「朝日新聞」一九六四年七月二十日付

(42)オリンピック東京大会組織委員会編『第十八回オリンピック競技大会公式報告書』上、オリンピック東京大会組織委員会、一九六六年、一二九ページ

(43)「朝日新聞」一九六四年十二月十一日付

(44)「朝日新聞」一九六五年四月二十九日付

(45)インタビュー（二〇一六年十月二十七日）から

(46)同インタビュー

(47)同インタビュー

(48)橋本治『さまざまなエンディング』主婦の友社、一九九〇年、五五―五六ページ、五十嵐恵邦『敗戦の記憶――身体・文化・物語 1945-1970』中央公論新社、二〇〇七年、二五六―二五七ページ

(49) 昭和に対するノスタルジックな表象を批判的に分析したものとして、日高勝之『昭和ノスタルジアとは何か——記憶とラディカル・デモクラシーのメディア学』世界思想社、二〇一四年、「ライバルは、一九六四年」というコマーシャルを題材に、昭和という時代と東京大会が現在において発揮する魅力の源泉を分析したものとして、阿部潔「「2020」から「1964」へ——東京オリンピックをめぐる〈希望〉の現在」(小路田泰直/井上洋一/石坂友司編著『〈ニッポン〉のオリンピック——日本はオリンピズムとどう向き合ってきたのか』所収、青弓社、二〇一八年、一九二—二一六ページ)がある。

(50) 石坂友司が、モーリス・アルヴァックスの議論を参照しながら、東京大会をめぐる集合的記憶の多重性と経験の多様性に言及している。前掲「成功神話の内実と記録映画がもたらす集合的記憶」三七—三八ページ

[付記] 本研究はＪＳＰＳ科研費16K16531の助成を受けたものである。

第5章　学校に届いた東京オリンピック

木村華織

はじめに

「勝つことよりも、参加することだ」と力強く書いてあるのは、一九六四年東京大会後に発行された小学生向けのオリンピックに関する学習教材(1)の裏表紙だ（写真1）。青いボールペンで書かれたその文字は、「勝」と「参加」だけが何重にもなぞられて太字になっている。冊子を裏返してみると表紙側には「『より速く、より高く、より強く』オリンピック」と書いてある。どちらもオリンピックの理想を示す言葉である。この冊子の持ち主は何を思ってこの二つの言葉を書いたのだろう。

東京大会の開催によって体育やスポーツだけでなく、社会や国民の生活そのものが様変わりした。新幹線や首都高速が開通し、テレビのカラー放送も始まった。国立競技場や東京体育館をはじめと

写真1　「1964年 東京オリンピック記録写真集――学習事典別冊（高学年用）」学習研究社、1964年（中京大学スポーツミュージアム所蔵）

する多くの建築物もできた。学校ではオリンピックを通じた教育が求められ、大会終了後には子どもの体力向上を求める波が押し寄せた。社会や学校、目の前の景色が変化していくなかで、東京大会は子どもたちにどのように映り、何が記憶されたのだろうか。

日本では東京大会を迎えるにあたり、子どもたちに向けた教育的な取り組みがなされてきた。文部省からは、生徒向けの『オリンピック読本』（小・中・高等学校・青年学級向け）や教員用のオリンピック指導資料などが発行された。その内容は、オリンピックの歴史や理念、創始者ピエール・ド・クーベルタンについて、選手のエピソード、東京大会に関わること、などであった。これ以外にも学研（学習研究社）や旺文社などからは、子どもが楽しく学べるオリンピック学習教材が数多く発行されている。写真1もその一つである。一方で、一九六四年当時の教育雑誌には、日本人のモラル向上を求める記事や体力向上を謳う記事も多くあった。「外国人に対する態度」と題した論考には「一、外国人を迎える態度」「二、外国人に対する態度」「三、競技を見る態度と応援する態度」という見出しが並んでいた。[2]

一九六四年東京大会をめぐっては昔も今もさまざまな議論がなされ、大会への評価は良くも悪くも多様だろう。しかし、これらの評価は草の根レベルでの声を取り上げてきただろうか。子どもたちに届いたオリンピックとはどのような姿だったのか。実際に観戦することが難しい東京から遠い地方の子どもたちに、東京大会はどのようにして届けられたのだろうか、あるいは届けられなかったのだろうか。本章では、六四年当時に学校で教鞭を執っていた人たちの記憶を手がかりに、この問いについて考えたい。

1 学習教材にみる東京オリンピック

市販された学習教材

現地で観戦できない子どもたちにオリンピックを届けたものの一つが、多くの出版社（者）から発行されたオリンピック学習教材だろう。冒頭で紹介した学習教材もこの一つであり、東京大会終了後に学研から発行されたものである。[3] 発行から五十五年あまりがたっているが、冊子（全三十二ページ）は傷みも少なくきれいな状態で保管されている。冊子の姿、裏表紙に力強く記された署名からは、彼にとってこの冊子が大切なものだったことが伝わってくる。市販されている学習教材のなかには、競技ごとに入賞選手たちの記録を書き入れるもの、日本人選手の記録を書き入れるもの、参加国の文化を知ることができるものなど、子どもが興味をもちながらオリンピックにふれられる工夫がちりばめられている。

一九六四年十一月発行の「学研版 小学生のための東京オリンピック記念特集[4]」の表紙をめくると、表紙裏にこんな言葉が記されている（写真2）。

■九十四か国の若い力が、東京に集まったこの十五日間、世界は一つにむすばれました。黄色い人、黒い人、白い人——全世界の人の心が、平和と友情のきずなでむすばれたのです。

■力のかぎり、さいごまで、正々堂々と——これがオリンピックの精神です。世界の若い力は、この目標のもとに熱戦をくりひろげ、かずかずの記録と心をうつ話題をのこしました。

■この本は、こういう東京オリン

写真2 「学研版 小学生のための東京オリンピック記念特集」学習研究社、1964年（中京大学スポーツミュージアム所蔵）

ピックのようすを、みなさんのためにまとめたものです。これで、オリンピックのとうとい精神をまなびとってください。[5]

冊子全体の約半分を占める「心にのこるオリンピック物語集」には、十一のエピソードとそれに関わる子どもたちの感想文が収められている。さらにエピソードの合間には、競技とは別の観点から書かれたユニークな短篇の論考が挿入されている。例えば、「記録のかべと選手の体格」「選手村にひろった友情」「かわりだね選手」「オリンピックを成功させたかげの人たち」などである。

それでは、「心にのこるオリンピック物語集」の内容を一部紹介しよう。

この特集の冒頭には「国際オリンピック委員会（ＩＯＣ）ブランデージ会長のことば」が掲載されていた。アベリー・ブランデージ会長は、「ここに集まった、世界中のわかい人たちの力を熱意と善意は、世界中の平和をつくりだすでしょう。日本の将来をになっていかなければならないみなさんが、この記念すべきオリンピックの思い出を、いつまでも強く心にとめておかれるようにねがいます[6]」と伝えていた。続いて選手たちのエピソードである。体操競技で個人総合優勝を果たした遠藤幸雄の「少年のゆめ、ここにみのる」、ヨットのスウェーデン代表キエル兄弟の「波高い海、友情の十二着」、ニジェール代表の二人の選手の「アフリカのかがやく星」、国際オリンピック委員会が参加を許可せずに開会式の前日に帰国した北朝鮮（朝鮮民主主義人民共和国）の辛金丹選手を取り上げた「メルボルンの花 優勝のかげに」などである。どれも選手の感動物語というだけではなく、エピソードを通じて子どもたちに考えをめぐらせてもらう内容になっている。例えば、「メル

ボルンの花 優勝のかげに」の冒頭には次のように書かれている。「はなやかな開会式のまえの日、帰国しなければならなかった、北朝鮮の辛金丹（シングンダン）選手は、どんなにくやしかったことだろう。しかし、スポーツには、まもらなければならないルールがある。みなさんも、この話を読んで考えてみよう[7]」というものである。小学生の感想文も意味深い。

出場すれば、二つの金メダルはかくじつだといわれていた辛金丹選手は、きっと残念な気持ちで帰っていったことでしょう。

世界の親善のために開かれるオリンピックは、参加することに意義があるといわれますが、参加したくても、できない場合もあるのだということをぼくはしりました。

参加できないわけは、国際オリンピック委員会の許可なく、べつの国際大会に参加したからだといわれています。

スポーツの世界では、ルールはきびしく守らなければならないが、また参加する人たちのしかくも、たいへんきびしいものだとつくづく感じました[8]。

冊子の終盤を占める「東京オリンピックの記録」のなかには、「オリンピックの新しいなかま」と見出しを付けたページがある。選手紹介ではなく新たにオリンピック出場を果たしたアフリカの新興国十二カ国、中央アメリカ二カ国、アジア四カ国を、写真と説明文で紹介している。また、参加国の競技成績を示す場合にも単にメダル数だけを書くような現代的なものでなく、その国や地域の「面積」「人口」「とったメダルの数」「参加のようす（競技・選手・役員数）」を記している。

選手の競技成績だけでなく、子どもたちがオリンピックを通して社会で起きている出来事を知り、オリンピックの理想について考える工夫が施されている。現地での試合観戦はかなわないにせよ、こうした学習教材を手にすることによって、子どもたちはオリンピックの精神や選手たちにふれることができたのかもしれない。掲載されている小学生の感想文「オリンピックを見たわたしの感激」の執筆者は、北海道、東京、長野、大阪、徳島、島根、福岡の各都道府県の小学校にまたがっている。

『オリンピック読本』

一九六四年東京大会では、文部省が小学校・中学校・高等学校を対象にした『オリンピック読本』を作成している（写真3）。この背景について『第十八回オリンピック競技大会公式報告書』[9]には、次のように示されている。


政府はオリンピック競技大会の開催にともない財政その他各種の事業に直接間接に協力したが、このオリンピック競技大会の成功を期して国民一般の協力の機運を高め、公徳心の高揚、道路その他の美化をはかるなどの国民運動を提唱した。

この提唱にこたえて、政府関係者は文部省が中心となって会議を開き、オリンピック精神の啓発資料を作成し、各都道府県の教育委員会その他に配布した。[10]

写真3 『オリンピック読本』。左上から小学生向け、中学生向け、高校生向け、指導者向け（いずれも文部省）（中京大学スポーツミュージアム所蔵）

「オリンピック精神の啓発資料」がおそらく『オリンピック読本』のことだろう。この読本が各都

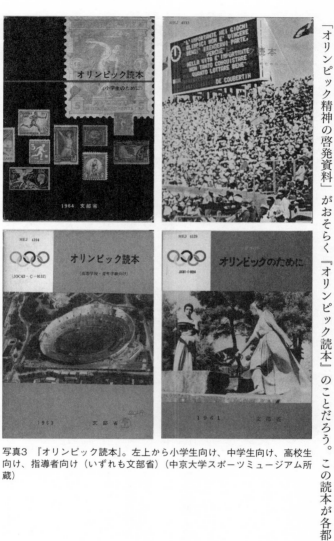

道府県の教育委員会からどれだけの学校に届けられていたのかは調べきれていない。しかし、文部省主導で読本が作成されたという力の入れようからすると、できるだけ多くの学校にこの読本を届けようとしていたことにちがいはないだろう。

文部省による読本は校種別に作成されていた。『オリンピック読本――〈小学生のために〉』(一九六四年、全五十八ページ)、『オリンピック読本――〈中学生のために〉』(一九六二年、全四十四ページ)、『オリンピック読本――〈高等学校・青年学級向け〉』(一九六三年、全六十八ページ)である。読本の内容は校種によってある程度の差はあるものの、オリンピックの歴史や理念、過去大会にみる選手たちのエピソード、東京大会のあらまし、東京大会を迎える私たちの心得に分けられる。高等学校・青年向けにはこれらに加え、日本のスポーツ振興(普及状況、競技力向上、施設拡充)や日本スポーツの将来に関する内容が加えられている。先に紹介した市販の学習教材よりは教科書に近い構成になっているが、オリンピックの精神を学ぶことができる要素は盛り込まれている。

本章の冒頭に挙げた「勝つことよりも、参加することだ」と書いた小学生がこの読本を手にしたのか否かはわからないが、小学生用の読本には「1. ピエール＝ド＝クーベルタン」を説明する箇所に次の言葉が示されている。

クーベルタンのことば

オリンピックは単なる世界選手権大会ではなく、四年ごとに開かれる世界の青年の祭典であり、純粋な若人の功名心と情熱の殿堂、各世紀をとおしての純粋な花園である。(一九〇六年)

写真4　体育理論の学習書。左：1953年発行、右：1951年発行（体育とスポーツの図書館所蔵）

オリンピックで重要なことは、勝つことだけではなく、参加することである。人生でもっとも重要なことは、勝つということではなく、正々堂々と奮闘することである。（一九〇八年）[11]

『オリンピック読本』以外にも当時の体育理論の教科書や副読本には、国際競技大会を取り上げたページのなかにオリンピック競技大会に関する内容が記されており、『オリンピック読本』が配布されなかった場合にも学校教育を通してオリンピックについて学ぶ教材はある程度準備されていたようだ（写真4）。

他方、国民運動に関わって学校教育で求められたのは、公衆道徳高揚に関する教育だった。すべての『オリンピック読本』に公衆道徳の高揚を意図する項目が立てられている。小学生向けには「オリンピックを成功させよう──小学生とオリンピック」[12]、中学生向けには「東京大会を迎えるわたくしたちの心構え」[13]、高等学校・青年学級向けでは「オリンピックを迎える国民の在り方」[14]である。特に高等学校・青年学級向けには、具体的な内容が多く示されている。「オリンピックを迎える国民の在り方」のなかには、「①外人客を迎えるわれわれの態度」「②オリンピック国民運動の進め方」の二つがあり、②の「ウ、オリンピック理解運動」には、オリンピック理解運動、国際理解運動、公衆道徳運動、明朗運動、健康運動があった[15]。特に公衆道徳運動については、人に親切にすること、公徳心を高めること、交通規則は守ることを項目別に詳しく説明している。公徳心を高めることについては、以下のように書いてある。

公徳心は、いろいろな場合に発揮されなければならない。そのうち特に目立つところは、道路のきたないこと。公園がよごれていること。街路樹が荒らされていること。酔っぱらいが道路や電車内にふらふらしていること。「たん」や「つば」が道路に吐いてあること。立ち小便をすること。これらのことをまず一掃することが最もたいせつである[16]。

読本から察するに、オリンピック開催を控えた日本にとって、オリンピック理解と同様に公衆道徳教育は重要で喫緊の課題だった。外国人に見られて恥ずかしくない国民の育成は、東京大会の成功には欠かせなかったのだろう。

2 教師たちの記憶

東京から遠く離れた地方にオリンピックは届いたのだろうか。当時の雑誌をみれば都心部の児童・生徒に対しては学校動員による競技観戦がおこなわれているし、街を歩けば外国人選手や観光客にも出会うだろう。しかし地方はそうはいかない。そこで大活躍したのが白黒テレビだった。直接観戦することが難しい地方にあって、テレビはリアルタイムにオリンピックを目にすることができる神器のなかの神器といえた。一九六四年のカラーテレビの世帯普及率は一〇%にも満たず、家庭にあるほとんどのテレビは白黒テレビだった。

東京大会は子どもたちに何を届け、学校に何を遺したのだろうか。雑誌には描かれない草の根レベルでの活動や姿を求めて、以降では一九六四年に学校現場で教鞭を執っていた教育関係者の記憶から、東京大会時の様子を振り返ってみたい。本章で活用した教師たちの記憶は、体育とスポーツの図書館[17]で開催された展示企画「1964年の記憶――東京オリンピックが学校に遺したもの[18]」で展示された九人のものである。展示ではインタビューの記録が一人一枚のA1サイズのパネルで紹介された[19]。これらのインタビューパネルに記されていた内容（以下、インタビュー記録）を手がかりに、六四年の記憶をたどる（写真5）。

九人とも元教師であり、彼らの当時の勤務校は、東京都一人（都立高校）、愛知県四人（県立高校

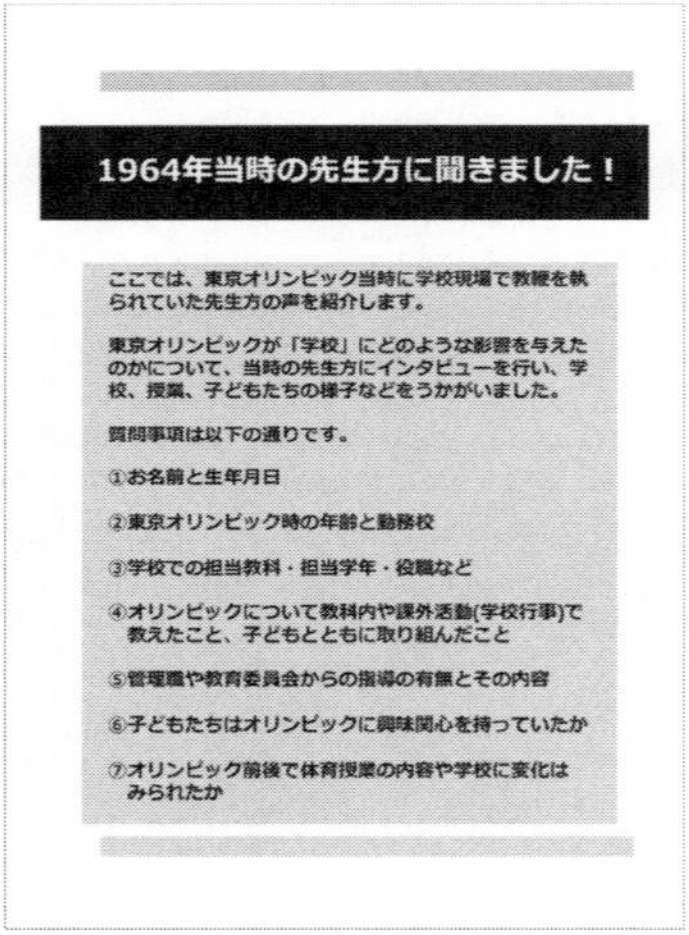

1964年当時の先生方に聞きました！

ここでは、東京オリンピック当時に学校現場で教鞭を執られていた先生方の声を紹介します。

東京オリンピックが「学校」にどのような影響を与えたのかについて、当時の先生方にインタビューを行い、学校、授業、子どもたちの様子などをうかがいました。

質問事項は以下の通りです。

①お名前と生年月日

②東京オリンピック時の年齢と勤務校

③学校での担当教科・担当学年・役職など

④オリンピックについて教科内や課外活動(学校行事)で教えたこと、子どもとともに取り組んだこと

⑤管理職や教育委員会からの指導の有無とその内容

⑥子どもたちはオリンピックに興味関心を持っていたか

⑦オリンピック前後で体育授業の内容や学校に変化はみられたか

藤綱 隆三（ふじつな りゅうぞう）氏　82歳

質問	回答
生年月日	1935年（昭和10年）10月5日生まれ
当時の年齢勤務校	28歳、足助町立足助小学校
担当教科	1年生担当、校内放送・教育放送担当
子ども達に教えたこと、共に取り組んだこと	オリンピックについて、特別に指導した覚えがない。体育の時間は、普通に陸上、鉄棒、とび箱、マット、ソフトボールなどを行っていた。社会科などでは、「オリンピックが、クーベルタン男爵の提唱でギリシャで始まったとか、五輪のマークが5大陸を表しているとか、参加することに意義がある」などを指導したと思うが、東京オリンピックだから、ということではなかったと思う。
管理職や教委からの「指導」	この年の10月1日、「オリンピック記念足助町幼小中連合運動会」が開催されたので、行政を中心にそれなりに関心を高めようと努力したのではないかと思う。
子どもたちの様子	かなりテレビも普及してきた頃だったので、アジアで初めてのオリンピックということで、大人も子供も大いに興味や関心はあったと思う。 ※足助小学校で取り組んだのは、「何んとか子供たちに全員にオリンピックを見せてやりたい」と、授業時間中でも競技の種目が視聴できるように、全教室にテレビを設置したこと。ちょうどオリンピックを契機にカラーテレビへ切り替えるという時期でもあったのでPTAと電気屋さんの組合が白黒テレビを学校に集めてくれて実現した。放送係の自分としては懐かしい思い出だ。
体育や学校への変化	子供たちばかりか、国民全員が興奮し感動した2週間だった。これを契機に、スポーツへの関心が飛躍的に高まり、改めて体力の大切さ、体力づくりの必要性を感じた。以後、各種のスポーツ大会が校内、町、郡内で開かれるようになった。 もともと教育熱心な町だったので、剣道、柔道、野球、バスケットボールなどいろいろなスポーツ少年団も結成され、ママさんバレーも盛んになった。 オリンピックの翌年には、足助小学校の講堂で「東京オリンピック（市川崑監督）」の映画会、女子バレーの「大松監督講演会」に小中学生、町民みんなで参加した。 昭和40年から文部省を中心に「体力づくり推進運動」が始まり、足助小学校は「全国健康教育優良校」や「愛知県体力づくり優良校」などを受賞したが、その発端は東京オリンピックにあるといってもいい。 ※足助小学校、現在の児童数は83名、オリンピック当時は500余名。

写真5　左上は展示風景。右上は体育理論学習書や学習指導要領。下は展示されたインタビューパネルの一部

三人、町立小学校一人）、和歌山県四人（県立高校一人、市立中学校二人、町立中学校一人）である。教師の当時の年齢は最年少者が二十三歳、最年長者は三十三歳であり、いずれも若手と呼ばれる世代である。東京、愛知、和歌山に限定されているものの、体育とスポーツの図書館の壁一面に展示された教師たちの記憶は、当時の学校の雰囲気をリアルに伝えてくれる。インタビュー記録を目にし、東京都と地方の空気感の違いに驚かされた。

学校にオリンピックを届けた白黒テレビ——地方学校の記憶

愛知県や和歌山県では、子どもたちにオリンピックのテレビ中継を見せるために、教師や地域の大人たちが奔走していた。体育館や武道場、会議室や図書館にテレビを準備して生徒に観戦させた学校、授業中でも昼間でもテレビ観戦ができるようにＰＴＡや町の電気店と協力して全教室にテレビを準備した学校、学校長が力を注いでテレビを寄付してもらった学校などさまざまだった。

オリンピック観戦について体育科内で会議をもっている学校もあった。愛知県内のある高校では、最終的には見せたものの、授業時間を活用してのテレビ観戦には反対論もあったそうだ。体育科内ではテレビ中継を「見せる」「見せない」でずいぶん議論があり、「見せる」派は体育理論の授業に役立つことを主張したが、見せない派は「それは遊びだ！」と主張して意見は平行線だったという。片や和歌山県内の高校では、「体育科内で会議をした結果、オリンピックのテレビ中継をみせることは良い教育になる」（和歌山県・高校）ということで、体育の授業を活用してテレビ中継をみんなで見たという。また、地元出身の早田卓次選手（体操）や宮本恵美子選手（女子バレーボール）、蒲田勝選手（陸上百メートル走）が出場することがテレビ観戦をいっそう盛り上げる要因になっていた。体育の時間以外にも道徳や特別活動の時間を使って視聴させていた高校、部活動中の生徒を講堂に集めて開会式の中継を見た中学校もあった。バレーボールの授業は、「東洋の魔女」効果もあって大盛り上がりだったそうだ。

いずれの学校も二週間の大会期間を通じて、多くの時間をオリンピックのテレビ観戦にあて、教師と生徒がオリンピックの興奮を共有していた様子がみえてくる。インタビュー記録にあったコメントをいくつか紹介しよう。「学校をあげて応援した。中には、興味関心が薄い生徒もいたかもしれないが、子どもたちも教職員もみんなで応援していた」（和歌山県・中学校）、「自分も子どもたちもオリンピックで日本選手が活躍することに強い興味・関心を持っていた」（和歌山県・高校）、「生徒は熱心にテレビを観ていた。スポーツへの関心が大いに広がった」（愛知県・高校）、「当時の生徒は、オリンピックを見るのが初めてであったため「誰が勝つか、優勝するか」に興味が・関心があったようだ。マラソンの円谷幸吉が国立競技場に二位で入ってきたが抜かれて三位になったこと、女子バレーの日紡貝塚の練習場面と大松〔博文〕監督などが話題になり、自身の記憶にも残っている」（愛知県・高校）など、大人も子どもも一緒になって興奮していた学校、子どもよりも大人が楽しんでいた学校、それぞれの学校に届いた東京大会の記憶である。

そのなかでもとりわけ特徴的だったのが、のちに詳しく取り上げる愛知県の足助町立足助小学校である。当時、在職していた愛知県足助小学校の藤綱隆三氏のインタビュー記録には、「「何とか子供たちに全員にオリンピックを見せてやりたい」と、授業時間中でも昼間の種目が視聴できるように、全教室にテレビを設置した」という記憶が記されていた。ちょうどオリンピックを契機にカラーテレビへ切り替える時期でもあったため、ＰＴＡと電気店の組合が白黒テレビを学校に集めてくれたことで実現したという。大人たちの思いが学校にオリンピックを届けていた。

学校動員によるオリンピック観戦――都立学校の記憶

体育とスポーツの図書館に展示されたインタビュー記録のうち、東京都立高校で教鞭を執っていた教員の記憶だけが、どことなく寂しげに映った。競技会場に足を運んで競技を観戦している唯一の学校のはずなのに、愛知や和歌山の教師の言葉から伝わってくるようなワクワクした雰囲気は感じ取れない。インタビュー記録にはこんなことが記されていた。

人気がなく観客の少ない種目会場へ生徒を引率して見学させた。本校だけではなく他校も同様で、観客席の「穴埋め」に高校生が動員され、体育教師が中心となって引率していった。私が引率したのは駒澤競技場で行われたサッカーであった。開会式（十月十日）の数週間前に行われた「プレ開会式」にも高校生が動員され引率していった。生徒は嫌々だったが。

サッカー会場への引率も、プレ開会式への引率も、生徒は嫌々で、連れていくのも大変だった。オリンピックに強い関心を持っていたとも思えない。[20]

東京大会を特集した雑誌では、サッカーやホッケーを観戦している制服姿の生徒たちが頻繁に見られる。「毎日グラフ」臨時増刊号[21]は強敵アルゼンチンを逆転で破ったサッカー日本代表を報じているが、メインスタンドのほぼすべてを埋め尽くしていたのは制服姿の生徒たちだった。ほかにも『東京オリンピック1964』[22]に掲載されている写真のキャプションには、「駒沢陸上競技場でのサッカー風景。当時サッカーは、今ほど人気のあるスポーツではなかった。よく見ると、観客席の大半は学校動員である」と記載してある。つまり、東京都の児童・生徒たちは、観たい／観たくないにかかわらず空席が目立つ競技に動員され、満席を演じさせられていたのだろう。

教師と生徒が一緒になってオリンピック中継を見つめた地方の学校に対して、間近でオリンピックを感じて実際に選手の姿を目にしているはずの東京都の生徒たちは、それとは対照的だった。

大会前後に取り組んだオリンピック学習

テレビ観戦以外にも、それぞれの学校でオリンピックを通じた学習がおこなわれていた。和歌山県の中学校の元教員は、一九六四年四月から社会科と体育科の授業でオリンピックの精神、東京大会が開催される社会的背景、その意義について教えていたという。前述の藤綱氏は、体育の時間は通常どおりに陸上、鉄棒、跳び箱、マット、ソフトボールなどをおこない、社会科の授業などを使ってオリンピックがクーベルタン男爵の提唱によってギリシャで始まったこと、五輪のマークが五大陸を表していること、参加することに意義があるという言葉を紹介したそうだ。藤綱氏によると、それらのオリンピック学習は東京大会にちなんだ特別な授業ではなく、通常の授業のなかでおこなわれたという。当時は、通常の授業でもオリンピックを取り上げていたのだ。

そのほかにも和歌山県の高校と中学校では、オリンピックのまねをした聖火リレーがおこなわれた。両校ともになかなか手が込んでいる。高校では熊野速玉大社に依頼して「お燈祭り」の松明《たいまつ》を聖火として大社で点火し、体育祭当日に学校までリレーして運んだという。聖火台は生徒会の生徒たちが中心になって作成した手作り聖火台だ。熊野速玉大社で点火した松明を町なかを走って学校に運び、手作りの聖火台に点火したという大胆な取り組みだった。中学校でおこなわれたオリンピックに関わるユニークな取り組みは、運動会の開会式で聖火リレーをおこなったというところまでは先の高校と同じだが、この中学校では聖火台の製作を町の鉄工所に依頼していた。さらに運動会時には、録音した東京オリンピックマーチを流して全校生徒で入場行進をして、三波春夫の「東京五輪音頭」(作詞:宮田隆、作曲:古賀政男、一九六三年)まで踊っていたのだ。入場行進も「五輪音頭」も体育の授業で練習し、当日は町の人も一緒になって盛り上がったそうだ。

一見すると競技や勝敗ばかりに目がいきがちになるオリンピックだが、愛知県や和歌山県の学校では、オリンピックに関する知識学習のほかにも、オリンピックを教材にした創作活動や文化活動、地域交流活動などがおこなわれていた。体育とスポーツの図書館に展示された九人のインタビュー記録からは、学校と地域、大人と子どもが協力しあいながら、東京の地で開催されたオリンピックの雰囲気を感じようと、一生懸命に取り組んでいた様子が伝わってくる。

3　足助小学校に大松博文がやってきた

二〇一七年に実施した「1964年の記憶」の企画・展示内容の打ち合わせをしていたときに、体育とスポーツの図書館の館長がうろ覚えの記憶を口にした。「僕が中学生のころ、足助小学校の講堂でオリンピックの映画を観た気がするんだ」。続けて「大松博文も足助に来たらしいんだけど、そのポスターがどこかにあるはずなんだけど……」というのである。この当時、足助小学校で教鞭を執っていたのが、先ほどから登場している藤綱隆三氏である。館長のかすかな記憶から、東京大会前後の足助町と足助小学校の様子をたどることになった。

まず、足助町についてふれておこう。足助町は、東京から西へ三百五十キロほど離れた愛知県東加茂郡（現在の豊田市）に位置し、古来、三州街道（塩の道）の宿場町として栄えていた。東京大会当時を振り返ると、一九六五年当時の足助町の人口は一万三千六百二十一人、山地に囲まれた地域に九十二の集落があった。[23]広大な面積のために小学校十五校を備えていたが、なかには全校生徒五十人に満たない小規模学校も複数あった。そのなかで足助小学校は、十二学級・四百六十二人の生徒が通う町内では最も大規模な学校だった。[24]ちなみに、現在の全校生徒数は八十人あまりである。館長が映画を観たという足助小学校の講堂は三八年に建てられ、のちに耐震工事と床の張り替えをおこなった程度で、現在も小学校で使用されている（写真6・7）。

写真6　現在の足助小学校講堂（筆者撮影）

東京オリンピックの映画といえば市川崑監督の公式記録映画『東京オリンピック』だろう。しかし、この映画の公開は一九六五年三月二十日である。東京大会が閉幕したあとも、足助町にはなにがしかの東京大会の記憶が遺されていたのかもしれない。体育とスポーツの図書館で手にした『足助幼稚園誌』の年度行事の欄に、「昭和三九年度　10・1　幼・小・中合同オリンピック大運動会」「昭和四〇年度　11・11　小学校でオリンピック記録映画観賞会」[25]の文字を見つけた。オリンピックを迎えるにあたっては機運を高めるための大運動会を、そして終了後には大会を振り返る記録映画を観賞するという、足助町を挙げての取り組みがあった。その場限りではないオリンピックの記憶が足助にはあったのである。藤綱氏のインタビュー記録をみてみよう。

この年〔一九六四年：引用者注〕の十月一日、「オリンピック記念足助町幼小中連合運動会」が開催されたので、行政を中心にそれなりに関心を高めようと努力したのではないかと思う。オリンピックの翌年には、足助小学校の講堂で「東京オリンピック（市川崑監督）」の映画会、

写真7　体育とスポーツの図書館からみた足助小学校全景（筆者撮影）

女子バレーの「大松監督講演会」が開催され、小中学生、町民みんなで参加した。(26)

オリンピック大運動会の詳細についてはふれられていないが、機運を高めるために行政主導の大運動会が開催され、さらに「大松博文氏特別講演」がおこなわれていたことは興味深い。「ポスターがあったはずだ」という館長のうろ覚えの記憶と藤綱氏のコメントが結び付き、ポスター探しが始まった。作者が足助住民であることはわかったが、現物がない。ポスター探しも意気消沈して忘れていたころに、デジタル化されたポスターのデータファイルが手元に届いた。作者である宇野司郎氏の家族から館長がデータをもらってきたのだ。CD－Rに保存されていたデータファイルを開いてみると、二種類のポスターが目の前に現れた（写真8）。

「東京オリンピック　女子バレーボール優勝元日紡監督〝なせばなる〟大松博文氏特別講演」と題した講演会の開催を告げるポスターだった。ポスターには「とき10

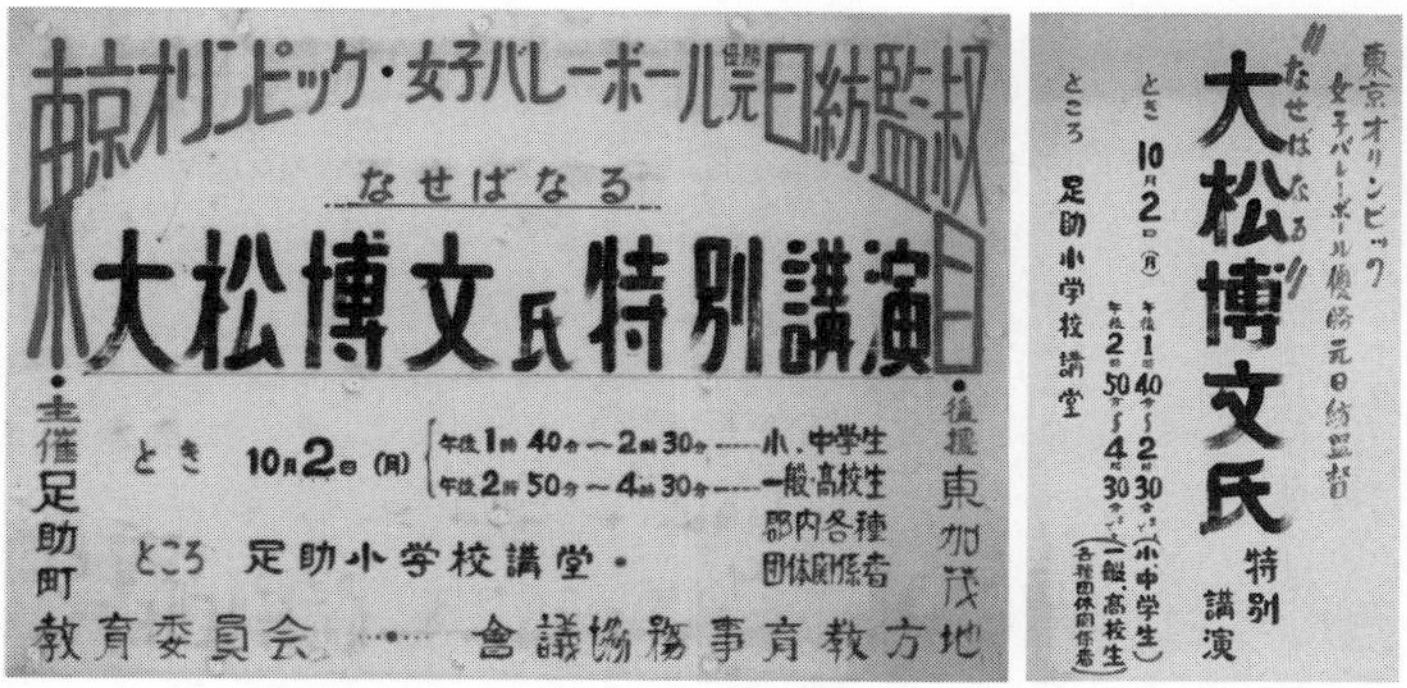

写真8　大松博文氏特別講演ポスター（宇野司郎作）（サイズ：横判ポスターは横80センチ・縦55センチ、縦判ポスターは横45センチ・縦80センチほど）

月2日（月）」とあるが、東京大会の日程から考えて翌一九六五年の十月二日だろう。会場は足助小学校講堂である。講演会は、足助町だけでなく東加茂郡にまで範囲を広げて開催された。このことは、講演の主催が足助町教育委員会、後援が東加茂地方教育事務協議会になっていることからもわかる。講演会は二部構成で、第一部は午後一時四十分から二時三十分で対象は小・中学生、第二部は午後二時五十分から四時三十分で一般・高校生、郡内各種団体関係者になっている。第一部は五十分なのに対し、第二部は一時間四十分と二倍の時間をとっている。この二部構成は、子どもから大人まで多くの町民・郡民に大松講演に参加してもらうための配慮と内容の充実を考えてのことだろう。

どんな議論の末に二部構成になったのか、どんな内容が語られたのかについては、今回参考にしたインタビューパネルからはわからない。しかし、「東洋の魔女」と呼ばれる女子バレーボールチームをオリンピック優勝に導いた大松博文が足助の地を訪れたことは、足助町民だけでなく東加茂郡の住民にとっても大きな出来事だったにちがいない。

東京大会後に多くの選手や監督が日本中を回って報告会などを開いていたが、大松監督がなぜこの山深い東加茂郡足助町の地に来たのかについては不明である。

足助町にみる東京大会は、学校でのオリンピック学習に始まり、一九六四年十月一日のオリンピック大運動会で機運を高め、開催期間中は地域を挙げてテレビ観戦を楽しみ、閉会後は記録映画の観賞や大松講演会へとつながれていった。学校だけでなく、町を挙げてオリンピックにふれ、楽しんだ、地方に遺る貴重な東京大会の記憶である。

4 学校体育の変化——体力づくりの波

東京大会の影響は学校の教育課程にも及んだ。日本の学校体育は、東京大会を契機にしながら体力向上にシフトしていったといわれている。それまでの戦後復興と民主化、そのための人間形成が主眼に置かれていた体育だったが、東京大会後になされた学習指導要領の改訂では、総則(小・中・高共通)に「体力の向上については、体育の時間はもちろん、特別活動においても十分指導するように配慮しなければならない[27]」という一文が示された。そして体育科の目標にもすべての校種で「体力の向上を図ること」が明記された。行政による学習指導要領改訂と学校現場での体力づくりを現実的に加速させた要因の一つが、東京大会だろう。当時の教師たちはその雰囲気をどのように感じていたのだろうか。インタビュー記録から探ってみよう。

東京大会以降の体育の変化について、複数の人が体力づくりを挙げていた。東京大会以前は体育科にきちんとしたカリキュラムもなく、あっても有名無実で「今日、なにやろう」という時代だったそうだ。しかし、東京大会以降は体力づくりが強調され、体育授業の準備運動のほとんどが体力づくりで占められていったという。

体力づくりがあのころもう六・七割が準備運動がね。えっ、体力だけ？　そんなことで体力ばかりつけても意味ないなあと思ってたんだけどね。（愛知県の高校教員へのインタビュー記録[28]）

これとは反対に足助小学校では、一九六四年十二月十八日の「国民の健康・体力増強対策について」の閣議決定によって始まった「体力づくり運動」をきっかけに、学校を挙げて体力づくりに力を注いでいた。藤綱氏は「全国健康教育優良校や愛知県体力づくり優良校などを受賞したが、その発端は東京大会にあるといってもいい」と述べている。インタビュー記録には示されていなかったが、体力づくり以外にもメダルセレモニーについて、本展示を取り上げたＮＨＫ『ほっとイブニング』で次のように述べていた。

体力づくりとか健康教育をもっとやらなきゃダメだっていう、体力づくり推進運動みたいのが始まったんだよね。（足助小）学校ではそういうことに力を入れていたね。金メダル、銀メダル、銅メダルっていうのがオリンピックを機に、何か大会やれば金銀銅というようなメダルを渡すようになったのもそれ〔東京大会：引用者注〕以降だね。[29]

足助小学校の中庭には健康優良学校特別優秀校受賞記念という石碑があり、石碑の裏は「昭和56年 父母教師会 学校長」と彫ってある。この石碑は、一九六四年東京大会以降、少なくとも一九八一年（昭和五十六年）までの間、足助小学校が継続して体力づくりや健康教育に力を注いできた証しだろう。藤綱氏によると、東京大会をきっかけに体力づくりを重視するムードが一気に高まり、足助町を含む東加茂郡では各種のスポーツ大会が学校内だけでなく町内や郡内でもおこなわれるようになると、次第に各種のスポーツ少年団やママさんバレーも盛んになっていったという。

他方、体力づくり以外の記憶として挙げられたのが、大松博文監督のスポ根指導だった。東京大会後は、女子日本代表バレーボールチームの大松監督＝「鬼の大松」の影響で、「やればできる」的な風潮やスポーツの根性論的な空気が漂っていたように感じたという。こうした空気はその後の日本のスポーツ界を長く支配し、子どもたちはスポ根マンガに夢中になっていった。ところで、ここでも見逃してはならないのが都立高校教師の記憶である。

特に大きく変わったことはないが、学校体育では体力づくりかなぁ？　それより、都内の川が消えていくのが印象的だった。川の上を高速道路が走るので、工事で川がどんどん消えていったことが記憶に残っている。[30]

東京から遠く離れている者にとっては華やかな側面ばかりが目に入る東京大会だったが、現地でそれをみている者にとっては、日常の生活のなかにあった川が消えていくことのほうが、大会そのものよりもずっと印象的であり、記憶に刻まれたのだろう。オリンピックによってなくなったもの、私たちはそのことを心にとどめておかなければならない。

おわりに

第三十二回オリンピック競技大会（以下、二〇二〇東京大会）が閉幕した。二〇二〇東京大会は学校に何を届け、子どもたちに何を遺すことができたのだろうか。

一九六四年東京大会は、オリンピック史上、世界で初めて組織的にオリンピック教育が実践された大会といわれている。本章でも紹介したように、文部省が『オリンピック読本』を作成し、多くの自治体を巻き込んでオリンピック教育が展開された。一方で、当時のオリンピック教育は、学校だけにとどまらず、オリンピック精神の普及高揚と市民性の向上を図ることを主眼にした、「オリンピック国民運動」としても取り組まれた。(31) 戦後復興や国際社会に向けたアピール、外国人からみて恥ずかしくない日本を形作る必要性から、オリンピック理解のほかに、日本人としての自覚と国際理解、国民の公衆道徳高揚、国土美化、健康増進などを目指すことを含んでいた。オリンピック国民運動については、社会教育と学校教育が連携一体になることで完遂する、オリンピックを基軸にした「挙国一致」の道徳教育運動だったという指摘もされている[32]。確かに、本章でみた『オリンピック読本』にも、終章には「われわれの心構え」や「オリンピックを迎える国民のあり方」という日本人が身に付けるべき態度を示しているし、当時の体育雑誌などにも公衆道徳高揚を謳う記事が数多くある。東京大会で展開されたオリンピック教育は、オリンピックを通じた学習よりも道徳教育の促進と戦後復興を対外的にアピールするための教育に重きが置かれていたのである。

しかし、当時の子どもたちが受けたオリンピック教育や学校での取り組みをこの一言でまとめてしまっていいのだろうか。本章でたどった教師たちの記憶には、子どもも大人も一緒になって興奮した姿、子どもたちにオリンピックを見せてやろうと一生懸命にテレビを集めていた教師や地域の人たちの姿、地元の神社や鉄工所と協力して聖火リレーを実現させた子どもたちの姿、地域の人たちを交えて「東京五輪音頭」を踊っていた学校体育祭の姿、さらには東京大会後も学校や町に残るオリンピックの姿があった。「一九六四年、特に大会期間中は町も学校全体も非常に活気づいて盛り上がっていた。長い教師生活のなかででも、生徒と一緒にオリンピックに取り組んだ楽しい一年だった[33]」というコメントは、オリンピックというたった二週間の出来事が、四十年近い教師生活のなかでどれほど大きなものだったかを物語っている。

一方で、都立高校の教師の記憶に残る東京大会とそこでの生徒たちの姿は、私たちに警鐘を鳴らしているように思う。建前を優先するオリンピック、どこかの誰かにとって恥ずかしくない日本を演出するための取り組みが、子どもたちの心に何を遺すのかを突き付けている。二〇二〇年東京大会は、子どもたちに何を届け、何を遺したのだろうか。「学校に届いたオリンピック」の記憶は、誰のための何のためのオリンピックだったのかを私たちに教えてくれる。

注

(1)「1964年 東京オリンピック記録写真集――学習事典別冊(高学年用)」学習研究社、一九六四年
(2)野沢要助「オリンピックに良い態度を」「学校体育」第十七巻第一号、日本体育社、一九六四年、二四―二九ページ
(3)前掲「1964年 東京オリンピック記録写真集」
(4)「学研版 小学生のための東京オリンピック記念特集」学習研究社、一九六四年
(5)同冊子表紙裏
(6)同冊子五五ページ
(7)同冊子一一六ページ
(8)同冊子一二五ページ
(9)オリンピック東京大会組織委員会編『第十八回オリンピック競技大会公式報告書』上・下、オリンピック東京大会組織委員会、一九六六年七月二十日
(10)前掲『第十八回オリンピック競技大会公式報告書』上、六〇ページ
(11)『オリンピック読本――〈小学生のために〉』文部省、一九六四年、二二ページ
(12)同冊子三八―四四ページ
(13)『東京オリンピック読本――中学生のために』文部省、一九六二年、三二―三四ページ

(14)『東京オリンピック読本（高等学校・青年学級向け）』文部省、一九六三年、五二―五八ページ
(15)同冊子五四―五八ページ
(16)『オリンピック読本――〈高等学校・青年学級向け〉』文部省、一九六三年、五六ページ
(17)体育とスポーツの図書館は、愛知県豊田市足助町にある体育・スポーツ・健康教育に関わる専門図書館で、書籍や雑誌、学校教師たちの教育実践記録を総数にして四万点ほど所蔵している。また、書籍のほかにも貴重な歴史史料やスポーツ用品、子どもたちの玩具などが館内にちりばめられた、古民家を改装して作られた図書館である。
(18)「1964年の記憶――東京オリンピックが学校に遺したもの」は、二〇一七年十月二十三日から十一月五日まで、体育とスポーツの図書館を会場に開催された展示である。本展示は地元豊田市にある中京大学と連携しておこなった共催事業で、「1964年の記憶」のうち「学校」に焦点を当て、一九六四年の記憶を描き出したものである。筆者はこの展示イベントを担当したスタッフの一人である。
(19)本章で取り上げたインタビューパネルに掲載されていた九人の基礎情報は以下のとおりである。年齢は二〇一七年のインタビュー当時のものである。
湯沢満男氏：一九四一年生まれ（七十六歳）、当時二十三歳、東京都立高校教諭、保健体育科
竹内政男氏：一九三三年生まれ（八十四歳）、当時三十二歳、愛知県立高校教諭、保健体育科
仲泊正一氏：一九三九年生まれ（七十八歳）、当時二十五歳、愛知県立高校教諭、国語科
杉山　巌氏：一九三八年生まれ（七十九歳）、当時二十六歳、愛知県立高校教諭、保健体育科
藤綱隆三氏：一九三五年生まれ（八十二歳）、当時二十八歳、愛知県足助町立小学校教諭、全科
木戸地伸氏：一九四一年生まれ（七十六歳）、当時二十三歳、和歌山県立高校教諭、保健体育科
樫本春彦氏：一九三二年生まれ（八十五歳）、当時三十三歳、和歌山県田辺市立中学校教諭、保健

体育科
尾原茂雄氏：一九三五年生まれ（八十二歳）、当時三十歳、和歌山県田辺市立中学校教諭、理科・保健体育科
南　拓伸氏：一九三八年生まれ（七十九歳）、当時二十六歳、和歌山県日置町立中学校教諭、社会科・保健体育科

（20）「1964年の記憶」インタビュー記録から抜粋。
（21）「臨時増刊 オリンピック東京1964」「毎日グラフ」一九六四年十一月号、毎日新聞社、一四六ページ
（22）フォート・キシモト、新潮社編『東京オリンピック1964』（とんぼの本）、新潮社、二〇〇九年、七五ページ
（23）足助町誌編集委員会編『足助町誌』足助町、一九七五年、五九〇ページ
（24）同書八五二ページ
（25）足助町立足助幼稚園『足助幼稚園誌』足助幼稚園あすっ子会、一九八三年、八六―八八ページ
（26）「1964年の記憶」インタビュー記録から抜粋。
（27）一九六八年改訂小学校学習指導要領と六九年改訂中学校学習指導要領では「総則第三 体育」に記載され、七〇年改訂高等学校学習指導要領では「総則第二節第四款 体育」に記されている。
（28）「1964年の記憶」のために実施したインタビューの様子は、二〇一七年十一月二日放送のＮＨＫ『ほっとイブニング』「五輪効果を体育に生かす」でも放映された。放映内容を一部抜粋して所収する。
（29）同放送、足助小学校藤綱隆三氏への実際のインタビュー記録。
（30）「1964年の記憶」インタビュー記録から抜粋。

（31）真田久「オリンピック・ムーブメントとオリンピック教育」「スポーツ教育学研究」第三十四巻第二号、日本スポーツ教育学会、二〇一五年、二九―三三ページ

（32）小林正泰「1964年東京オリンピックをめぐる道徳教育の課題とその論理――国民的教育運動における公衆道徳と「日本人の美徳」」、『研究室紀要』編集委員会編「研究室紀要」第四十二号、東京大学大学院教育学研究科基礎教育学研究室、二〇一六年、一三五―一四五ページ

（33）「1964年の記憶――東京オリンピックが学校に遺したもの」で展示された南拓伸氏のインタビュー記録のコメントである。

第6章　東京オリンピックと踊る人々

伊東佳那子

はじめに

ハァー
あの日ローマで ながめた月が
ソレ トトントネ
きょうは都の 空照らす
アチョイトネ
四年たったら また会いましょと
かたい約束 夢じゃない(1)

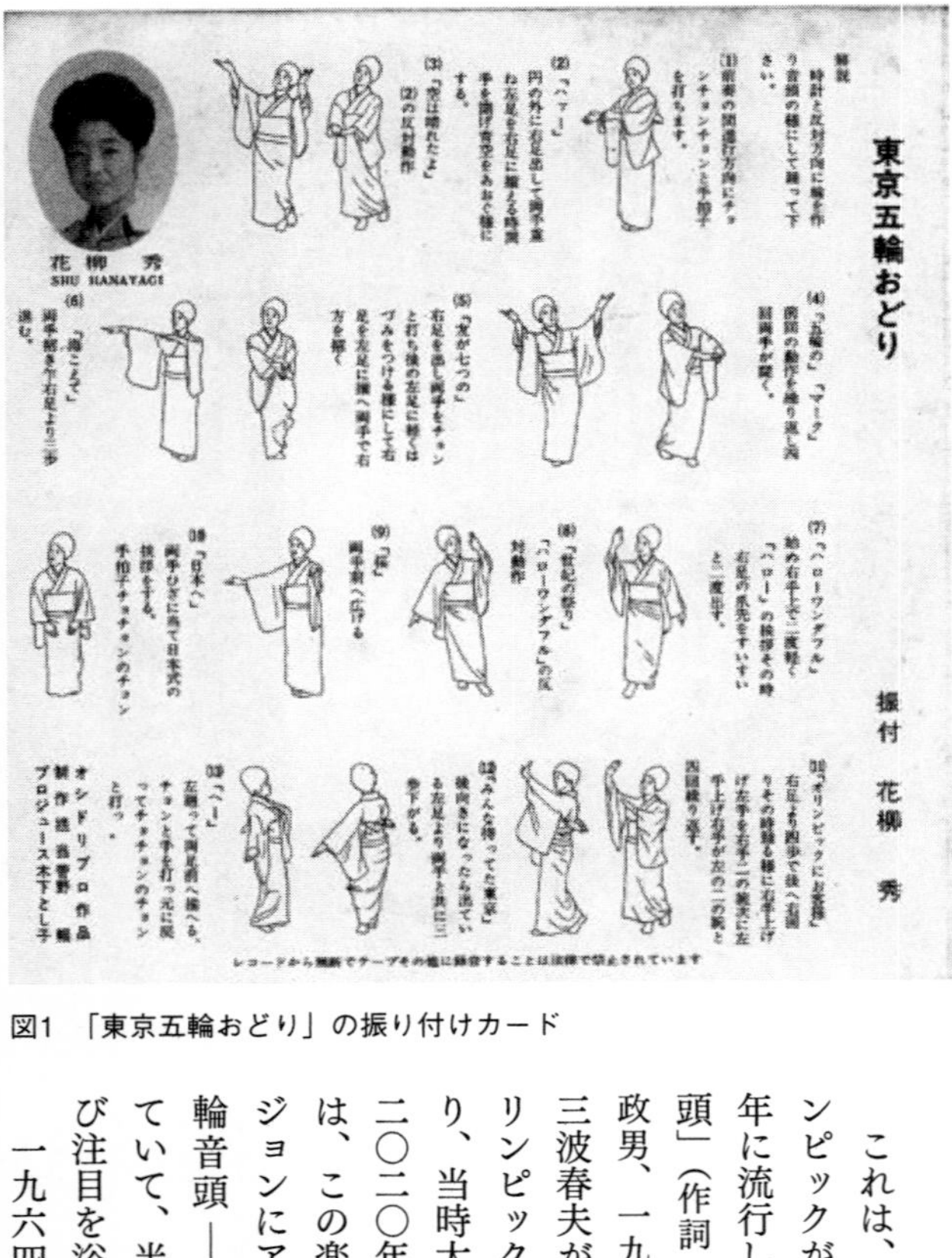

図1　「東京五輪おどり」の振り付けカード

これは、日本で初めてのオリンピックが開催された一九六四年に流行した楽曲「東京五輪音頭」（作詞：宮田隆、作曲：古賀政男、一九六三年）の歌詞だ。三波春夫が歌ったこの歌は、オリンピックを代表する楽曲になり、当時大ヒットを記録した。二〇二〇年東京オリンピックでは、この楽曲を二〇二〇年バージョンにアレンジした「東京五輪音頭――2020」が発表されていて、半世紀を経たいま、再び注目を浴びた。

一九六四年の東京オリンピックでは、この「東京五輪音頭」をはじめとしてオリンピック開催を記念に日本独自の楽曲が誕生している。例えば、オリンピック愛唱歌とされた東京オリンピックの歌「海をこえて友よきたれ」

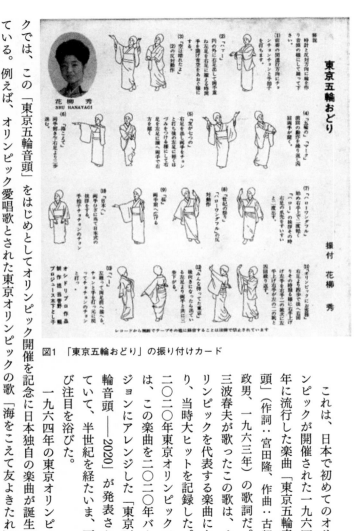

（作詞：土井一郎、作曲：飯田三郎、編曲：冨田勲、一九六三年）や、開会式の選手入場時に流れた「オリンピック・マーチ」（作曲：古関裕而、一九六四年）がある。そのほかにも、「オリンピック東京大会ファンファーレ」（作曲：今井光也、一九六二年）、「この日のために——東京オリンピックの歌」（作詞：鈴木義夫、作曲：福井文彦、一九六四年）など数多くの楽曲が誕生した。

「東京五輪音頭」と同じ時期に、「東京オリンピック音頭」（作詞：山川茂男、作曲：馬飼野昇、一九六二年）、「東京五輪おどり」（作詞：小林潤、作編曲：長津義司、一九六三年）が制作された。実は、この三曲の音頭にはそれぞれ独自の「踊り」がある。各レコードに入っている歌詞カードの裏面には絵や写真、文章で説明した振り付けカード（図1）が同封され、レコードを購入した人が音楽と一緒に踊りを楽しめるようになっている。この振り付けは、日本の伝統的な踊りである盆踊りにとてもよく似ている。

ところが、「東京オリンピック音頭」と「東京五輪おどり」は、一九六四年を知る人々の記憶にはまったく残っていない。日本人にとって古くからなじみ深い盆踊りの振り付けであるにもかかわらず、現在まで埋もれてしまっている知られざる二曲なのだ。本章では、この二曲の姿を楽曲の内容と踊りの両面からひもときたい。また、新聞記事(2)の内容や、当時を知る人々へのインタビュー内容(3)などからも振り返ってみたい。

まずは、同時期に発売された三つの楽曲についてみていこう。

1 踊りへの誘い――「東京五輪音頭」「東京オリンピック音頭」「東京五輪おどり」

「東京五輪音頭」

「東京五輪音頭」といえば三波春夫のイメージが強いが、初披露のときに歌ったのは実は三橋美智也だった。ではなぜ、三波春夫のバージョンが大ヒットしたのか。それは、三波が発売年の『NHK紅白歌合戦』（一九六三年）のフィナーレで歌い、さらに三波の事務所が翌年の『NHK紅白歌合戦』のトリを狙う目的で集中的にプロモーションをおこなったからだ。三波春夫のレコードは、一九六四年末までに約百三十万枚を売り上げる。これは、日本の盆踊りの定番曲である「東京音頭」のレコードより十万枚も多い売り上げだ。不思議なことに、「東京五輪音頭」のレコードは複数のレコード会社から別々の歌手が歌ったものが発売されている（例えば、テイチクレコードは三波春夫、コロンビアは北島三郎／畠山みどり、日本ビクターは橋幸夫など）。これは、当時テイチクレコードの所属だった作曲家の古賀政男が、この楽曲に限って録音権を各レコード会社に開放したためだった。

「東京五輪音頭」について、発売当時に配布されたとされるパンフレットには次のようにある。

オリンピック東京大会を全国民の行事として成功させるため、NHKではオリンピックの歌を制作しました。歌詞は国民のみなさんから寄せて戴いた五千編以上の作品から選んだものです。この歌が皆さんに愛され親しまれ、第十八回オリンピック東京大会の前奏曲の役目を果たしますよう念じています。(4)

「東京五輪音頭」は、オリンピックの「前奏曲」としてオリンピックの機運を高める役割を担っていた。「東京五輪音頭」の歌詞は「国民」に向けて広く募集され、宮田隆のものが選ばれた。彼の歌詞には、戦争経験が生んだ平和への祈りが、三番の「すがた形はちがっていても いずれおとらぬ 若い花」という歌詞に表現されている。(5)ここには、「人種のこと、国籍の事とかを離れて、みんな仲良しになれば善良な市民になる(6)」という宮田の思いが込められている。「山陰中央新報」によれば、宮田は太平洋戦争に出兵し、敗戦後はフィリピンで一年間の捕虜収容所生活を送っていて、そのなかで善良な市民が敵対しなければならない戦争の愚かさ、平和の尊さを感じたという。戦争や収容所での経験が、人種や国籍、思想にとらわれず、世界の若者が友情と平和を結ぶ祭典「五輪」を願う歌詞につながったのだ。(7)

「東京オリンピック音頭」

「東京オリンピック音頭」は、実は三曲のなかで最も早い一九六二年に発売された。この楽曲は、日本体育協会(現・日本スポーツ協会)、オリンピック東京大会組織委員会、東京都、文部省(現・文部科学省)、NHK、日本民間放送連盟の後援を受け、日本ビクター主催「オリンピックの歌発表会」が最初のお披露目となった。作詞は山川茂男、作曲は馬飼野昇が担当し、補作は佐伯孝夫、編曲は寺岡真三であり、歌い手は、橋幸夫、市丸、松島アキラ、神楽坂浮子、ビクター少年民謡会と複数で歌われているのが特徴だ。この楽曲も、日本ビクターによって歌詞が公募された。選定は、日本体育協会、オリンピック東京大会組織委員会、東京都がおこない、山川の歌詞が選ばれた。歌詞の内容は、のちほど三曲を比較しながら紹介する。

「東京五輪おどり」

実はこの楽曲は三波春夫が歌っている。レコードは、「東京五輪音頭」とセットで何種類も発売されていて、レコードによっては「東京五輪おどり」がA面に収録されているものもある。

楽曲は、東京母の会連合会(以下、連合会と略記)が制定した。この連合会は一九六三年五月にオリンピック出場選手とその家族を招いた「激励の会」を主催し、そこで「東京五輪おどり」を初めて披露した。[8]

連合会とは、青少年の健全育成と諸事故防止をスローガンに掲げ、会員相互の総意による自主的な協力によって、母親の立場から広く社会公共の福祉に貢献しているボランティア団体である。[9] 連合会の活動のなかで、一九六三年から六五年まで「オリンピックを成功させる活動」をおこなっている(表1)。その活動とはおもに奉仕活動、激励の会や集いの開催、踊りの披露だった。これについて、連合会発行『二十年を顧みて』には、東京都警察懇談会会長が寄せたコメントが所収してある。

表1　東京母の会連合会によるオリンピックを成功させる各種事業

1963年5月	日比谷公会堂に於いて東京五輪おどりの発表を兼ね、オリンピック出場選手及び家族をお招きしての激励会の開催
1963年10月	オリンピック前年祭に際し、国立競技場周辺の早朝清掃と、朝日マラソン沿道の清掃・声援を行う
	国立競技場で開催されたオリンピック前年祭に、五輪音頭の舞踊を披露（役員花柳秀振付指導・参加演技者2,000名）
1963年2月	青少年を守り、東京オリンピックを成功させる集いを明治座にて開催
1964年5月	世界青少年キャンプ開催に際し、種々奉仕活動を行う
	5月より、オリンピック施設の見学を3回に亘り実施
1964年10月	オリンピック前夜祭に参加（於後楽園や球場、参加者1,500名）
	清掃活動（連日6時より会員100名を動員）
1965年2月	「東京オリンピック成功感謝の集い」を明治座にて開催
1965年10月	パラリンピック競技出場者の慰問と、協力各選手に舞扇を贈呈（於代々木選手村）

（出典：連合会発行「二十年を顧みて」69―70ページ。筆者作成、表記は原文ママ）

東京母の会連合会の業績は、数多く、その中の一事でありますが、オリンピック東京大会で、最も憂慮されました青少年非行や、環境浄化の問題に心を砕かれ（略）競技場周辺の清掃等、その他多方面に亘って、東京母の会連合会の会員のお母さん方の、涙ぐましい奉仕的活動によりまして、からくも大きな世紀のオリンピック東京大会も、無事に有終の美をおさめました（略）[10]

連合会はオリンピックへの環境づくりに大いに貢献し、オリンピック成功への一助になっていた。なぜ、連合会が「東京五輪おどり」を制作したのかは不明だが、もしかしたら楽曲の制作が「オリンピックを成功させる活動」の一つとして位置付けられていたのかもしれない。

2　平和を語りかける歌詞

次に、三曲の歌詞を見てみよう（図2）。

「東京五輪音頭」と「東京五輪おどり」の歌詞には、共通点がたくさんあることに気づく。例えば、オリンピックを象徴する表現（五輪のマーク、世界の祭り、万国旗など）や、オリンピック開催をいまかいまかと待つ期待感（「待ってた」「はずむ胸」など）を描いている。同時に、「友」「お客さま」「また会いましょう」といった日本に多くの人々がやってくることを想定した来日に関する表現もある。こうした歌詞から、オリンピックを心待ちにしていた当時の人々の様子が感じられる。一方、「東京オリンピック音頭」の歌詞には、オリンピックそのものへの思いはあまりみられず、日本の文化や場所、景色などを表現する言葉が多く並んでいる。

三曲に共通してみられるのは平和に対する表現である。特にそれは「東京五輪おどり」に多く描かれており、例えば、「世界は一つ」「国と国とがオリンピックで手をつなぐ」「平和たたえて」「心で結び」「和をつくる」などの多様な言葉で表現された。これは、三曲の概要で述べた「東京五輪音頭」の歌詞のように、当時の人々が戦争を経験して感じた世界の平和をオリンピックを通じて実現したいという願いが込められているのだろう。三つの楽曲を比較すると、「東京五輪音頭」と

「東京五輪おどり」は、オリンピックそのものへの思いと平和を願う気持ちの両方を見事に描いた歌詞であった。

3 近代スポーツと伝統文化の融合

三つは、すべて別の団体・人物によって振り付けられた。「東京五輪音頭」はNHK、「東京オリンピック音頭」はビクター民踊研究会、「東京五輪おどり」は花柳秀によるものだ。「東京五輪音頭」は五十年以上たったいまでも地域の夏祭りなどで踊られているため、どのような振り付けだったかはある程度把握することができる。しかし、「東京オリンピック音頭」と「東京五輪おどり」は、楽曲が知られていないうえに踊りの全容がわかる映像も残っていない。今回、「東京五輪おどり」の振り付けを担当した花柳氏にインタンビューし、振り付けを担当することになった経緯や振り付けの意図、当時の様子などについて尋ねた。また、花柳氏と弟子の協力を得て、「東京オリンピック音頭」「東京五輪おどり」の二つの踊りを、レコードに内包された振り付けカードを頼りに再現してもらった。二つの映像は本書の特別ウェブサイトにある資料検索サイト(本書三五八ページを参照)で見ることができる。

三つの踊りを実際に筆者が踊って比較してみると、「東京五輪音頭」がいちばん踊りやすかった。踊りは、おもに五つの動き(手拍子、頭上で円をつくる、後ろに下がる、歩きながら右手と左手を交互

東京オリンピック音頭

ハァ　花の聖火も　オイセ
東京へくればヨ
見れや　日本の　ドントコイドントコイ
見れや　日本のさくら色
ソレ　シャンと手拍子　世界を一つに
オリンピックだ　オイセノセ
ドントコイドントコイ

ハァ　おらが姉さと　オイセ
東京五輪ヨ
ホンニ盛りの　ドントコイドントコイ
ホンニ盛りの　お十八
ソレ　シャンと手拍子　世界を一つに
オリンピックだ　オイセノセ
ドントコイドントコイ

東京五輪おどり

ハァー空は晴れたよ　五輪のマーク
友が七つの海越えて
ハローワンダフル　世紀の祭り
桜日本へ　オリンピックに
お客さま　ソレ
みんな待ってた　東京へ
きてみて　やってきて
ホンニ　五輪踊りで　花が咲く

ハァー燃える聖火に　五輪のマーク
色もあざやか　万国旗
ハローワンダフル　世界は一つ
国と国とが　オリンピックで
手をつなぐ　ソレ
みんな待ってた　東京へ
きてみて　やってきて
ホンニ　五輪踊りで　花が咲く

東京五輪音頭

ハアーあの日ローマで　ながめた月が
今日は都の空　照らす
四年たったら　また会いましょと
かたい約束　夢じゃない
ヨイショ　コーリャ　夢じゃない
オリンピックの　顔と顔
ソレトトントトトント　顔と顔

ハアー待ちに待ってた　世界の祭り
西の国から　東から
北の空から　南の海も
こえて日本へ　どんときた
ヨイショ　コーリャ　どんときた
オリンピックの　晴れ姿
ソレトトント　トトント　晴れ姿

ハァ　メインボールに　オイセ
日の丸揚げりゃヨ
粋な島田も　ドントコイドントコイ
粋な島田も　嬉し泣き
ソレ　シャンと手拍子　世界を一つに
オリンピックだ　オイセノセ
ドントコイドントコイ

ハァ　平和世界の　オイセ
力と技にヨ
富士も見惚れる　ドントコイドントコイ
富士も見惚れる　菊日和
ソレ　シャンと手拍子　世界を一つに
オリンピックだ　オイセノセ
ドントコイドントコイ

ハァー富士に白雪　五輪のマーク
うつす姿も　日本晴れ
ハローワンダフル　希望に満ちて
ひらく若人　オリンピックで
わざきそう　ソレ
みんな待ってた　東京へ
きてみて　やってきて
ホンニ　五輪踊りで　花が咲く

ハァー平和たたえて　五輪のマーク
若い力の歓びを
ハローワンダフル　心で結び
あげる日の丸　オリンピックで
和をつくる　ソレ
みんな待ってた　東京へ
きてみて　やってきて
ホンニ　五輪踊りで　花が咲く

ハアー色もうれしや　かぞえりゃ五つ
仰ぐ旗みりゃ　はずむ胸
すがた形は　ちがっていても
いずれおとらぬ　若い花
ヨイショ　コーリャ　若い花
オリンピックの　庭に咲く
ソレトトント　トトント　庭に咲く

ハアーきみがはやせば　わたしはおどる
菊の香りの　秋の空
羽をそろえて　拍手の音に
とんでくるくる　赤とんぼ
ヨイショ　コーリャ　赤とんぼ
オリンピックの　きょうのうた
ソレトトント　トトント　きょうのうた

（網掛け）オリンピックを象徴する表現
（波線）来日に関する表現
（実線）世界の平和を表す（願う）言葉
（破線）オリンピックへの期待感

図2　三曲の歌詞の比較
（出典：レコード「東京五輪音頭／東京五輪おどり」テイチクレコード、レコード「この日のために／東京オリンピック音頭」ビクター、筆者作成）

に前に出す、小走りで自転する）を繰り返し、それを左右反対に動くだけで構成した単純なものだった。振り付けには両手を頭上に上げ、輪を五回つくるところがある。これは、五つの輪「五輪」を意識したものであり、振り付けカードにも「頭上で輪を作るのは、オリンピックの五輪ですから、そのつもりできれいに輪を作って下さい」とある。このようなオリンピックを表現した振り付けがあるのは、「東京五輪音頭」だけだった。人々はこうしたオリンピックオリジナルの振り付けを踊ることで、初めてやってくるオリンピックをより感じることができたのではないだろうか。

「東京オリンピック音頭」は、三曲のなかでいちばん難しかった。テンポも速く、方向転換があるなどやや複雑な振り付けのため、振り付けカードを見ただけで踊ることは難しいだろう。しかしその難しさが、見た目の華やかを生み出していて、とても見応えがある踊りだ。

「東京五輪おどり」は、ゆっくりなテンポで老若男女が踊りやすい。しかし、時折みられるリズムの変化（振り付けに小走りをする箇所があり、そのときは足の運びが速くなる）や、前進しながら半回転（円の進行方向に対して後ろ向きになる）をする箇所が、踊りになじみがない人にとっては少し難しいと感じるかもしれない。

花柳氏はなぜ「東京五輪おどり」の振り付けを担当することになったのだろうか。次のように語っている。

まったくうろ覚えなんですけれど、私の母が社団法人の東京母の会連合会（略）の理事長をやってるときだったので、そちらのほうの用事があったんで、私がくっついていって。（略）

そしたら、ちょうどそれの選考をやってたんですよ、オリンピックの踊りの。いろんな方がいらして踊って見せてた、その一節一節を。変わったことをやってましたでしょ。(略) 大きな都の体育館で、こちらで見る先生方が、役所の方がいらして、見せる人が向こう側にいらして、それで音をかけると一節一節踊って見せて、何かしゃべってました。

それでどうもみんながこう〔首を縦に振る〕ならなかったんですよね。そしたら〔知り合いの先生が〕私に「いま見ててわかったらちょっとやってみないか」って言われたんですよ。そのときに「いいんですか、私が。レコード会社の人間でも何でもないのにいっちゃっていいんですか」〔と言ったら〕、「いいのよ、参考までに見せてもらうっていうことだから」って。「じゃあ参考までにやりましょう」といって音かけて私一人で、みんな一人で踊ってましたから、一人で輪になるように踊ったら、みんなが「うんうん、これがいいんじゃないか」っていうことになっちゃったんですよ、実は。(11)

つまり、「東京五輪おどり」の踊りを決める選考会が実施され、その場に居合わせた花柳氏が、即興で作った踊りが選ばれたのだ。もちろん、それがそのまま採用されたわけではなく、披露した踊りをもとに振り付けを完成させたそうだ。選考会がなぜ開催されることになったのか、ほかの楽曲でも同じように選考会を開いたのか、それを伝える資料は残されていない。いずれにしても、こうした選考会は、東京大会を盛り上げるイベントにもなっただろう。

選考会に踊りの作品を応募した人もいたなかで、なぜ花柳氏が披露した即興の踊りが選ばれることになったのだろうか。花柳氏は、自分の踊りが次のように評価されたことを記憶にとどめている。

とてもまとまってるし、輪が動いてくるし、中にも入るし外へも出るし、外へ出たときに見てる人に顔が見えるし、移動があっていいという、大勢で踊るから居どころばっかりで踊ってないで、移動しないと見てる人がつまらないし。(12)

「東京五輪おどり」は大勢で踊ることが想定され、また隊形の移動や変化にみられるような見た目の華やかさが求められていたことが読み取れる。

三つの踊りが実施された場面

三つの踊りはどこで誰が踊ったのだろう。本節では、新聞記事や関係者へのインタビュー内容を通じて当時を振り返りたい。

三つはさまざまな場で踊られた（表2）。最初に発売された「東京オリンピック音頭」は、発売から約十カ月後の一九六三年三月十九日におこなわれた「五輪を迎えるみんなのつどい」で披露された。これは、新生活運動協会、オリンピック東京大会組織委員会など関係六団体が主催し、〝美しい国土を作り上げ、東京大会成功のため全力を尽くすことを誓おう〟というねらいだ。この集いには当時皇太子だった現在の上皇も出席した。ここで東京オリンピック音頭が披露されたのは、楽曲制作に組織委員会が関与しており、この集いの主催者だったからだろう。「東京オリンピック音頭」が公式の場で踊られたのはこの一度だけだった。

この集い以降、披露される楽曲は、「東京五輪音頭」一色となった。市民体育祭や、国際スポーツ大会開会式、各地の運動会、オリンピック中央前年祭など、さまざまな場所でも踊られた。開幕の約一年前に開催されたオリンピック中央前年祭は、日本民謡協会（現・日本民謡・新舞踊協会）の会員七千人がパフォーマンスを披露した。(13) こうした場で「東京五輪音頭」はオリンピック開幕に向けた機運醸成を目的としたパフォーマンス的な役割を果たしていたのだろう。

「東京五輪音頭」は、聖火リレー走者の歓送迎の催しとしてもおこなわれた。沖縄に聖火が到着した翌日の新聞では、各県が予定している催しを紹介(14)している。例えば、山形県の「花笠音頭」披露、佐賀県によるオリンピック記念の有田焼の贈呈という県の特色を生かした催しや、沿道に花を植える、ブラスバンドが演奏するなどが考えられていた。そのなかで、石川県と富山県が「東京五輪音頭」の披露を予定していた。石川県は、五輪色に染め上げられた菅笠を被り、市内の婦人会員が「五輪音頭」をおこなうほか、合唱や鼓笛隊、歓迎会場にかがり火、沿道に五輪花壇を設けるなど、盛大な歓迎の催しが計画されていた。富山県の催しについては、「「五輪音頭」では、全国コンクールで優勝した呉羽紡大門工場の女工さんたちも、みごとな踊りぶりを披露する」(15)とあった。聖火リレー通過の催しは、県や市が独自に企画しているため、コンクールの優勝を契機に「東京五輪音頭」の披露を決定したと考えられる。また、「東京五輪音頭」の全国コンクールの開催については、詳細がわかる資料は残念ながら残っていない。

オリンピック開幕の前日には、各国の大使や選手団に加え、一般市民三万五千人が参加した前夜祭が盛大におこなわれた。ここでは、「二千人のおかあさんたち[16]」が揃いの浴衣で「東京五輪音頭」を披露した。前夜祭についての記事には、「外国選手たちも、来日以来耳なれた「東京五輪音頭」には、手拍子で音頭をとっていた[17]」とある。他国の選手が手拍子をとることができるということは、おそらく「東京五輪音頭」があちらこちらで流れていたのだろう。

先に「東京五輪音頭」の全国コンクールについて述べたが、実は「東京オリンピック音頭」も全国コンクールがおこなわれていた[18]（図3）。このコンクールでは、課題曲である「東京オリンピック音頭」と自由曲一曲の両方が採点されるものだった。このコンクールの目的は定かでないが、「東京五輪音頭」の勢いに負けている「東京オリンピック音頭」に人々の注目を集めるためにおこ

東京五輪音頭
6月23日 上野の東京文化会館で初披露
10月21日 「東京国際スポーツ大会」開会式で実施
11月2日 「オリンピック中央前夜祭」で実施
9月6日 各地の運動会で実施
9月10日 宮崎県延岡市役所で聖火リレー歓迎の催しとして実施
9月12日 「全国民踊100万人の大集会」で実施（10月11日までの1カ月間、フィナーレで踊られた）
9月30日 石川県で聖火リレー歓迎の催しとして実施
10月1日 富山県で聖火リレー歓迎の催しとして実施
10月9日 「前夜祭」で実施
10月17日 「世界青少年キャンプ」で実施

表2　「東京オリンピック音頭」「東京五輪おどり」「東京五輪音頭」を踊った場（筆者作成）

	東京オリンピック音頭	東京五輪おどり
1962年	5月8日 「オリンピックの歌発表会」で発表	
1963年	3月19日 「五輪を迎えるみんなのつどい」で実施	
		3月5日 「激励の会」で発表
1964年	8月5日 東京オリンピック音頭コンクール関東大会開催	
	8月25日 東京オリンピック音頭コンクール全国大会開催	

図3 「東京オリンピック音頭全国大会」の開催を告知する新聞
（出典：「東京オリンピック音頭全国大会」「読売新聞」1964年8月9日付）

なわれたのかもしれない。コンクールの主催と後援は日本ビクター、日本体育協会、オリンピック東京大会組織委員会、東京都で、レコード制作時と同じ団体が関わっていた。興味深いことに、全国大会だけでなく地方大会もおこなわれている。関東大会の様子を書いた記事[19]には、観客が三千人を越えて大盛況だったと伝えている。

コンクールの優勝者は佐野豊麗という人物だ。[20] 佐野氏は一九六四年に日本民踊研究会の師範になり、佐野豊麗会を主宰していた。インタビューした二代目・佐野豊麗氏によれば、佐野氏は本コンクールに愛知紡績の女性工員と参加したという。愛知紡績には民踊を踊る一種のクラブ活動のようなものがあり、そこに佐野が出向いて女性工員に踊りを教えた。佐野氏は「東京オリンピック音頭」を振り付けたビクター民踊研究会がおこなう講習会でこの踊りを習ったという。当時は、ビクターが発売した楽曲の踊りを教える講習会を民踊研究会がおこなっていたそうだ。「東京五輪おどり」をどこで誰が踊ったのか。これを伝える新聞記事は、今回確認するかぎりでは見つからなかった。しかし、インタビューした花柳氏によれば、オリンピックの一年前から「東京五輪おどり」を教えに近隣の小学校を巡回したという。そのときには、「東京五輪おどり」だけでなく、連合会が制作した交通安全に関する歌と踊りを一緒に教えたそうだ。

おわりに

本章では、華やかに踊られた「東京五輪音頭」の背後で薄れていった、「東京オリンピック音頭」「東京五輪おどり」の記憶をたどった。それぞれの楽曲、振り付け、踊った場には、踊る人々の姿を垣間見ることができた。

興味深いことに三つの踊りが同時に踊られることはなかった。音頭に合わせて盆踊りを踊るという共通性があるにもかかわらず、制作団体の違いのために、三つにはいっさいの関わりがみられない。「東京五輪音頭」を制定したNHKの大々的なPRは、「東京五輪音頭」の独走状態を生み出した。発売からオリンピック開幕までの約一年という短い期間で、「東京五輪音頭」は「東京オリンピック」を象徴する身体文化として人々の記憶に残されることになった。もし三つを一緒に踊る場があったら、人々の踊りの記憶は、より厚みがあるものになっていたのかもしれない。とはいえ、当時の人々に対して、さまざまな場面で踊られた「東京五輪音頭」、コンクールがおこなわれた「東京オリンピック音頭」、連合会の活動としての「東京五輪おどり」は、身体を通じて国民をオリンピックへと向かわせる役割を担ったことは間違いない。

身体を通じたスポーツイベントのムード向上をはかる試みは一九六四年東京オリンピックが初であった。それは、長い歴史のなかで人々の生活に定着した盆踊りのような伝統的な身体文化と、近代的なスポーツとが融合する場を形成した。オリンピックを契機とした「単発的」な新しい身体文化が誕生したとみることができるだろう。そこには、スポーツイベントと伝統的な身体文化のコラボレーションがもつ可能性が秘められていた。

注

(1) 三波春夫「レコード 東京五輪音頭/東京五輪おどり」テイチクレコード、一九六四年

(2) 中京大学図書館新聞・記事等データベース(1)で、三つの楽曲(「東京五輪音頭」「東京オリンピック音頭」「東京五輪おどり」)について検索をおこなった。そのなかで、該当した記事は十九件であり、うち「東京五輪音頭」が十五件、「東京オリンピック音頭」が四件、「東京五輪おどり」はゼロ件だった。

(3) インタビュー対象者:花柳秀氏(「東京五輪おどり」の振り付けをおこなった人物)、二代目・佐野豊麗氏(東京オリンピック音頭コンクール優勝者の家族)。

(4)「東京オリンピックの歌」NHK、NHK放送博物館所蔵

(5)「「東京五輪音頭」の作詞者は県庁職員だった。歌詞に込めた〝平和〟への願い」「テレ朝POST」(https://post.tv-asahi.co.jp/post-57268/)[二〇二〇年一月三十日アクセス]

(6) 同ウェブサイト

(7)「東京五輪音頭 復活に喜び」「山陰中央新報」二〇一七年八月十七日付
(8)東京母の会連合会「二十五年を顧みて」東京母の会連合会、一九七三年、三二ページ
(9)内閣府「一般社団法人東京母の会連合会」内閣府(https://www8.cao.go.jp/youth/ikusei/katudou/h26/html/p-64.html)[二〇一九年四月十三日アクセス]
(10)東京母の会連合会『二十年を顧みて』東京母の会連合会、一九六八年、一九ページ
(11)花柳秀氏へのインタビュー調査から(二〇一七年十月五日実施)。
(12)同インタビュー
(13)「五輪のマークあざやかに」「読売新聞」一九六三年十一月三日付
(14)「全土待望の聖火リレー 各地で歓迎の催し」「読売新聞」一九六四年九月八日付
(15)同記事
(16)「その前夜、はなやかな興奮」「読売新聞」一九六四年十月十日
(17)同記事
(18)「東京オリンピック音頭全国大会」「読売新聞」一九六四年八月九日付
(19)「話の港」「読売新聞」一九六四年八月五日付夕刊
(20)「若い人へ、私の二十代」「中日新聞」(東三河版)二〇〇二年二月二十四日付

第7章　「オリンピック・マーチ」が鳴り響いた空

――「オリンピックと音楽」に刻まれる「記憶」

尾崎正峰

はじめに

歴史をひもとくと、国王の戴冠式をはじめとするさまざまな祝典や儀式のために作られた「機会音楽」としての楽曲を、数多く見いだすことができる。その場の祝祭的・儀礼的な雰囲気を醸し出すうえで、音楽文化の特性がプラスに作用するためだろう。同様に、オリンピックに絡めて生み出された楽曲は数多く、大会そのものだけをみても開会式などのセレモニーを華やかに盛り上げるための数々の作品が創作されている。(1)

近代オリンピックの創始者であるピエール・ド・クーベルタンは、ヨーロッパの芸術文化の蓄積のなかで生まれ育ち、芸術文化への関心は高く、スポーツ競技だけでなく芸術をオリンピックのな

表1　東京大会（1964年）公式楽曲

タイトル	作曲	作詞
オリンピック東京大会ファンファーレ	今井光也	×
オリンピック・マーチ	古関裕而	×
オリンピック序曲	團伊玖磨	×
オリンピック東京大会賛歌（A）	清水脩	佐藤春夫
オリンピック東京大会賛歌（B）	小倉朗	西条八十
天皇臨退場の音楽	黛敏郎	×

（出典：オリンピック東京大会組織委員会編『第18回オリンピック競技大会公式報告書』下〔オリンピック東京大会組織委員会、1966年〕から筆者作成）

表2　札幌冬季大会（1972年）公式楽曲

タイトル	作曲	作詞
札幌オリンピック祝典序曲「白銀の祭典」	矢代秋雄	×
天皇臨退場の音楽	清水脩	×
札幌オリンピック・ファンファーレ	三善晃	×
札幌オリンピック・マーチ「白銀の栄光」	山本直純	×
マーチ「純白の大地」	古関裕而	清水みのる
マーチ「虹と雪」	岩河三郎 （作・編曲）	×
冬季オリンピック旗授受のための音楽	古関裕而	×
札幌オリンピック開会式賛歌 「いまここに我等」	間宮芳生	谷川俊太郎
開会式のためのスケーターワルツ	古関裕而	×
札幌オリンピック閉会式賛歌「消えゆく聖火」	三木稔	岩谷時子
別れの歌（SAYONARA）	中田喜直	サトウハチロー

（出典：『第11回オリンピック冬季大会公式報告書』〔札幌オリンピック冬季大会組織委員会、1972年〕から筆者作成）

表3　長野冬季大会（1998年）公式楽曲

タイトル	作曲	作詞
冬の光のファンファーレ ——長野オリンピックのための	湯浅譲二	×
WINTER FLAME	上田益	×
選手団入場の音楽		
プレリュード（全体統一テーマによる）	石井眞木	×
第Ⅰ章『北海道、沖縄民謡によるパラフレーズ』	石井眞木	×
第Ⅱ章『煌きの瞬間』（sparkle）	田中賢	×
第Ⅲ章『山並みにこだまする歓喜の声』	藤田正典	×
第Ⅳ章『信州民謡パラフレーズ』	松下功	×
エピローグ（全体統一テーマによる）	石井眞木	×
天皇臨退場の音楽	芝祐靖（編曲：石井眞木）	×
明日こそ、子供たちが…	Andrew Lloyd Webber	Jim Steinman

（出典：長野オリンピック冬季競技大会組織委員会、信濃毎日新聞社編『第18回オリンピック冬季競技大会公式報告書』〔長野オリンピック冬季競技大会組織委員会、1999年〕、「石井眞木オフィシャルサイト」〔（http://ishii.de/maki/ja/events/nagano-winter-olympics-1998/）［2017年9月13日アクセス］〕から筆者作成）

かに組み込むことに強い意欲をもっていた。[2]そうしたクーベルタンの熱意もあって五つの部門で競われる「芸術競技」はストックホルム大会（一九一二年）から開始され、第二次世界大戦後のロンドン大会（一九四八年）まで七回開催されたが、五部門のなかの一つに「音楽部門」（作曲）があった。[3]オリンピックでの音楽の位置と意味は、一般的に思われている以上に大きい。これまで日本で開催された三つの大会でも、日本の代表的な作曲家による「公式」楽曲が種々作られた（表1・2・3を参照）。

一九六四年東京大会時には幼稚園児だった筆者にとって、真っ先に思い浮かぶのは古関裕而作曲の「オリンピック・マーチ」である。母に言わせると、当時の私は、「オリンピック・マーチ」のレコード[4]（フィリップス・レコード）（写真1）と父の「おざき・まさたか選手の入場であります」というアナウンサーばりの張りがある声に乗って、オリンピック選手になりきったかのようにはしゃぎながら家のなかを行進していたそうである。この〝原体験〟があるためか、この曲の冒頭のAs-Dur（変イ長調）の輝かしい和音が響くと、当時の「記憶」がよみがえり、あのときにタイムスリップしたかのような気持ちの高ぶりを抑えられない。

「オリンピック・マーチ」は、二〇一三年九月の二〇二〇年大会招致決定後にも、関連イベントなどで演奏され、仄聞するに「二〇二〇年大会にもこの曲を」という声も上がっていたらしい。第6章「東京オリンピックと踊る人々」（伊東佳那子）で取り上げられている「東京五輪音頭」、その〝二〇二〇バージョン〟などとともに、「成功体験」として喧伝される、一九六四年大会の「記憶」[5]を呼び覚ます触媒とされているようにも思える。そして、世界的な新型コロナウイルス感染拡大によって一年延期された「東京オリンピック2020」の閉会式（二〇二一年八月八日）での各国選手の入場の際、「オリンピック・マーチ」が響き渡った。オリンピック大会の式典の場で、改築されたとはいえ、同じ国立競技場で五十七年ぶり

図1 「オリンピック・マーチ」のレコードジャケット（筆者所有。以下、同）

に流れる同曲は、あらためて多くの人々の心に強く印象づけられることになった。後述するように、一九六四年大会に絡んだ楽曲は数多く世に送り出されているが「オリンピック・マーチ」の存在感は突出している感がある。〝それはなぜなのか〟という問いに正面から答えることは難しいが、広く「オリンピックと音楽」を視野に入れながら、この作品がどのような歴史社会的な文脈のなかに位置付くのか考えたい。

1 戦前・戦後のオリンピックと楽曲

日本でオリンピックを契機として楽曲が作られる動きは戦前にまでさかのぼり、その数は意外なほど多い[6]。オリンピックに参加する日本選手の応援などの趣旨で作られた楽曲は、一九二四年のパリ大会に向けての「青年の歌」(作詞:北原白秋、作曲:山田耕作、一九二一年)が最初ともいわれる[7]。アムステルダム大会(一九二八年)についてはつまびらかではないが、次のロサンゼルス大会(一九三二年)から作品の数は多くなってくる。そのなかから「走れ大地を」(作詞:斎藤龍、作曲:山田耕筰、歌唱:中野忠晴、一九三二年)が世に出る経緯を少し詳しくみてみよう。

ロサンゼルス大会を迎えるにあたって、一九三二年四月、「東京朝日新聞」「大阪朝日新聞」が「オリンピック派遣選手応援歌懸賞募集[8]」の社告を掲載する(漢字などは現代表記に改めた。以下、同)。一等賞金五百円、賞金総額千円だった。四万八千五百五十一の応募のなかから海城中学校四

図2　「走れ大地を」SP 盤

年生で十七歳の斎藤龍が「通学の途中省線の中で三日間考えてまとめたもの」[9]が第一等に選ばれた。紙面での当選発表からわずか二日後には曲の楽譜とともに「東京朝日新聞」に掲載された[10]。作曲した山田は、「凱旋行進曲と優勝の国旗掲揚式を意味づけ」[11]て「君が代」の一節を取り入れたとしている。その後も「歌詞曲譜を無料配布」[12]という記事や作品のお披露目の発表演奏会の告知[13]などが続けざまに掲載され、発表演奏会の前にレコーディングされて、七月に日本コロムビアから発売された（図2・3を参照）。

このような応援歌が作られた背景には、一つに、「世界を相手に不断試練の力を試むる絶好の好機」と捉え「代表選手百三十一名」という「主催国アメリカを除いて他に其の比を見ざる大チーム」[14]を編成するなどの、オリンピックに対するスポーツ界の意気込みがあっただろう。

「走れ大地を」のような作品が生まれたもう一つの背景を示すキーワードは、「懸賞募集」である[15]。ほぼ同じ時期、一九三二年二月に中国の上海で起こった「爆弾三勇士」（あるいは「肉弾三勇士」）について各方面が一斉に「美談」として取り上げ[16]、各新聞社はこぞって歌詞懸賞募集を企画した。「大阪朝日新聞」「東京朝日新聞」による歌詞募集企画は、「肉弾三勇士の歌」（作詞：中野力、作曲：山田耕筰、歌唱：江文也[17]、一九三二年）として、早くも三月に発表された。前述の斎藤龍も「三勇士」への歌詞応募を考えていたが締め切りに間に

図3 「走れ大地を」歌詞カード

合わず、オリンピック応援歌に応募したという[18]。

「新聞社とレコード会社のタイアップはこの後、ますます盛んに[19]」なり、「新聞雑誌社や官公庁やその関連団体による一般公募という制作過程[20]」が顕著になっていくが、「これは決して強権的な統制によって産み出されたのではなく、個々のメディアの自主的・能動的なキャンペーンの結果[21]」という側面ももっていた。

このように、戦前にはオリンピックを契機として数多く楽曲が作られたが、こうした動きは戦後にも引き継がれた。戦後の参加復活になるヘルシンキ大会（一九五二年）では、「オリンピックの歌」（作詞：山田千之、作曲：高田信一、一九五二年、各社競作）や「オリンピック目指して」（作詞：今井広史、作曲：古関裕而、歌唱：伊藤久男

／岡本敦郎、一九五二年）などがあり、メルボルン大会（一九五六年）、ローマ大会（一九六〇年）でもオリンピックにちなんだレコードが発売された。そして、アジア初のオリンピックになる一九六四年の東京大会を迎えるにあたって、さらに多様な楽曲が大会前から世に出された。

2　一九六四年東京大会をめぐる楽曲

オリンピックを迎える楽曲

まず、歌謡曲のジャンルからいくつかを挙げてみよう。

「少年オリンピックの歌」（作詞：増田正子、作曲：古関裕而、歌唱：藤山一郎、一九六一年）は、毎日新聞社の企画による、「日本の選手を激励し、外国選手を歓迎、また自分もオリンピック選手として活躍したいと願う気持ちを歌った」[22] 歌詞を小・中・高校生から募集するもので、全国からの約二千八百もの応募のなかから東京都の上板橋小学校六年生の増田正子の作品が当選し、作曲は古関裕而があたった。[23]

「この日のために――東京オリンピックの歌」（作詞：鈴木義夫、補作：勝承夫、作曲：福井文彦、歌唱：三浦洸一・安西愛子・ビクター合唱団、選定：オリンピック東京大会組織委員会・日本体育協会・東京都）は、一九六二年の日本ビクターによる公募（作詞）作品で、レコードには「小学校高学年・中学校初学年用教材」として曲に合わせたフォークダンスの解説と図解が添付してあって、この時代の特徴をしのばせる。

「海をこえて友よきたれ」（作詞：土井一郎、作曲：飯田三郎、編曲：冨田勲、一九六三年）は、各レコード会社の競作になったが、レコード・ジャケット（友竹正則歌唱版）に「ＮＨＫ制作 東京オリンピックの歌」とあるように、ＮＨＫが積極的に取り上げた。一九六三年六月二十三日、東京文化会館で開催された『オリンピック音楽作品発表演奏会』をＮＨＫ総合テレビで午後三時から三十五分間にわたって生中継し、同会館で収録された『青春をたたえる歌 東京オリンピックの歌』をＮＨＫ総合テレビで同日午後七時二十分から約四十分、録画放送をおこなった。前者では藤山一郎が、後者では立川澄人が「海をこえて友よきたれ」を歌ったが、翌二十四日以降、同曲は『きょうのうた』で、七月中旬までの約一カ月間、ほぼ連日、一日二回、あるいは三回放送された。(24)

一般からの歌詞応募の手法も取り入れながら、応援のための楽曲、レコードを制作してオリンピックを盛り上げようとする動きは戦前の特徴を継承している。

これらの作品を広める手だてとしてＮＨＫなどでの放送のほか、文部省が作成した学校向けの『オリンピック読本』があった。『〈小学生のために〉版』(25)には「この日のために」と「海をこえて友よきたれ」に加えて「走れ大地を」、『〈中学生のために〉版』(26)には「少年オリンピックの歌」の楽譜と歌詞がそれぞれ掲載されている（なお、『〈高等学校・青年学級向け〉版』(27)には楽曲の掲載はない）。当時小・中学生だった年代の人々は、これらの楽曲を歌ったり（あるいは、歌わされたり）聞いたりした「記憶」が残っているだろう。戦前の「走れ大地を」が〝復活〟掲載されているが、歌手を代えて新たに吹き込み直されてもいた。(28)

一方、歌謡曲以外のジャンルでもオリンピックとの関わりから生まれた楽曲があったことはほとんど知られていない。

芸術競技から転じた芸術展示では、大会組織委員会としては歌舞伎や能などのいわゆる「古典芸能」や日本を表出する美術・工芸などに限定し、[29] オーケストラに代表される「洋楽」関連の行事は「公式」には実施されなかったが、NHK交響楽団が「オリンピック東京大会協賛芸術展示」として特別演奏会を大会期間中に四夜にわたって開催した。NHKが委嘱した四つの邦人作品（黛敏郎「音楽の誕生」、入野義朗「交響曲第二番」、武満徹「テクスチュアズ」、三善晃「管弦楽のための協奏曲」）を各日に一曲ずつ取り上げた。[30]「公式」の芸術展示と同様に、オリンピックやスポーツを題材・テーマとすることにこだわらず作られた楽曲は、三善作品が同年度の第十三回尾高賞を受賞するなどいずれも優れたものだった。[31] そのなかでも武満作品の評価が特に高かった。[32]「テクスチュアズ」は一九六五年、パリのユネスコ・国際音楽評議会（IMC）の国際現代作曲家会議最優秀作品賞を日本人として初めて受賞し、武満の国際的な評価の出発点にもなった。その後、武満は、七〇年の日本万国博覧会での鉄鋼館の音楽監督を務め、翌七一年にはIOC（国際オリンピック委員会）からの委嘱で札幌オリンピックのためにオーケストラ曲「冬」[33] を作曲するなど国家的イベントと関わっていくことになる。

そのほかに、芥川也寸志作曲「オリンピック大行進」のレコードも発売されていた（演奏：東京交響楽団、指揮：森正）。黛敏郎と團伊玖磨が大会の「公式」楽曲を作曲していて（表1を参照）、戦後のクラシックの作曲界で特筆される「3人の会」のメンバー全員が東京オリンピックのために曲を提供していたのである。また、前述の日本ビクターの公募作品の一つとして合唱付き交響詩「東京オリンピック」(作詞:大木惇夫、作曲:藤本秀夫、演奏:NHK交響楽団・東京混声合唱団、独唱:柴田睦陸／大谷洌子、指揮:外山雄三、一九六二年)がある。

野口久光は、「オリンピック・シーズンの外来客を当て込んだスーベニール用」まで含めて「広い範囲でオリンピック記念レコードとみられるものが、ここ一年数か月の間に八十種以上出ている」[34]としているが、筆者所有のものだけでもソノシート(あるいはフォノシート)のような録音媒体まであり、多種多様なものが世の中に出回っていたことが推し量れる。[35]

これらの楽曲の〝効果〟がどの程度のものだったのかを捉えることはできないが、大会直前まで多くの人々にとって自分とは関係がない出来事としてオリンピックを捉え、関心が低かったことか[36]らするならば、〝前景気をあおる〟意図はあったものの〝笛吹けど踊らず〟といった面があったといえるかもしれない。

開会式を飾った「公式」楽曲

東京大会の開会式を飾った「公式」楽曲に目を移してみよう。

まずは、開会式の各国選手団の入場行進で演奏された「オリンピック・マーチ」(作曲:古関裕而、一九六三年)である。作曲の経緯について、古関は「オリンピック・マーチを作曲してほしいという話が、組織委員会とNHKからあったのは去年〔一九六三年:引用者注〕の二月でした」としていて、「六月には完成しましたが、考えている時間が長く、ペンをとったら一気に書き上げました。

マーチは私には書きなれたジャンルなのですが、日本の東京でやるオリンピックなので、日本的な感じを出すのに苦労しました。しかし日本的というと、雅楽風、民謡風になりがちなのですが、それでは若い人の祭典向きではないので、それを捨て私の楽想のわくままに書いたのです。ただ、曲の最後に君が代の後半のメロディーを入れましたけれど(37)」という点は、作曲家としての道を拓いてくれた恩義がある山田耕筰が「走れ大地を」で採った手法を意識してのことだろう(38)。

昭和天皇の開会宣言の直後に演奏された「オリンピック東京大会ファンファーレ」(作曲:今井光也、一九六二年)は、大会組織委員会・NHKの応募に全国から寄せられた四百十四作品のなかから選ばれた。今井は、諏訪交響楽団に所属し、同楽団の指揮者と会長を務め、地域の音楽文化の向上に尽力した人物である。本人は「正式に音楽のことを学んだことはない」が、「テレビで募集を知り応募を決定。会社の仕事に追われ、〆切り八月三十一日の二日前の夜半に、東洋はじめてのオリンピックだからと琴の調弦音をテーマに作曲。夜中のこと書き古しの五線紙を利用、翌日速達という慌ただしさであった(39)」という〝創作秘話〟がある。前述のオリンピック音楽作品発表演奏会で自衛隊中央音楽隊(指揮:斎藤徳三郎)によって初演され、翌年の大会の開会式での演奏が日本中、そして世界にまで流れたが、その反響の大きさを示すものとして、大会直後、諏訪交響楽団が木曾地方の小学校に演奏旅行にいったとき「サイン攻めに会った(40)」というエピソードも残されている。

昭和天皇の「臨退場の音楽」である「オリンピック・カンパノロジー」(「オリンピックの鐘」、作曲:黛敏郎)。日本の寺院の梵鐘の響きに独自性を見いだした黛が、パリ留学時に出合ったミュジック・コンクレート、そして電子音楽という当時の音楽の最先端とのコラボレーションから生み出したこの作品は、彼の音楽的特性が如実に表れているが[41]、この曲は「公式」楽曲のうち、新聞や雑誌などで最も言及されている。武満徹が「日本的な特徴が一番よく出て、しかもあの式典によくマッチして効果的だった」[42]と評したほか、「古いアジアのひびきと、新しい電子音楽の表現は、観衆の心をゆする」[43]など一般の記事でも評価が高い。一方、「間のびした電子音楽」[44]と一刀両断したものや、当日の雲一つない青空の下の太陽の光に「梵鐘の電子音楽は、実に不似合いなものであった」[45]とした三島由紀夫のように、正反対の評価もある。

このほかに團伊玖磨作曲「オリンピック序曲」と二つの「大会賛歌」があるが、東京大会の「公式」楽曲で、現在、日常的に耳にするものはほぼないといえる。これは「機会音楽」の宿命とでもいえるかもしれないが、東京大会だけでなく、日本で開催された三大会すべてに共通する。いずれ劣らぬ優れた音楽家たちの手による個性あふれる作品は、「芸術競技」の音楽部門の入選作品がその後顧みられることなく[46]、「歴史の霧の中に隠れてしまっている」[47]という比喩と同様に、人々の「記憶」から消え、その存在さえ忘れられている。

3　古関裕而の人と音楽

オリンピックをめぐる楽曲が忘れ去られているなかで、「オリンピック・マーチ」はいまなお存在感を示している。筆者の「記憶」の源泉であるレコードのジャケット解説に「勇ましく溌剌とした旋律は、おそらくオリンピック大会が終了しても、もっと永く演奏されることでしょう」と記してあるが、この〝予言〟は的中したといえる。

古関の作品を全体的にみると「行進曲」と題された作品が多く、また「行進曲」とは銘打っていないがリズムが行進曲調のものも多い(48)。当時は作曲家がレコード会社専属だったことから、会社の依頼に従った面もあるとはいえ、「マーチは書きなれたジャンル」と自身が述べるように、古関には行進曲というジャンルに音楽的な適性があった。「星条旗よ永遠なれ」などを作曲し、「マーチ王」と称されるのがアメリカのジョン・フィリップ・スーザだが、「オリンピック・マーチ」は「日本のスーザ」といわれた(49)古関の特性が発揮された傑作になった。古関の生地・福島県福島市にある古関裕而記念館の展示で「オリンピック・マーチ」のマニュスクリプト(自筆譜)を見ることができる。閲覧用のコピーのために不鮮明な部分があるが、三十段を超えるスコアの五線譜に一つひとつの音符が丁寧に書き込まれ、音が湧き出てくるかのようである(50)。

古関の人と作品を少したどってみることにしよう。

古関裕而は、一九〇九年、福島市に生まれた。音楽好きの父が、営んでいた呉服屋の従業員の娯楽用に大正期にはまだ珍しかった蓄音機を購入してレコードをかけていたという環境で育ち、担任の影響もあって小学校時代から作曲に夢中になっていた。家業を継ぐために福島商業学校に進学するが、「ソロバンの玉よりも音符のタマの方が好きで(51)」と述懐するほどだった。年上の友人が主催するレコードコンサートで、クロード・ドビュッシー、モーリス・ラヴェル、イーゴリ・ストラヴインスキー、モデスト・ムソルグスキーなどの作品に出合い、以来、近代フランスやロシアの音楽のとりこになった。この間、山田耕筰やエクトル・ベルリオーズらの音楽理論、和声学、管弦楽法に関する著作の独習、当時は高価だった楽譜の購入・研究、地元のハーモニカ・オーケストラの編曲など〝独学〟で作曲法や管弦楽法を習得したとされる。[52]

古関が特に魅了されたとする作品に、ストラヴィンスキーの「火の鳥」と並んでニコライ・リムスキー＝コルサコフの交響組曲『シェヘラザード』[53]がある。リムスキー＝コルサコフもまた、ほぼ〝独学〟で近代管弦楽法の大家としてクラシック音楽史上に名を残すまでになったが、[54]ピアノやヴァイオリンなどの演奏家とは異なり、作曲の場合、〝独学〟は必ずしもマイナスにはならないことを示しているだろう。

そして、一九二九年、古関が二十歳のとき、オーケストラのための組曲『竹取物語』がイギリスの国際作曲コンクール入選を果たした[55]ように、クラシックのジャンルにも通用する作曲技法の裏付けがあり、それは輝かしく勇壮な音を紡ぎ出してスケール感を表出する音楽的個性とともに、のちの作品に独特の色合いが投影されることになる。[56]

「記憶」に残るヒット作

一九三一年、傾倒していた山田耕筰の推薦によって古関は日本コロムビアの専属作曲家になった。しばらくの間ヒット曲に恵まれず専属契約解除の危機もあったが、「船頭可愛や」（作詞：高橋掬太郎、編曲：奥山貞吉、一九三五年）が最初のヒット作になって以来、数多くの作品を生み出していく。

軍歌のジャンルでは「露営の歌」（作詞：藪内喜一郎、一九三七年）が挙げられる（図4・5を参照)。「東京日日新聞」「大阪毎日新聞」が一般募集し、第二位になった歌詞に曲を付けたものがこの作品である。[57] 同じ募集の第一位「進軍の歌」の裏面でのレコード発売で「当初何も期待していなかった」し、「総動員されたプロパガンダだけの成果」ではなかったが「昭和の軍歌から生まれた最初で最大のヒット曲」[58]になった。この作品について園部三郎は「「露営の歌」は決して戦闘的でも勇壮でもなかった。リズムだけは行進曲調ではあったが、音階は「船頭小唄」系のヨナ抜き短調・都節系で、その本来の性格はむしろ哀愁にあった。しかも、歌詞の一番から終番までのすべてに(略)「死」という文字が必ずあって、一種の悲壮感をあたえた」のは「「戦争と死」が無意識のうちに民衆の心のなかの問題になったからであろう」[59]と評している。

図4　「露営の歌」SP盤

同じジャンルで多くの人々に受け入れられた作品に「暁に祈る」(作詞:野村俊夫、一九四〇年)や「若鷲の歌」(作詞:西條八十、一九四三年)がある。

また、一九三六年六月一日、大阪中央放送局JOBKが、当時の歌謡曲にはびこっていた「頽廃的気分から離れ」「家庭でも高らかに、明朗に歌い得る歌曲」を広めることを目標として「国民歌謡」の放送を開始するが、「俗悪歌謡の駆逐剤としての役回り」[60]を担うことになったこのジャンルには、のちにインドネシアでの愛唱歌にもなった「愛国の花」(作詞:福田正夫、一九三七年。図6を参照)がある。

戦後は、戦争、原爆の悲惨さ、そして犠牲者の追悼、鎮魂

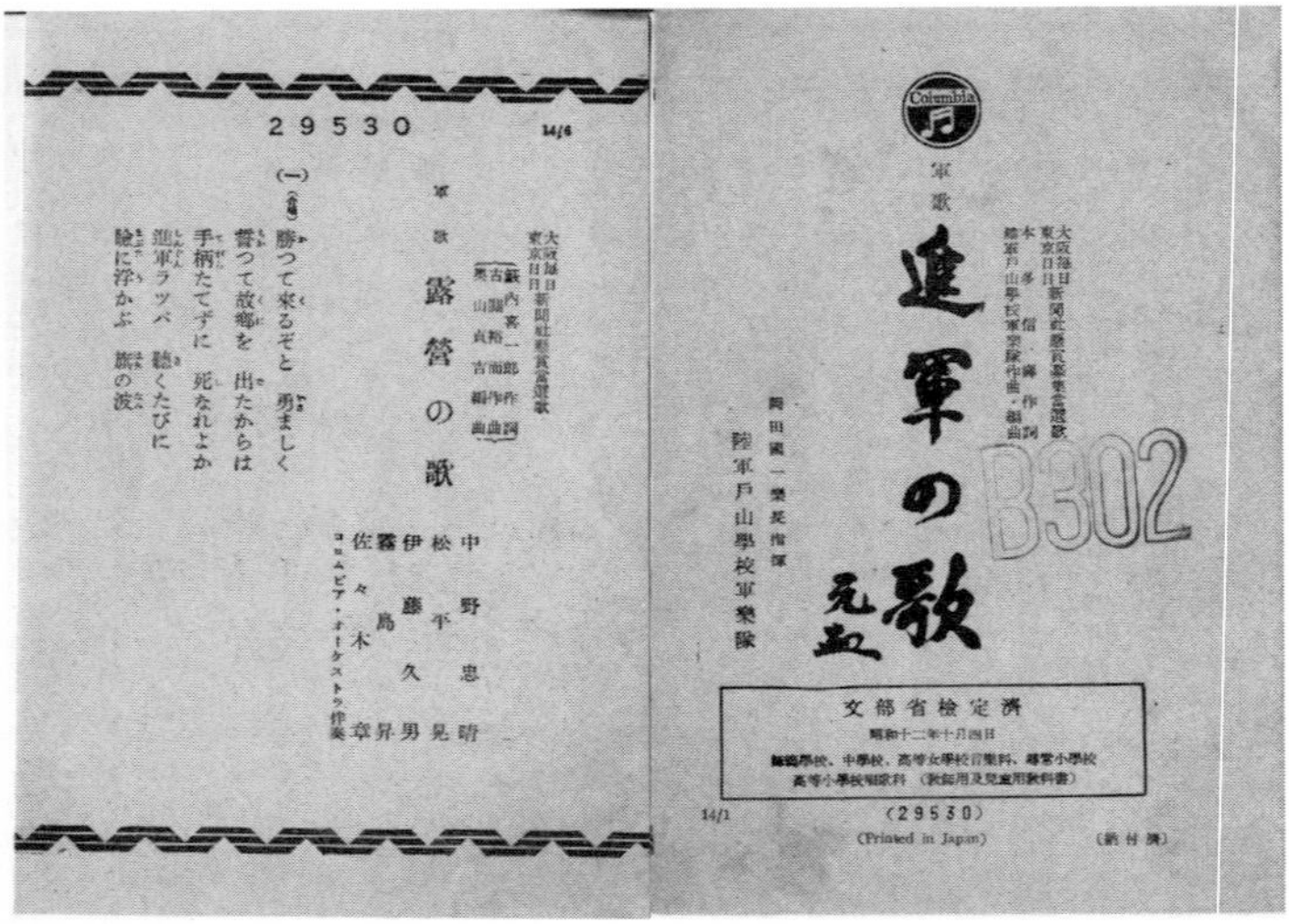

図5 「露営の歌」「進軍の歌」歌詞カード

の意を示したとされる「フランチェスカの鐘」（作詞：菊田一夫、一九四八年）、「長崎の鐘」（作詞：サトウハチロー、一九四九年）、「ひめゆりの塔」（作詞：西條八十、一九五三年）などの一連の作品がある。菊田一夫とのコンビで昭和史に刻まれるNHK連続ラジオドラマ『鐘の鳴る丘』（一九四七―五〇年）の主題歌「とんがり帽子」（一九四七年）、『君の名は』（一九五二―五四年）の主題歌「君の名は」（一九五二年）も古関の手によるものである。映画音楽も数多く手がけているが、筆者の世代にとって、ザ・ピーナッツが歌う『モスラ』（監督：本多猪四郎、一九六一年）の主題歌[61]「モスラの歌」（作詞：由起こうじ）と付随音楽は、伊福部昭の『ゴジラ』[62]（監督：本多猪四郎、一九五四年）の音楽と並ぶ双璧といっていい。

多彩なスポーツ関連の作品群

スポーツに関わる楽曲も数多い（表4を参照）。最初期の作品になる早稲田大学の第一応援歌「紺碧の空」（作詞：住治男、一九三一年）。対する慶應義塾大学の応援歌「我ぞ覇者」（作詞：藤浦洸、一九四六年）も古関の作品である。早慶戦での応援は古関作品抜きには成り立たない。全国高等学校野球選手権大会、いわゆる夏の甲子園大会のテーマ曲「栄冠は君に輝く」（作詞：加賀大介、一九四九年）は、毎年、グラウンドにこだまして多くの人々の熱狂を喚起しつづけている[63]。プロ野球では、「大阪タイガースの歌」（現在は「阪神タイガースの歌」、通称「六甲おろし」。作詞：佐藤惣之助、一九三六年）、そして「巨人軍の歌――野球の王者」（作詞：西条八十、一九三九年）と「巨人軍の歌――闘魂こめて」（作詞：椿三平、一九六三年）。〝伝統の一戦〟でいまなお互いのファンによる応援合戦に登場する。また、中日ドラゴンズやパシフィックリーグの歌「おおわがパシフィック」（作詞：サトウハチロー、一九五〇年）のほか、東映フライヤーズの「東映フライヤーズの歌」[64]（作詞：藤浦洸、一九五〇年）や「大映スターズ」（作詞・発行年ともに不詳）などもあり、質量ともに野球関連の作品の存在感は圧倒的である。

図6　「愛国の花」楽譜テキスト

備考
ベーズ・ルース来日で有名な1934年の1つ前の大リーグと日本のプロ野球（職業野球）の対戦である日米野球のキャンペーン・ソング
「新條純一」の変名で作曲。下記の「スキー小唄」「スキー行進曲」もあるように、当時、「スキー」がよく題材として取り上げられた
早稲田大学応援歌。当時「無名」の古関に依頼
「走れ大地」を歌った中野忠晴による歌唱（筆者所有の SP レコード）
東京日日新聞社　歌詞公募作
ミス・コロンビアがリンクを優雅に踊るように歌うスケートソング
1936年、大阪タイガース設立時の球団歌。61年、「大阪」から「阪神」への球団名変更に合わせてタイトルと歌詞を「変更」（そのため古関自身は「韻を踏まなくなった」旨の不満を漏らしたとも伝えられる）
巨人軍、最初の応援歌
大満州帝国体育連盟制定
慶應義塾大学応援歌
現在に至るまで NHK のスポーツ放送のテーマ
「全国中等学校優勝野球大会」から「全国高等学校野球選手権大会」への改称に伴い大坂朝日新聞社が歌詞を公募。妻の加賀「道子」の名義で応募したが、半世紀後、作者が「大介」であることを公表
1948年の「第32回全日本陸上競技選手権大会」の山形県での開催を契機として作られた
敗戦後のオリンピック参加の復帰とスポーツ振興のため、日本体育協会と毎日新聞社が歌詞を公募
2リーグ分裂後、セ・リーグ参加のドラゴンズの応援歌。中部日本新聞社が歌詞を公募
名古屋タイムス社が歌詞を公募
福島県の「第1回県総合体育大会」の賛歌。作詞の小林に古関が「今まで作ったスポーツの歌の中でも快心の作の一つですよ」と語ったとのこと
1952年ヘルシンキ大会からオリンピック復帰を記念して、読売新聞社が歌詞を公募。作曲は3人の競作で高田信一（「若い力」の作曲者）作が採用される。古関は編曲（コロンビア盤）を担当。第2回 NHK 紅白歌合戦（1952年1月3日）のトリで藤山一郎が歌唱

表4　古関裕而のスポーツ関連楽曲

タイトル	レコード発売年	作詞
日米野球行進曲	1931年	久米正雄
スキー・メロディ	1931年	西岡水朗
紺碧の空	1931年*	住治男
野球メロディー	1932年	西岡水朗
山形県スキー小唄	1933年	吉尾博寿（薄馬）
スキー行進曲	1933年	島田芳文
都市対抗野球行進歌	1934年	小島重藏
銀盤のワルツ	1936年	西條八十
大阪タイガースの歌	1936年	佐藤惣之助
大阪タイガース行進曲	1936年	×
野球の王者	1939年	西條八十
黎明の大陸に〜満州体育の歌	1939年	加能洋二
我ぞ覇者	1946年*	藤浦洸
スポーツショー行進曲	1947年	×
栄冠は君に輝く	1948年	加賀大介
山形県スポーツ県民歌「月山の雪」	1948年*	西條八十
スポーツ日本の歌〜オリンピック目指して	1949年	今井広史　補作詞：西條八十
ドラゴンズの歌	1950年	小島情　補作詞：サトーハチロー
私のドラゴンズ	1950年	田中順二補作詞：藤浦洸
福島県スポーツの歌	1950年	小林金次郎
福島県民体操	1950年	×
オリンピックの歌	1951年	山田千之

備考
1953年開催の国民体育大会（福島、宮城、山形の東北3県での開催）のために福島出身の古関が応じた作品。オリンピックの東京招致活動がすでに始まっていることを反映してか、3番の歌詞の冒頭が「オリンピックの夢を呼ぶ」となっている
地方財政難のため四国4県での複数県開催
童謡作品。加藤省吾は「ミカンの花咲く丘」の作者
1958年の東京でのIOC総会での演奏のための編曲。IOCの評価が高く、60年の夏季・冬季大会以降、正式な賛歌として認定される
東京オリンピックを盛り上げるための毎日新聞社公募作品
前奏部分から、のちの「オリンピック・マーチ」を彷彿、予感させる
球団創立30周年記念　読売新聞社公募作品。3代目球団歌
日刊スポーツ新聞社選定
日刊スポーツ新聞社選定、オリンピック直前の6月に「日の丸の歌」とカップリング発売。開催直前でもあり、「東京五輪音頭」の大人気の陰に埋もれた
早慶両校のための応援歌。古関の葬儀の際、両校応援団によって歌われる
メキシコオリンピック大会に際して、東京都に保管されていたオリンピック旗をメキシコ・シティの市長に渡す際の演奏用に編曲
札幌オリンピック公式楽曲
札幌オリンピック公式楽曲。器楽（吹奏楽）作品

注：「レコード発売年」の項の数字のあとの「＊」は作曲・編曲年を表す

（出典：菊池清麿『評伝 古関裕而——国民音楽樹立への途』彩流社、2012年、小林金次郎『古関裕而と福島』緑の笛豆本の会、1988年、『国民的作曲家 古関裕而全集』〔CD〕の別冊解説書、コロムビアミュージックエンタテインメント、2009年、『国民的歌手 藤山一郎全集 下——貴重な遺産』〔CD〕の添付リーフレット、日本コロムビア、2011年、『スポーツ日本の歌——栄冠は君に輝く』〔CD〕の添付リーフレット、日本コロムビア、2019年、から筆者作成）

タイトル	レコード発売年	作詞
第7回国民体育大会讃歌	1952年	大友真一郎
第7回国民体育大会行進曲	1952年	×
第8回国民体育大会賛歌	1953年	関口武
第8回国民体育大会行進曲	1953年	×
スポーツの鐘が鳴る	1957年	加藤省吾
スポーツの花	1958年	島米展也
オリンピック讃歌	1958年*	×
少年オリンピックの歌	1961年	増田正子
少年オリンピックマーチ	1961年	×
巨人軍の歌〜闘魂こめて	1963年	椿三平　補作詞：西條八十
日の丸の歌	1964年	川島憲治　補作詞：西條八十
オリンピック日の丸音頭	1964年	鈴木義夫　補作詞：西條八十
早慶賛歌〜花の早慶戦〜	1968年	藤浦洸
さくらさくら	1970年	×
純白の大地	1970年	清水みのる
スケーター・ワルツ	1971年	×

図7　「スポーツショウ行進曲」初録音のSP盤

現在に至るまでNHKのスポーツ放送のテーマ曲である「スポーツショー行進曲」(一九四九年)。作曲を委嘱したとされる元NHKアナウンサー藤倉修一は自伝に、「友情に厚い裕ちゃんは、戦後、スポーツアナとして再出発した私の門出を祝ってくれ、志村正順アナとのコンビで担当した「スポーツ・ショウ」のテーマ・ミュージックを作曲してはなむけてくれた」[65]と記している(図7を参照)。

そのほかにも、国民体育大会などのスポーツ・イベントのための作曲も数多い。昭和という時代の枠を飛び越えて、また、古関の名前が意識されるかされないかにかかわらず、多くの人々の耳に届いている古関の作品がなかったとしたらスポーツの音楽シーンは寂しいものになっていただろう。

しかし、古関自身はスポーツをすることは苦手だった。「走りっこも学生時代は一番ビリだったし、跳び馬なんかもできないし、金棒にぶらさがることもにがてだったし、そういうことでコンプレックスを感じている」としながらも、「実技としてのスポーツはできないけれども、音楽の上でスポーツをやる」ということで「明朗なはぎれのいい音楽を書きたいという意欲はたえず持っていた」[66]という。数々の名作を生み出していった背景には、このようなスポーツへの思いがあったのである。

4 リバイバルで復活した古関の人気

そんな古関に一つの依頼が舞い込む。第一回近代オリンピック・アテネ大会の開会式のために作曲され、その後は行方知れずだったスピロ・サマラ作曲「オリンピック賛歌」のピアノ譜がギリシャで発見され、日本オリンピック委員会がオーケストレーションを施すことを古関に依頼したのである。完成した作品は、一九五八年五月十四日、東京で開催された第五十四次IOC総会開会式でNHK交響楽団が演奏した。(67) その出来栄えの見事さにアベリー・ブランデージ会長（当時）以下のIOC関係者は感嘆し、以後、正式なオリンピック賛歌として認定された。(68)

こうしたことから古関に東京大会の開会式の行進曲の作曲依頼がきたのも当然のようにみえるが、実はこのころ、古関は第一線から退いたような印象をもたれていた。

一九五〇年代後半、古関は、ミュージカル作品や菊田一夫とのコンビによる『放浪記』（原作：林芙美子、一九六一年初演）など舞台作品のための音楽や映画音楽へと軸足を移し、歌謡曲のジャンルでは年間の作曲数が以前より少なくなり、現在にまで歌い継がれるほどのヒット作も生み出していない。(69) そのため、数々の名作を手がけてきた古関だったが、世間的に作曲家としての存在感が薄らぎつつあった。その背景には、五〇年代後半は「歌謡界の分水嶺であり新旧の交代の時期」であり、「従来の古賀政男・服部良一・古関裕而時代を終焉させ」、遠藤実、船村徹の登用によって「コロムビアのカラーをしだいに変えて」[70]いくという経営戦略があった。そうしたところに、古関の名を世間が再び認識する動きが起きる。歌謡曲のリバイバルブームの波が幾重にも起こり、戦前の歌謡曲、続けて軍歌が〝復活〟したのである。

一九五九年に古賀政男作曲の「人生劇場」(作詞：佐藤惣之助、一九三八年)を村田英雄が歌ったレコードの発売が、リバイバルブームの始まりとされる。[71]それ以降、「昭和初期のいわば歌謡曲の〝古典〟ともよぶべき曲」をメディアが取り上げたが、当時〝御三家〟としてアイドル的な人気を博していた橋幸夫、舟木一夫、西郷輝彦という「若い歌い手が古い歌を歌うだけでは満足できないように」なり、「往年のスターたちがひっぱり出され[72]」、〝懐メロ〟番組の放映も盛んになった。そして、SP盤に代わるLP盤の登場、モノラルからステレオへの移行という技術革新とも相まって、「一九六〇年代後半になると、これらの戦前派歌手のステレオ録音によるLPレコードが一斉に発売され[73]」かなりの売り上げ枚数を記録した。こうした動きを通して、古関作品の数々が再び世間に流布されることになった。

数次起こったブームのなか、歌謡曲だけでなく「軍歌・軍国歌謡までリバイバルに便乗して息をふきかえ」すことになったが、「軍歌の復活の糸口をつくったのはアイ・ジョージの「戦友」だった[74]」とされる。アイ・ジョージは、一九六三年十月、音楽の殿堂ニューヨークのカーネギーホールで日本人歌手として初めてコンサートをおこなった歌手である。彼が「戦友」を最初に歌ったステージは六一年一月の大阪勤労者音楽協議会(大阪労音)でのワンマン・ショーで、その後、四十三回ステージで歌ったとされる。アイ・ジョージ自身は「反戦の思い」で取り上げたとしているが、戦争の「記憶」が鮮明な時期でもあり賛否両論を巻き起こし、[75]結果として軍歌は再び広まっていく。「軍歌を哀歌としてではなく、勇壮活発なものとして堂々とメディアの電波にのせた背景は、「東京オリンピック」と「明治百年」だった。この二大イベントに日本のナショナリズムが反映され」、「意識的に若者にナショナルな感情を喚起させる軍国歌謡を浸透させせようとした」[76]という指摘は、音楽とスポーツ、一般的に非政治的と理解される二つの文化がオリンピックという祝祭的な場で交差するとき、ある種の政治性を帯びることを示唆するものだろう。

軍歌の〝復活〟はレコードの発売など多方面に波及したが、ここでも古関は際立った存在だった。例えば、芸能人の軍隊生活の思い出と軍歌を軸として、一九六九年八月から放映されたテレビ番組では、年間五十二回の放送で軍歌は延べ二百六十四回歌われたが、曲としては八十にとどまっている。繰り返し登場した回数が多かった曲は、「同期の桜」(原曲は「戦友の唄(二輪の桜)」、作詞：西條八十、作曲：大村能章、一九三九年)、「暁に祈る」「若鷲の歌」で、ともに九回に上る。[77]古関作品が上位三曲のうち二つを占めていて、人々の「記憶」のなかでの古関作品の大きさを物語っている。

こうしたリバイバルブームに乗った古関の人気復活もまた、「オリンピック・マーチ」作曲依頼の伏線になったといえるだろう。

5　映画『東京オリンピック』による「記憶」の書き換え

東京オリンピックに話を戻そう。

大会時の「オリンピック・マーチ」への評価をたどってみると、意外な面が見えてくる。出身地の福島では「教育委員会の指令で学校の生徒はマーチをよく聞くように指導された」、あるいは「全国のファンからも祝電や手紙が山のようにきた[78]」など、作品が好評裡に受け止められたとされてきた[79]。

その一方で、開会式について各新聞とも大々的に報じているが、古関や「オリンピック・マーチ」については、前述の黛作品のような言及はなく、開会式で演奏された事実としてその名を挙げるにとどまっている。また、多くの識者が開会式について書いているが、誰一人「オリンピック・マーチ」に言及していないし[80]、調べた限り、一般読者からの投稿にも「オリンピック・マーチ」を取り上げたものはない。何よりも、開会式と閉会式の演奏を担った警視庁、自衛隊、消防庁の各音楽隊の隊長も「あれ〔「オリンピック・マーチ」：引用者注〕はだんだんやっているうちに非常に味が出てきましたね」と一言述べるだけで、ほかに作品の評価に関する発言はない[81]。また、大会運営の現場で実務に携わった自衛隊員の思い出をつづった手記をまとめた冊子にも、この作品にふれているものはない[82]。これらのことから、大会の時期、「オリンピック・マーチ」への注目度は決して高いものではなかったことがわかる。

大会時、〝微妙な〟評価のもとにあった「オリンピック・マーチ」だが、その後はどうか。この問題を考えるうえで鍵になるのは、大会の公式記録映画『東京オリンピック』（監督：市川崑、一九六五年）である。この映画は公開前から人々の期待が高まっていたことに加えて、河野一郎オリンピック担当大臣の発言をきっかけに「芸術か記録か」[83]の論争を巻き起こした話題性もあって、観客動員数は千八百万人を超え、日本でいちばん見られた映画ともいわれる。

同映画での選手団の入場行進のシーンでは、ごく短い時間「旧友」（作曲：カール・タイケ、一八

表5　選手団入退場時の行進曲

	作曲者	曲名
1	古関裕而	オリンピック・マーチ
2	タイケ	旧友
3	アルフォード	後甲板にて
4	スーザ	海を越える握手
5	プランケット	サンブル・エ・ミーズ連隊
6	團伊玖磨	祝典行進曲
7	シュタルケ	剣と槍
8	スーザ	カピタン
9	タイケ	チェッペリン
10	ビゲロー	われらの先駆者
11	モルネー	連隊行進曲
12	ドゥーブル	ブラビューラ

注1：出典資料では「サンブル・エ・ミーズ」となっているが、現在、一般的に「ミューズ」と言われることから、本文などでは「ミューズ」と表記する。

注2：「サンブル・エ・ミューズ連隊」の連名の作曲者として「ジョセフ・フランソワ・ラウスキー」の名が挙がる場合もある

（出典：オリンピック東京大会組織委員会編『第18回オリンピック競技大会公式報告書』下〔オリンピック東京大会組織委員会、1966年〕から筆者作成）

八九年）を挟んでいるが、「オリンピック・マーチ」がほぼ全編にわたって流れている。しかし、渡辺裕も指摘するように、[84]実際には別の行進曲（表5を参照）がいくつも演奏されたことは、実況中継を記録したレコードに刻まれている音（楽）から明らかである。[85]映画ではアナウンスの音声を含めて「映像と一緒にとられた音とは全く違う音が流れて」いて、「「実況」とはかけ離れた「つくりもの」になってしまった」[86]のである。では、どんな〝つくり〟が施されていたのか。

象徴的なシーンである日本選手団が入場した時点について見て（聞いて）みれば、映画では日本選手団入場と同時に「オリンピック・マーチ」冒頭の和音が響いているが、実際の演奏箇所は、トリオの後半、ラレンタンド表記の少し前（練習番号六番の少し前）[87]あたりである。演奏者側からの「日本の選手団が入ってきたころに日本の曲をやってくれ」という〝注文〟に苦労したが「幸い運よくいった」という安堵を示す発言[88]もあったが、映画では「クライマックス感を高める」[89]ための〝つくり〟がなされていたのである。

閉会式のシーンでも同様の〝つくり〟があった。閉会式の開始を示す電光掲示板を映し出す静寂そのもののシーンから選手入場のシーンに移ったときに鳴り響く「オリンピック・マーチ」は、競技を終えた解放感とともにエネルギーを爆発させた選手たちの姿を的確に表現する音楽として、開会式以上に強く印象に残る。この映像からは閉会式の初めから各国選手団が入り乱れて入場したと受け止められるが、前出のレコードに刻まれている音声を聴くと、閉会式の開始後しばらくの間、各国の旗手の入場行進は整然とおこなわれ、アナウンサーも〝予定原稿〟を無難に読み上げているとと捉えられる。しかし、日本の旗手・福井誠選手（八百メートル自由形リレーで銅メダル獲得）の入場直後、状況は一変し、映画が示す〝にぎわい〟となった。会場の模様を伝える福島幸雄アナウンサーが、時折、感極まって心なしか涙ぐんだような鼻にかかった声を発するが、〝予定原稿〟などありえようはずがない異例な事態であるものの、感動を隠せない出来事が眼前で繰り広げられていたことをたくまずして示していて、現場のリアルさが伝わってくる。(90) そして、このとき実際に演奏していた曲は、「オリンピック・マーチ」ではなく「サンブル・エ・ミューズ連隊」行進曲だった。開会式と同じく閉会式でもさまざまな曲が演奏されたが、映画では会場の喧噪音とともに「オリンピック・マーチ」だけが流れている。

このように〝アフレコ〟(場合によっては〝アテレコ〟)などの〝つくり〟がなされることで、「オリンピック・マーチ」は現実以上に大きく強い存在感を示すことになった。さらに、現在の音響装置に比べれば劣るものの、当時の家庭のテレビの音をはるかに超える映画館での迫力ある音は、劇場のスクリーンの大画面とともに、大会時の「記憶」を呼び覚まし、感動を新たにさせるうえで効果的だったにちがいない。映画のなかで「オリンピック・マーチ」が反復され増幅されることは、人々の意識に刷り込まれ、「記憶」のなかでの楽曲の位置を事後的に押し上げることに、少なからぬ影響を与えたと思われる。(91)

おわりに

一九七〇年代に入って、古関は再びオリンピックの「公式」楽曲を作曲する（表2を参照）。テレビなどメディアへの登場も増え、「作曲生活四十五周年記念」と題する一連のレコードも発売されたが、そのシリーズの一つにスポーツに関わる音楽を集めた盤もあった。「オリンピック・マーチ」も収録されていて、ジャケット解説に「〔オリンピック東京大会の開会式の：引用者注〕衛星中継によるテレビ放映で日本はもとより、全世界の若人たちを興奮の坩堝に巻きこんだ感激の行進曲[92]」と記してある。そして、七八年、バンコクで開催されたアジア大会の開会式での日本選手団入場のテーマソングとして「オリンピック・マーチ」が採用された[93]。

以上をあらためて振り返れば、「オリンピック・マーチ」は、公式映画のなかで印象的な〝つくり〟で用いられ、その後の古関裕而の作曲家としての存在感の〝復活〟のなか、東京大会の「記憶」と結び付けられながら、一九七〇年代半ばごろに日本を代表するマーチとして捉えられるようになり、その評価が現在にまで続いているといえるだろう[94]。

ところで、古関自身はこの作品をどのように捉えていたのだろうか。古関自身が言及しているものは予想外に少ないが、一九七〇年代末のＮＨＫの番組での「自身にとっての最大の傑作、あるいはいちばんの思い出の曲は何か」という問いかけに「全部が私の傑作、好きな曲であるが、そのなかの一曲といわれれば「オリンピック・マーチ」が好きな曲[95]」という旨を答えている。

雲一つない青空の下「オリンピック・マーチ」は鳴り響いた。筆者は長らくそのように「記憶」してきた。事実として誤りではないが、当日、国立競技場にいたわけではない。開会式の入場券の競争率は「八十七倍」にもなり、販売する銀行も「現金より大切に特別金庫[96]」に保管したぐらいだった。それほど入場券は稀少で高価なプラチナ・チケットであり、幼稚園児が行けるはずもなかった。開会式の模様をテレビで見たかもしれないが、わが家のテレビは白黒だった。とするならば、真っ青な空の色は、その後のさまざまな言説や映像などが幾重にも重なったうえで後付けされたイメージだった。

「記憶」には曖昧さや揺らぎがあり、事後的に付加されたり、さらには美化されたりするものである。とはいえ、それが個人のレベルにとどまるのであればとりたてて問題にするものではないだろう。しかし、ある意図をもって全体的に一つの方向付けがされる場合はどうだろうか。冒頭にもふれたように、一九六四年大会をことさらに「成功体験」として持ち上げようとする動きがある。オリンピックがナショナルなものと結び付けられることについてはこれまでにも多く論じられてきた[97]が、そもそも「記憶」が集合的なものであること[98]、またそれがナショナル・アイデンティティの強化という意図の下では「さまざまな記憶の選択と排除のうえに成立[99]」するということをふまえて、この問題を捉えていくことは重要だろう[100]。

「集合的記憶」を、意図的に構築しようとする際の手だてとしてスポーツと音楽、そして、両者を結合させて用いるケースは数多い。ここまでみてきたことからするならば、オリンピックに絡んだ楽曲の役回りを過大評価することはできないとはいえ、その影響力を認めないわけにはいかないだろう。同時に、操作する側の意図や思惑どおりにすべてが動くわけではないこともまた、歴史が示している。

「オリンピック・マーチ」が世に送り出されてから半世紀以上が過ぎた。今後、どのような「記憶」が付与され、継承され、オリンピックに、スポーツに、そして社会にどのような影響をもたらしていくのか。個人的な思いを超えて見守っていきたい。

注

（1）William K. Guegold, *100 Years of Olympic Music: Music and Musicians of the Modern Olympic Games 1896-1996*, Golden Clef Publishing, 1996.

（2）Richard Stanton, *The Forgotten Olympic Art Competitions: The story of the Olympic Art Competitions of the 20th Century*, Trafford Publishing, 2001.

（3）尾崎正峰「オリンピック、芸術競技、音楽」、一橋大学スポーツ科学研究室編「一橋大学スポーツ研究」第三十七号、一橋大学スポーツ科学研究室、二〇一八年

（4）演奏楽団名の記載は、レコード・ジャケットが「ロイヤル・ネヴィー・バンド」、レコード面が「The Royal Marines Band」だが、現在、「オランダ王立海軍軍楽隊」が一般的に用いられる。なお、この演奏は“60 jaar 'Music by the Marines',” NAVAL Records, NAV-SP-030, 2006 に収録されている。

(5) 石坂友司/松林秀樹編著『一九六四年東京オリンピックは何を生んだのか』青弓社、二〇一八年
(6) 尾崎正峰「オリンピックとSPレコード——戦前におけるスポーツ、オリンピックの「受容」に関する一視点」、一橋大学スポーツ科学研究室編「一橋大学スポーツ研究」第三十八号、一橋大学スポーツ科学研究室、二〇一九年
(7)「読売新聞」一九五六年六月二十五日付。オリンピック以外で「スポーツを題材としたレコードは、おそらくこれが第一号だろう」とされるものは、一九二三年五月、大阪で開催された第六回極東選手権競技大会に合わせてオリエントレコードが発売した「日本軍応援歌」である。倉田喜弘『日本レコード文化史』東京書籍、一九七九年、二六八―二六九ページ。「大阪朝日新聞」一九二三年五月二日付夕刊に掲載された同レコードの広告に(記載されている文字はかなり不鮮明な部分があるが、判読できるかぎりでは)、「極東オリムピック大会」の日本選手団の応援歌である旨が記され、「作歌 オリムピック大会庶務委員 高瀬養氏、作曲 第四師団軍楽隊 平野楽長、吹奏 第四師団軍楽隊吹込」とある。
(8)「東京朝日新聞」一九三二年四月十七日付、四月二十六日付
(9)「東京朝日新聞」一九三二年五月六日付
(10)「東京朝日新聞」一九三二年五月八日付
(11)「東京朝日新聞」一九三二年五月十日付
(12)「東京朝日新聞」一九三二年五月十一日付
(13)「東京朝日新聞」一九三二年五月十二日付。文部省検定を受けたこともあり、鳩山一郎文部大臣(当時)も出席すると報じられていたが、当初の日程は延期になり、実際の発表演奏会に鳩山大臣は出席していない。

(14) 大日本体育協会編『大日本体育協会編史』上、大日本体育協会、一九三六年、六七六―六七七ページ。また、坂上康博『権力装置としてのスポーツ――帝国日本の国家戦略』(〔講談社選書メチエ〕、講談社、一九九八年)も参照。
(15) 前掲『日本レコード文化史』四四一―四五三ページ
(16) こうした「美談」の軍部による利用、民衆の教育については、中内敏夫『軍国美談と教科書』(〔岩波新書〕、岩波書店、一九八八年)を参照。
(17) 江文也は、ベルリン大会(一九三六年)の「芸術競技」の「音楽部門」で〝日本人〟として、唯一、入賞(「管弦楽曲」ジャンルの選外佳作)を果たしている。前掲「オリンピック、芸術競技、音楽」を参照。
(18) 前掲「東京朝日新聞」一九三二年五月六日付
(19) 細川周平「西洋音楽の日本化・大衆化52」「ミュージック・マガジン」一九九三年七月号、ミュージック・マガジン、一二七ページ
(20) 同誌一三一ページ。こうした「公募ブーム」のなかで「賞金稼ぎ」のような「人種」もいたとされる。
(21) 有山輝雄「戦時体制と国民化」、「年報日本現代史」編集委員会編「年報・日本現代史」第七号、現代史料出版、二〇〇一年、一三ページ
(22) 「毎日新聞」一九六〇年九月五日付
(23) 尾崎正峰「小学生はオリンピックに出られるの?」、坂上康博編著『12の問いから始めるオリンピック・パラリンピック研究』所収、かもがわ出版、二〇一九年
(24) 「NHKクロニクル 番組表ヒストリー」「NHKアーカイブス」(http://www.nhk.or.jp/archives/

chronicle/)［二〇一九年二月二日アクセス］。各社競作を反映してか、高城丈二、友竹正則、東京混声合唱団、高石かつ枝・藤原良による歌唱のものが、それぞれ三回から六回の割合で交代して放送されている。
(25)『オリンピック読本――〈小学生のために〉』文部省、一九六四年
(26)『オリンピック読本――中学生のために』文部省、一九六二年
(27)『オリンピック読本――〈高等学校・青年学級向け〉』文部省、一九六三年
(28) 筆者所有のレコードの歌唱は、二期会の結成にも関わったバリトンの中山悌一。
(29) オリンピック東京大会組織委員会編『第十八回オリンピック競技大会公式報告書』上、オリンピック東京大会組織委員会、一九六六年、二九七ページ
(30) NHK交響楽団編『NHK交響楽団五十年史――一九二六―一九七七』日本放送出版協会、一九七七年、二二九、三三七ページ。なお、NHK交響楽団は、大会に合わせて開催された第六十二次IOC総会の開会セレモニー（十月六日）でもスピロ・サマラ作曲「オリンピック賛歌」などを演奏した。同書「演奏記録」、一〇九ページ
(31)「五輪協賛のN響特別演奏会」、朝日新聞社編「朝日ジャーナル」一九六四年十一月八日号、朝日新聞社
(32) 秋山邦晴「新領域開くビジョン」「読売新聞」一九六四年十一月三日付夕刊
(33) 武満が〝恩師〟とするフランスの作曲家オリヴィエ・メシアンによるこの作品の評価については、小澤征爾／武満徹『音楽』（新潮社、一九八一年）一一四ページを参照。
(34) 野口久光「家庭ジュークボックス 国歌集や行進曲 オリンピックにちなんで」「読売新聞」一九六四年九月九日付

(35)同様の指摘として、浜田幸絵『〈東京オリンピック〉の誕生――一九四〇年から二〇二〇年へ』(吉川弘文館、二〇一八年)二二九ページを参照。
(36)『東京オリンピック』日本放送協会放送世論調査所、一九六七年
(37)「インタビュー つくった甲斐があった」「サンデー毎日」一九六四年十一月一日号、毎日新聞社、三五ページ
(38)本稿脱稿(二〇一九年九月)後、古関裕而の人生と作品に関する著作がいくつも刊行された。そのなかの一冊で、「オリンピック・マーチ」に「君が代」の後半部分を取り入れた点について取り上げた刑部芳則は、一九四一年十二月九日に東京放送局(JOAK)の『ニュース歌謡』で放送され、翌四二年四月にレコードが発売された「皇軍の戦果輝く」(作詞:野村俊夫、歌唱:霧島昇)の終わり方が「オリンピック・マーチ」の終わり方と同じだと指摘している。刑部は、古関が「おそらく二二年も前に作曲し、しかもヒットしなかった「皇軍の戦果輝く」を忘れていた」と推測し、「国と国とが勝負で競い合う」「応援する国民の心が一つになる」「勝って国旗を掲揚し、国歌を歌う」などの、戦争とオリンピックとの「類似点」が重なって、「無意識のうちに」「古関の頭に浮かんだ「日本的なもの」が一致したのも自然であったかもしれない」としている。刑部芳則『古関裕而――流行作曲家と激動の昭和』(中公新書)、中央公論新社、二〇一九年、一九九―二〇〇ページ。なお、『ニュース歌謡』については、同書一〇六―一一〇ページを参照。
(39)『諏訪響七十年のあゆみ』諏訪交響楽団、一九九五年、四五ページ
(40)同書一七〇ページ
(41)黛りんたろう監修、新・3人の会『黛敏郎――古代と現代を極めた天才』(日本の音楽家を知るシリーズ)、ヤマハミュージックエンタテインメントホールディングス出版部、二〇一八年、片山杜秀

『鬼子の歌――偏愛音楽的日本近現代史』講談社、二〇一九年
(42)「読売新聞」一九六四年十月十一日付
(43)「読売新聞」一九六四年十月十日付夕刊
(44)三浦朱門/曾野綾子「TOKYOオリンピック開会式」「週刊サンケイ」一九六四年十月二十六日号、サンケイ新聞出版局
(45)「毎日新聞」一九六四年十月十一日付
(46)前掲「オリンピック、芸術競技、音楽」参照
(47)Kramer, Bernhard, Richard Barthelemy, "Gold Medalist in the First Olympic Music Competition at Stockholm 1912: Enrico Caruso's Accompanist," *Journal of Olympic History*, 11(2), 2003, p. 11.
(48)菊池清麿『評伝 古関裕而――国民音楽樹立への途』彩流社、二〇一二年
(49)斎藤秀隆『古関裕而物語――昭和音楽史上に燦然と輝く作曲家』歴史春秋出版、二〇〇〇年
(50)一般に知られているのは吹奏楽版だが、「オーケストラ版」も古関が作っている(福島市古関裕而記念館学芸員・氏家浩子氏からの情報。記して謝意を表したい)。
(51)『古関裕而――鐘よ鳴り響け』(人間の記録)、日本図書センター、一九九七年、一三ページ(初版は『鐘よ鳴り響け――古関裕而自伝』主婦の友社、一九八〇年)
(52)ニコライ・リムスキー゠コルサコフの日本人唯一の弟子・金須嘉之進の指導を受けたとする説もある。片山杜秀「東京小耳帖④ 祝!古関裕而生誕百年 クラシックとの幸せな結婚」(「東京人」二〇〇九年八月号、都市出版)を参照。
(53)最期の病床で古関の家族が「シェヘラザード」を病室で流していたという。前掲『古関裕而物語』二四三―二四四ページ

(54) リムスキー・コルサコフ『わが音楽の生涯――リムスキー・コルサコフ自伝』服部竜太郎訳、音楽之友社、一九五二年、フランシス・マース『ロシア音楽史――《カマーリンスカヤ》から《バービイ・ヤール》まで』森田稔／梅津紀雄／中田朱美訳、春秋社、二〇〇六年
(55) 国分義司／ギボンズ京子『古関裕而 1929/30――かぐや姫はどこへ行った』日本図書刊行会、二〇一四年
(56) いわき市出身の声楽家・大倉由紀枝は、戦前に海外でも活躍したオペラ歌手・三浦環に古関が献呈した「月のバルカロール」（作詞：服部竜太郎、一九三九年）を「歌謡曲というより準クラシックの曲」で「難しく、美しい」とするなど、古関の音楽性を高く評価している。「古関裕而生誕一〇〇年記念対談」「福島民友」二〇〇九年一月一日付
(57) 古関自身にとっても強い印象を残す「記憶」なのか、「露営の歌」作曲にまつわるエピソードについては、自伝の出版よりも早い時期に繰り返し記している。古関裕而「車中で作曲した〝七つボタンは…〟」「週刊読売」一九六九年八月八日号、読売新聞社、沼田幸二／東京12チャンネル編著『あゝ戦友あゝ軍歌』東京十二音楽出版、一九七一年、八九―九一ページ、古関裕而「旅はメロディーを豊富に」「労働文化」一九七七年三月号、労働文化社
(58) 細川周平「西洋音楽の日本化・大衆化53」「ミュージック・マガジン」一九九三年八月号、ミュージック・マガジン、一一八ページ
(59) 園部三郎『日本民衆歌謡史考』（朝日選書）、朝日新聞社、一九八〇年、一六一ページ
(60) 細川周平「西洋音楽の日本化・大衆化54」「ミュージック・マガジン」一九九三年九月号、ミュージック・マガジン、一一九ページ。ただし、戦況の変化とともに「最終的に国民歌謡は軍歌と何も変わらなくなってしまった」とされる。

(61) 小林淳『日本映画音楽の巨星たちI——早坂文雄 佐藤勝 武満徹 古関裕而』ワイズ出版、二〇〇一年

(62) 小林淳『伊福部昭と戦後日本映画』(叢書・20世紀の芸術と文学)、アルファベータブックス、二〇一四年

(63) 手束仁『ああ栄冠は君に輝く——知られざる「全国高校野球大会歌」誕生秘話:加賀大介物語』双葉社、二〇一五年

(64) 「おおわがパシフィック」「東映フライヤーズの歌」「大映スターズ」の三曲の楽譜の存在についても氏家氏から情報をいただいた。

(65) 藤倉修一『マイク交友録——ぶっつけ本番のアナ人生敢闘記』普通社、一九六三年、一二一ページ

(66) 古関裕而/藤山一郎「連載対談 マイクはなれて——放送音楽よもやま」「放送文化」一九六五年十一月号、日本放送出版協会、二五ページ

(67) 「写真で見るN響50年(口絵)」29、前掲『NHK交響楽団五十年史』所収。旧NHKホールでの演奏に昭和天皇も臨席したことを記している。

(68) Guegold, *op. cit.*, p. 47.

(69) 前掲『評伝 古関裕而』、二一二—二一五ページ、同書所収の「古関裕而 ディスコグラフィー」も参照。

(70) 菊池清麿『日本流行歌変遷史——歌謡曲の誕生からJ・ポップの時代へ』論創社、二〇〇八年、一五二—一六二ページ

(71) 古茂田信男/島田芳文/矢沢寛/横沢千秋編『新版 日本流行歌史 下——1960〜1994』社会思想社、一九九五年、一三ページ

(72) 同書一四ページ
(73) 前掲『日本流行歌変遷史』一八八ページ
(74) 前掲『新版 日本流行歌史 下――1960～1994』一四ページ
(75) 小村公次『徹底検証・日本の軍歌――戦争の時代と音楽』学習の友社、二〇一一年、二二五―二二六ページ
(76) 前掲『日本流行歌変遷史』一八七ページ
(77) 前掲『あゝ戦友あゝ軍歌』一二ページ
(78) 前掲「インタビュー つくった甲斐があった」三五ページ
(79) 藤山一郎が多くの知人から「オリンピック・マーチは外国の作品だと思ったら裕ちゃんの作品だった」といわれた(前掲「連載対談 マイクはなれて」二五ページ)などの〝伝聞調〟の言説は残されているが、いずれも具体的な資料に基づくものではない。
(80) 講談社編『東京オリンピック――文学者の見た世紀の祭典』講談社、一九六四年
(81)「座談会 第18回東京オリンピックに参加して」「バンドジャーナル」一九六四年十二月号、音楽之友社、一九六四年、八ページ。引用した発言は、松本秀喜航空自衛隊航空音楽隊隊長のもの。座談会の他の出席者は、警視庁音楽隊、陸上自衛隊中央音楽隊、海上自衛隊東京音楽隊、消防庁音楽隊の各隊長だった。
(82) 朝雲新聞社『東京オリンピック作戦――支援に参加した自衛隊員の手記』朝雲新聞社、一九六五年。また、放送を担ったNHKの〝総括〟でもまったくふれていない。「特集 オリンピック放送全報告」「放送文化」一九六四年十二月号、日本放送出版協会
(83) 市川崑／森遊机『市川崑の映画たち』ワイズ出版、一九九四年

(84)渡辺裕「映画《東京オリンピック》は何を「記録」したか」、サントリー文化財団・アステイオン編集委員会編「アステイオン」第八十三号、CCCメディアハウス、二〇一五年
(85)『東京オリンピック――NHK放送より』(LP)、日本コロムビア、一九六五年
(86)前掲「映画《東京オリンピック》は何を「記録」したか」二四五―二四六ページ
(87)『古関裕而 オリンピック・マーチ/スポーツショー行進曲』全音楽譜出版社、二〇一六年
(88)前掲「座談会 第18回東京オリンピックに参加して」八ページ。発言者は、片山正見海上自衛隊東京音楽隊隊長。
(89)前掲「映画《東京オリンピック》は何を「記録」したか」二四五ページ
(90)突然で予想外の状況へのアドリブを交えての対応は見事だが、福井選手への各国選手による〝肩車〟を思わず〝胴上げ〟とアナウンスしている部分もある。
(91)開会式で初めて聴く「オリンピック・マーチ」が人々の「記憶」にどの程度残るかについては、モーリス・アルヴァックスが「人びとが演奏会ではじめて作品を聴く場合には、会場から出てしまうと、ほとんど何も記憶には残らない」という指摘が示唆的である。M・アルヴァックス『集合的記憶』小関藤一郎訳、行路社、一九八九年、二一〇ページ
(92)『古関裕而 不滅のスポーツ音楽集』(LP)、日本コロムビア、一九七六年。解説は近藤積、肩書は元・NHK音楽部長/札幌オリンピック冬季大会組織委員会式典音楽担当。
(93)「読売新聞」一九七八年十一月十四日付
(94)福田滋『日本の作曲家と吹奏楽の世界』ヤマハミュージックメディア、二〇一二年
(95)NHKサービスセンター『NHK番組による国民的作曲家・古関裕而の世界』(CD)、NHKサービスセンター、二〇〇九年。同CD収録のインタビュー音声は『昭和歌謡大全集』(古関の戦前・戦

中の作曲史は一九七九年八月五日放送、戦後の作曲史は八月二十六日放送）からの抜粋。
（96）「毎日新聞」一九六四年四月二十九日付
（97）石坂友司／小澤考人編著『オリンピックが生み出す愛国心――スポーツ・ナショナリズムへの視点』かもがわ出版、二〇一五年
（98）前掲『集合的記憶』、ほかにピエール・ノラ編『記憶の場――フランス国民意識の文化＝社会史』全三巻（谷川稔監訳、岩波書店、二〇〇二―〇三年）も参照。
（99）森村敏己「記憶 歴史研究における視覚表象と集合的記憶」、森村敏己編『視覚表象と集合的記憶――歴史・現在・戦争』（一橋大学大学院社会学研究科先端課題研究叢書）所収、旬報社、二〇〇六年、二四ページ
（100）同様の指摘として、石坂友司「成功神話の内実と記録映画がもたらす集合的記憶」（前掲『一九六四年東京オリンピックは何を生んだのか』所収）を参照。

第８章　パイロット選手の記憶

來田享子

1　体操競技会場になった東京体育館

大屋根の曲線を通路の庇と正面入り口の小ぶりな曲線が飾る旧東京体育館（写真１）。このリズミカルな外観をもつ体育館は、戦後の日本で、スポーツ的な空間を待ちわびていた人々の思いを象徴する場所の一つだろう。

東京体育館がある渋谷区千駄ヶ谷一丁目は、十九世紀末以降、日本が経験した時代の流れを記憶にとどめる場所である。

「最後の貴族院議長」として知られる徳川家十七代家正氏の所有地だったこの土地を東京府が買収したのは、一九四三年のことだった。そこには、戦時中の国民の士気高揚を目的に錬成道場が作ら

写真1　旧東京体育館正面
（出典：The Organizing Committee for the Games of the XVIII Olympiad ed., *The Games of the XVIII Olympiad, Tokyo 1964: The Official Report of the Organizing Committee*, 1, 1966, p.144.）

れた。

一九四三年といえば、二月には日本軍がガダルカナル島からの撤退を開始し、四月には山本五十六連合艦隊司令長官が戦死、五月には日本軍はアッツ島で玉砕している。敗戦の足音はすぐそこまで迫り、錬成道場としての使用は長くは続かなかった。

戦後占領期の約七年間、建物は駐留軍の将校宿舎・将校倶楽部として使用された。駐留軍による接収が解除されたあとの一九五二年末、東京都は、都立の体育館の建設に着手した。木造建築物が撤去され、翌十月には本格的な工事が始まった。少なくともメインのアリーナ部分は五四年五月二十一日に完成したとみられる。(1)

一九六四年東京大会の公式報告書によれば、この体育館は「レスリング世界選手権を開催するために(2)」建てたとある。実際、完成翌日から三日間、レスリング・フリースタイル世界選手権大会が開催されたことを伝えるプログラムが残っている（図1）。だが、この時点で体育館は未完成だった。大会組織委員会会長・安井誠一郎は、プログラムの冒頭の挨拶文に「ごらんのように、この体育館は未完成のうちにみな様をお迎えして競技をしなければならないということは、大変心苦しいことであります[3]」と記している。

この時期、日本の各種競技団体は、次々と国際組織への復帰を認められ、海外遠征にも参加するようになっていた。スポーツ界では、一九四〇年の東京大会が幻となったことから、戦後の実現を望む声が強かった。オリンピック大会に復帰した五二年ごろには、日本体育協会（現在の日本スポーツ協会）では、早くも招致に向けた動きが始まっていた。

それでも、日本の人々が国内に居ながらにして国際大会を目にする機会は、ほとんど得ることができていなかった。戦後最初の世界規模の大会開催としては、一九五四年一月に札幌・円山公園特設リンクで開催された男子スピードスケート世界選手権大会が記録されている。日程的にみれば、前述のレスリング世界選手権大会は、これに次ぎ、戦後、国内で開催された最も初期の国際大会である。

図1　1954年レスリング・フリースタイル世界選手権のプログラム（中京大学スポーツミュージアム所蔵）

プログラムには、国際社会の平和に寄与するべく、再度のオリンピック招致への意志をにじませた記述が随所にみられる。先に紹介した安井は、未完成の体育館について次のように続けている。

唯、われわれは、他日アジア大会に、そしてもし東京の地にオリンピック大会の聖火を燃やし得る時が来るならば、恐らく神宮外苑のこの場所が、その聖なる地としてわれわれに選ばれるであろうとの考えが、本体育館をこの大会の競技場に選ばしめた動機の一つであつたのであります。(4)


プログラムの最後には特別に一ページを割いて、一九五六年のオリンピック大会を東京に招致したいという思いがつづられている。署名の記事ではないことから、レスリング関係者だけでなくこの大会の開催に関わった東京都、議員など、さまざまな関係者の総意として記したものだろう。

東京体育館は、日本スポーツ界の国際復帰を象徴する場所の一つでもあった。

一九五八年三月には屋内水泳場と陸上競技場が増設された。その二カ月後には、第三回アジア競技大会のバスケットボール、競泳、飛び板飛び込みの競技会場になっている。翌年には第十四回国民体育大会の体操、飛び込み、水球会場として使用された。この国体での経験を経て、東京体育館は一九六四年東京大会の体操競技会場になったのだ。

東京大会以前、近代オリンピック大会の体操競技は、屋外で実施されるか、スタジアムに併設された施設に体操場を仮設して実施されてきた。例えば、一九五六年メルボルン大会では、ウエスト・メルボルン・スタジアムの建物を使用した。大会前半にはボクシング会場になり、その競技が終了したあと、仮設の座席を撤去して、スペースが拡張された。その急ごしらえの場所で、体操競技は実施された。六〇年ローマ大会では、古代ローマ遺跡を利用して、いくつかの競技会場が設営された。体操競技会場もその一つだった。二一〇年代に造営されたカラカラ浴場跡の仮設競技場で、選手たちは技を競った。体操競技の専用施設として体育館が使用されたのは、一九六四年東京大会が最初のことだったとされる。

2　地方から一九六四年を目指して

この新しい東京体育館で一九六四年東京大会の日本代表選手として競技することを、地方から目指していた一人の青年がいた。中山彰規である。当時、体操競技では、地方の選手が東京の選手に勝つのは、よほどの力がなくては難しいといわれていた。特殊な練習場所を必要とする競技では、東京と地方の競技力の格差は大きかった。

中山は、三歳で父親をなくして母一人の手で育てられた。名古屋市でもにぎやかな商店街である大須にある中学校に通った。この中学の三年生在学中の二学期になって体操部ができた。日本選手権で優勝したあとの新聞のインタビューに答えて、中山は当時の練習環境を次のように振り返っている。

学校には体育館がないし、第一練習するのに移動式の鉄棒がないんです。それで試合前になると、近くの学校から鉄棒を借り、それをリヤカーで運んできてやったものです。苦労したが、楽しい思い出だ。(5)

中山は、高校を卒業したあとは社会に出て母を助けようと考えていた。だが地元の高校で体操競技を続けるうち、その魅力にとりつかれ、大学でも競技を続けることになる。大学での練習環境も恵まれているとはいえないものだった。

練習場は八事のキャンパスで、ほかの部活と共用で体育館を使っていた。非常に不利な状況だったね。三分の一が卓球、三分の二が体操。バスケットの練習が、だいたい週に三回か四回やってたから、時間制限があって、午後四時ごろから始まって五時半まで。五時半からはバスケットの練習に譲って。ときどき、バレーボール部でも貸してくれって感じでやってたから、本当に少ない時間を有効にやってましたよね。あとは母校の中京高校、高校のほう〔を使わせてもらって：引用者注〕ね。でもその時期、中京高校はまだ体育館なかったんだ。(6)

とはいえ、東京の大学の練習環境も、いまとはまったく異なっていた。のちに中山のパートナーになり、ともに一九六八年メキシコシティー大会の代表選手になった香取光子は、体操強豪校だった日本体育大学在学中の練習環境を次のように振り返る。

いまでこそ、すごい立派な体育館がありますけれども、私たちのときは、バスケットと体操と新体操の三つで、午後四時から八時まで、一競技一時間十五分くらい、その間体操は器具を出し入れして掃除して、実質一時間ぐらい（?）しかやれなかったんですよ。それでもずっと日体大は優勝してましたけどね。で、それ以外は屋外練習なんですよ。屋外に太陽とか雨で傷んでささくれだったトゲの刺さりそうな平均台とか、段違い平行棒とか、あるいは平均台と平行棒があったんですけど、そこでずっとやったんですよ。それやらないと一時間じゃとてもじゃないけどやれないから……朝練もしたし、昼と、夕方の一時間とあとは空いている時間と……。

で、三年のときにちっちゃい体育館だったですけども、体操専門のができたんですよ。それからは、すごかったですね。一日八時間くらいやったりとか、それでね、私メキシコの代表になれたような気がします。(7)

中山と肩を並べる体操選手は、身近には存在しなかった。ただ、中山が在学した時期の中京大学には、一九六〇年ローマ大会、一九六四年東京大会に短距離選手として出場した早瀬公忠がいて、陸上競技部は伝統的に強かった。

〔大学がある：引用者注〕八事からずーっと歩いていく途中の左側に、お好み焼き屋さんがあって、そこに陸上関係の選手とか先生がよく集まってて。盗み見してたら、キャベツだとかレタスだとかニンジンだとか野菜系をね、一生懸命マヨネーズかけて食べていた。まだ高校生だったから、やっぱり強くなるためにはああいうものを食べないといけないんだなと思って、僕もまねしてキャベツとかを一生懸命食べて。もしかしたら、そのおかげでメキシコオリンピックに出られたんじゃないかと思うくらい食べた（笑）。

代表合宿では、補欠選手も一緒にいくんだけれども、先輩が風呂に入っているとタオルに石鹸付けて「先輩！背中流します！」って。背中流しながら、「今日の練習はよかったですね」と、そんな感じでいろいろ聞きにいってね、そうするといろいろ教えてくれるんで。[8]

そんな東海地方の中山による国内大会制覇は、新聞紙上で「常識破り」と評された。

何かの折に中京大学の教員たちと雑談していたときの中山の話が、筆者の記憶に残っている。それは、当時のスポーツ科学について振り返るものだった。「ドーピングのことも、当時いろいろ〔科学的に〕言われるようになってさ。冗談のようだけどさ、コーヒーにはカフェインがあるからって言って、何杯飲んだら、検査にひっかかっちゃうのか真剣に量を考えて、それでも効果あるかもって、飲んだものだったよ」

そう笑ったあとで急に真顔になり、こうつぶやいた。「いまの選手たちは、恵まれすぎてて、勝ちたいっていうんだけど、どこか心の底からのハングリー精神っていうか、人間的な成長に手が届くような、がんばりっていうか、そういうのが見えにくいときがあるんだよな。恵まれていることに気づかないっていうかさ……」

3　パイロット選手の記憶――競技の舞台裏で

中山彰規と香取光子の二人の名は一九六四年東京大会の代表選手名簿には含まれていない。代表を決定する予選の成績は二人とも九位。正選手六人、補欠一人、計七人で構成される代表入りを逃した。

一九六四年東京大会の体操競技は、日本選手が最も活躍した競技の一つだった。遠藤幸雄選手が日本人として初めて総合優勝し、団体総合では二連覇を果たした。戦後一九五二年ヘルシンキ大会から日本が再び参加できるようになって以来、四大会連続で出場し、チームを支えた小野喬選手もいた。女子では「オリンピックの名花」と称されたベラ・チャスラフスカ選手が人気を博した。だが、人々の一九六四年東京大会の記憶には二人の姿はない。

東京大会の招致が決まったとき、中山は、日本体操協会の空気が一変したことを覚えている。東京大会一本に目標を絞り、いつもより多くの合宿がおこなわれた。海外の選手の技に関する情報を集めて、研究部報として選手たちに配信された。選手たちは熱心にそれを読み、それぞれが技の研究に励んだ。

中山は、ともかく正選手六人のなかに入ることが何よりも優先だと考えていた。香取は、一週間合宿をしては三日間休むというスケジュールを正月休みもなく繰り返したことを覚えている。合宿のほとんどは東京で開催されたため、香取は大学の四限の講義には出られず、キャンパスから合宿所に通った。

選手たちの盛り上がりもこれまでとは違っていた。一九六〇年ローマ大会で団体総合優勝を果たしていた男子は、東京でも優勝することが協会の至上命題になるなか、合宿を繰り返し、自らを追い込んでいった。

そうした空気を肌で感じながら、中山は選考会で六位に入ることができなかった。予選での緊張、演技の失敗は、五十年以上過ぎたいまでも鮮明に記憶している。

やっぱりものすごく緊張して、もう……なんだろう……頑張って〔代表に：引用者注〕入ってやろうって気持ちのほうが強くなりすぎると、体が強張っちゃって、いい成果が出なかったね。特に自分のいちばん不得意なのは、あん馬の種目だったんだけれども、あん馬で左手をついた瞬間にツルッと滑って、下にボーンと落下して。もう、落下したら一点減点だから。もしあれがなかったら入ってるんじゃないかなって、いまでも思うことはあるんだけども、「あれがなかったら」っていうことはね、勝負の世界では、ありえないから。
〔その年の学生選手権では優勝していたので：引用者注〕いけるんじゃないかなあという希望はもってたんだけど。やっぱり緊張しすぎてしまうと、体が強張って、普段あんな失敗はしないんだけども、左手をついた瞬間に、ヤバッって思ったらもう滑って背中から落ちたから。演技が終わった瞬間、六位以内に入れないかな、もう絶対、次のオリンピックは目指そうと思ってたね。もう、そこで切り替えた。(9)

補欠ながら、二人は代表選手団の合宿にも参加した。強い選手はどういう練習をしているのか、どういうプロテクターを使い、何を着ているのか……ありとあらゆることを観察した。そのときすでに次のオリンピックのことを考えていた中山は、恩師の「吸い取り紙のようになれ」という言葉を実行していた。

体操競技の日程が近づき、中山と香取は、競技経験がある選手だからこそできる役割を担い、大会の運営を支えることになった。「テストパイロット」に起用されたのだ。

体操競技では、審判員による公正・公平な採点が欠かせない。そのため、各種目の公式競技が実施される前に、審判員たちは自分たちの採点や減点の具合を見極めて標準化する機会をもつ必要があった。

テストパイロットはルールブックには記されていない。大会によっては、テストパイロットが起用されない場合もある。現在のように動画を保存・再生する技術がなかった時代、テストパイロットを起用し、審判団が実際に採点をしてみて合議するかどうかは審判長が判断した。実際、一九六四年東京大会では、テストパイロットが起用されたが、六八年メキシコシティー大会ではこの役割を担った選手はいなかったという。

競技を目前に控えた東京大会の会場には、独特の壮麗さや緊張感が漂っていただろう。観客がまったく存在しない会場。起用された数人の選手は、その会場で本番さながらに演技をした。

審判団の前で演技をするテストパイロットに選ばれたとき、中山の心の中には「東京大会はあきらめる。そのかわりテストパイロットとしての経験を生かして、四年後のメキシコシティー大会では、絶対、選手になって、金メダルを取ってやるぞ」という思いが湧き上がっていた。

香取もまた、悔しさや複雑な思いは抱かなかった。ただ純粋に、その役割をがんばろうと感じていた。だからこそ、香取は現在でも「東京大会には出られたといえば、出られた」と表現する。

オリンピックでの競技進行中は、濡れ雑巾を持って走ったり、紙で炭酸マグネシウムを拭き取るなどの雑用をこなし、フロアから競技の雰囲気を肌で感じていた。

満席になった観客席を見て、次を目指す中山の思いはさらに強くなった。「自分が選手だったら、この多くの観客を前に、思い切った演技ができるだろうなあ」

香取は、テストパイロットとしての役割だけでなく、ニュージーランド選手たちのチームリーダーを依頼された。東京大会の前年、ニュージーランドでの約四十日の遠征を経験して選手や関係者とのつながりができていた。依頼は、ニュージーランドの選手たちが到着して東京での練習が始まったころの試合直前に受けた。チームリーダーは、代表チームにつき一人しか付けることができなかった。男性の指導者とスタッフしかいなかったニュージーランド女子チームは、前年にともに汗を流した香取を指名した。

チームリーダーは、選手が競技する際のあらゆる手助けをする役割を担う。段違い平行棒の演技開始時には、選手のためにロイター板を適切な場所に置き、選手が演技を始めたら外して安全な位置に移動させる。演技の前には、バーを拭く……。細かい仕事だが、演技に使用する器具に触れることから、チームリーダーには絶対的な信頼が必要になる。演技に入る選手とのあうんの呼吸も必要だ。日本の体操協会を通しての依頼に、責任の重さを感じながら引き受けた。

4　言葉を通じて蘇る体操競技の風景

東京体育館の体操競技会場の風景に戻ろう。

体操競技は、オリンピックに復帰した一九五二年ヘルシンキ大会で競泳、レスリングとともにメダルを獲得し、日本を湧かせた人気競技だった。男子団体総合は、一九五六年メルボルン大会では銀、一九六〇年ローマ大会では金メダルを獲得し、強豪ソビエト連邦（当時）との上位争いが世界中の注目を集めていた。

とりわけ、ヘルシンキ大会から四大会連続での出場になる小野喬選手は、前回一九六〇年ローマ大会の個人総合では、わずか〇・〇五点という僅差で優勝をのがし、東京体育館では日本選手団の主将として競技に臨むことになっていた。

十月十八日から二十三日までの六日間、男子は団体総合・個人総合・種目別六種目が、女子は団

図2　1964年東京大会の音声を記録したレコード（コロムビア・レコード）（中京大学スポーツミュージアム所蔵）

体総合・個人総合・種目別四種目が実施された。

五輪の五色に彩られたジャケットのLPレコード（図2）には、開会式から閉会式までの実況放送ハイライトが記録されている。大会第十一日、十月二十日のつり輪で一位の結果を残した早田卓次選手と跳馬の山下治広選手の演技、団体と個人で総合優勝を決めた遠藤選手のインタビューから、競技場の風景をたどってみよう。

〔アナウンサーの声〕

東京オリンピック第十一日を迎えた今日は、東京体育館で体操競技男子自由問題が……ローマ大会に続き男子総合の団体優勝が決まり、個人総合でも遠藤幸雄選手の初優勝が決まったほか、鶴見選手はソビエトのシャハリン選手と銀メダルを分け合うという素晴らしい成績を上げました。

……〔会場実況に切り替え〕

さて、これから早田選手が自由問題のつり輪に入るところであります。一メートル六十センチ、逆懸垂の形に入りました。からだをピンと跳ねまして、そのまま脚前挙に入ります、そしてそのままからだを水平にもって参りました、伸腕水平であります、わずかに水平分がちょっと、平らではございませんでした。そして、翻転倒立、後転倒立に入りました、力ありますね。ピシッと決めました、もういっぺん、車輪、大きな車輪です。これは当然、Ｃの技ですね、そのままからだをゆっくりと降ろして参りまして、十字懸垂です。この十字懸垂もきれいに決まっております。早田はつり輪を得意としております。脚前挙、ピシーっと脚が前に出ました。からだと直角であります。早田選手のつり輪が続いております。さぁ、からだをグーンと押し上げました、プレス倒立。わずかにからだが動きました。〇・一ぐらいの減点になりますか、そのままからだをゆっくりと降ろして参りました。そして、背面水平まで降ろしました〔拍手〕、さあ、フィニッシュはどうか。一回捻り、どうかっ。決まった！〔拍手〕……さあ、得点が出ます、拍手が起こっております、かなりいい点が出た模様です、ゆっくりと得点がこちら側に回ります、九・七、九・七、九・八、九・八。したがって、九・七五……

〔アナウンサーの声に切り替え〕

早田選手、一回捻り降りの見事な技を見せて、九・七五の最高点を出し、個人総合優勝を狙う遠藤選手も九・七〇をマーク。結局、日本はつり輪で合計四八・一五をあげました。次の種目、日本は跳馬、ソビエトはつり輪ですが、日本人はここでも好調で、ヤマシタ跳びで有名な山下選手は、一回め、これ以上の技はありえないという見事な演技、一〇点を出す審判もいて、最高得点の九・八〇をマークしました。続く二回めの跳馬、極限の運動と呼ばれるウルトラCが出るか、大観衆が固唾をのんで見守ります。……

〔会場実況に切り替え〕

ぐーんとスピードを増して参りました、さぁ、ロイター板を蹴った、新ヤマシタ跳び！〔歓声〕着地は、一歩前に出た、しかしやった、ウルトラC〔拍手〕、着地はわずかに一歩前に出ましたが、これ以上の技はないという、ウルトラCを見せました……（略）

〔アナウンサーの声〕

演技を終わって遠藤選手は、

〔会場実況に切り替え、遠藤選手の声〕

個人プレーとはいえ、やっぱり、団体で勝たなければ、えー、日本の名は上がりませんので、とにかく団体で勝ったことが非常にうれしいです。特に、小野さんがですね、肩を故障しまして、ほとんど、痙攣、あるいは自分の感覚なしで、鉄棒、跳馬、あのー意気込みですね、私、本当に涙を流しました。えーそれから、個人優勝ですけれども、小野さんは過去、メルボルンとローマで〇・〇五という非常にわずかの差で負けました。えー、その内容といえば、今日、あのようなポイントで非常に問題になりましたけれども、ソ連のほうでも、いままで日本が非常に苦しんだことを直に今日は感じたと思うんです。まあ、それにも増して、私、いま、九・一、もらいすぎたかもしれませんけども、まだ、〇・五五の差があって、それで、少しは救われた気持ちです。それが〇・〇五くらいの差であれば、悪いような、精神的に非常に苦しいものがありますけれども、まだ〇・五五という差があるだけに、非常に安心しています。……[10]

アナウンサーの言葉は、瞬間瞬間に移り変わっていく選手の技と点数につながるような動きの精度を小気味よいリズムで再現していく。現在のテレビ中継では、同じ体操競技でも、選手の技をそのまま言葉にするような実況はほとんどみられない。

競技の風景が観客たちの手で動画としてネットで拡散される時代でもなかった。ＩＯＣ（国際オリンピック委員会）公式サイトの大会ページでは、二〇一二年ロンドン大会の場合、全競技五百本の動画を閲覧することができる。しかし一九六四年東京大会の場合、体操競技、陸上競技、ホッケー、柔道の動画が、カラー四本、白黒一本のわずか五本だけである。

そういう時代だから、競技の記憶は、一シーンを切り取った写真の集積のほかには、ラジオやテレビの音声、新聞や図書など、言葉が頼りだ。ＬＰレコードに記録されたアナウンサーの言葉に聞き入ると、色彩豊かにスポーツの風景が頭のなかに広がり、会場の雰囲気が伝わってくる。スポーツのアナウンサーは、試合のなかのアスリートの一人なのだとさえ思えてくる。その言葉の世界は、最近のテレビのスポーツ中継で耳にするアナウンサーたちのそれとは、異質といっていい。

文学者が残した言葉もある。三島由紀夫は体操競技を次のように表現した。

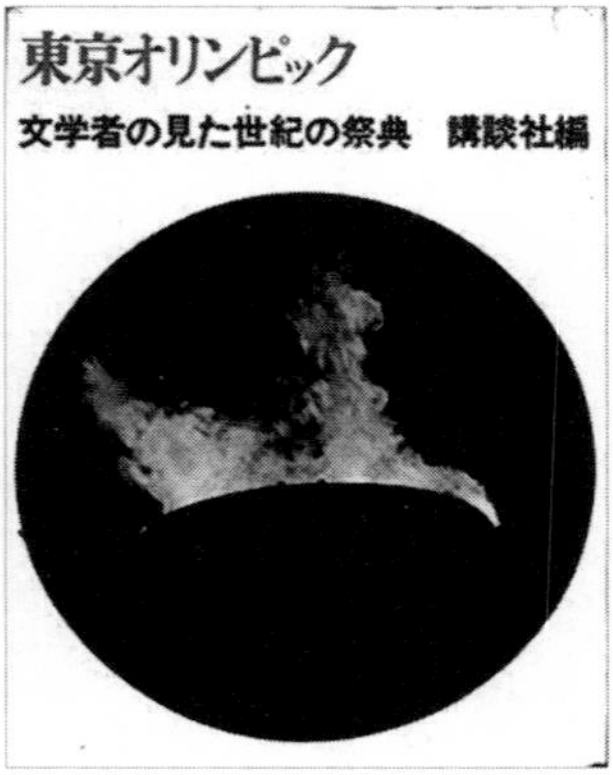

図3　講談社編『東京オリンピック――文学者の見た世紀の祭典』講談社、1964年

体操というものに、私は格別の興味を持っている。それは美と力の接点であり、芸術とスポーツのように、芸術の岸から見て完全に対岸にあるものではない。（略）

あんなに直線的に、鮮やかに、空間を裁断してゆく人間の肉体。全身のどの隅々まででも、バランスと秩序を与えつづけ、どの瞬間にもそれを崩さずに、思い切った放埒を演ずる肉体。…全く体操の美技を見ると、人間はたしかに昔、神だったのだろうという気がする。というのは、選手が跳んだり、宙返りしたりした空間は、全く彼の支配下にあるように見え、選演技を終わって静止したあとも、彼が全身で切り抜いてきた白い空間は、またピリピリと揮えて、彼に属しているように見えるからだ。[11]

開会式から閉会式までの雑感を日本の名だたる作家たちが寄せた一冊の図書『東京オリンピック』（図3）に収められた文章である。

5　テストパイロットから正選手へ——一九六八年メキシコ大会と一九七二年ミュンヘン大会の記憶

テストパイロットとして一九六四年東京大会を舞台裏から支えた二人は、四年後、メキシコ大会の体操競技会場に日本代表選手として立っていた。

周知のとおり、中山彰規といえば一九六八年メキシコ大会と一九七二年ミュンヘン大会では代表入りして十個のメダルを獲得、二〇〇五年には国際体操殿堂入りを果たした選手である。[12]香取光子もまた、一九六八年全日本選手権で個人総合優勝と平均台優勝の成績を残し、女子の第一人者としてメキシコ大会では代表入りして団体総合四位の成績を残した。

正選手として出場した大会の記憶を尋ねた。

二人が声をそろえて語ったのは、世界選手権とはまったく違うプレッシャーのことだった。その理由は、大会に対する人々の注目度の違い、大会規模の大きさにあったのではないか、と振り返る。

中山　世界中のいろんな選手がくる、ものすごい規模だから、開会式の前後も、お土産物買うときも、とにかく迷子にならないように精いっぱいだった。開会式はやっぱり感動した。

香取　海外の選手はカメラを持ってきて撮影してもいいのに、日本代表選手団はだめだった。選手村にも世界中のいろんな競技の選手がいるから、ああ、歩いてるなあという感じはあるけど、もう、自分の競技に集中して、失敗しないことで必死だった。プログラムの後半だったかもしれないけど。

とにかく自分の競技だけやって帰ってきた感じ。

いまの選手たちはどうなんだろう、もう少し、ゆとりあるかなあ。

中山　うん、もう少しあるんじゃないかなあ。団体競技と個人競技でも違うかもしれない。ほかのことはあんまり覚えていないけど、開会式・閉会式は、やっぱり出たほうがいいと思う。(13)

中山は、オリンピックで獲得した十個のメダルのうち、いくつかを手放した。メダルという実物への執着のなさは、一般の理解を超えているといってもいいくらいだった。確かに中山は、メダルを取るため、仲間と切磋琢磨し、厳しい練習を重ねた。だが、オリンピックに出場したことも、メダルを取ったことも「一生懸命に努力したことの結果。自分だけの力では、手が届かない。学校、家族、医者、友達……。そういう人たちがいなかったら、できなかった(14)」。

メダルの記憶というよりも、団体で優勝したことの感激のほうが鮮明だ。

中山　金が取れなかったら、もう帰れない、というくらいの気持ちで行った。お酒の飲み方、体重、自分の体について、最大限の注意を払っていた。個人種目については、運よく取れたな、という感じ。

緊張しすぎるとミスが出る。普段はあんなところで失敗しないのに、というところで失敗しちゃう。ほかの選手がそれを見ていると、自分もそうなるんじゃないかなと不安になる。だから、ほかの選手の演技は見ないようにしていた。観客がざわめくから、その様子でなんとなくわかる。点数を見ると、どんな失敗かもなんとなくわかる。わかるけど、ともかく自分の世界に入る。役目が終わったら、すぐに次の人にバトンを渡す。

ミュンヘンのときは主将だった。あん馬でトップの岡村選手が失敗し、塚原選手も失敗してしまった。主将だったから、これをなんとかして食い止めなければならない、と思った。三番目が自分だった。このときの失敗の連鎖を止めた演技を団長がすごく褒めてくれて、それはとてもうれしい記憶として残っている。

香取　女子の場合は、平均台、男子の場合はあん馬、この二つの種目が失敗しやすい。団体ではその種目で失敗すると、あ、まずいなあという空気になる。だから、緊張して失敗する選手はいるので、特に、チーム全体で連鎖しないように気をつける。(15)

オリンピックへの思いは、同じ大会に出場していても、それぞれに違っている。

「自分にとって人生の目標だった。そして、選手としての感謝の気持ちを支えてくれた人に伝えるための場所だった」と中山は言う。香取からは、もう少しクールな言葉が返ってきた。「出られるかも、という成績になってから、出たいと思うようになった。いまになってみると、オリンピックに出るというのは、大変なことだったんだなあと思う。ましてや金メダルを取るというのは、本当に大変なことなんだと思う。そのときは、そんなことは考えていなかった」

だが、二人は、人生のなかでのオリンピックの意味、オリンピックで勝つことの意味については、共通する感覚をもっている。声をそろえて、次のように表現した。

中山　オリンピックに出たことで、一生懸命にやった人だけにわかる世界、一生懸命にやった人にだけわかる困難さがわかるようになったかな。それは、生涯、自分を支えてくれた。

オリンピックで勝つ人っていうのは、普段やっていることを普段どおりにできる人、かな。でも、その「普段どおり」が難しい。

香取　たぶん、競技でなくても、なんでもそうなんだと思う。段取り。段取りって、難しい。(16)

注

（1）東京都スポーツ文化事業団ウェブサイト内の東京体育館のページでは、完成が一九五六年（昭和三十一年）八月とされている。「歴史・沿革」「東京都スポーツ文化事業団」（https://www.tef.or.jp/tmg/convention.jsp）［二〇二一年十一月十三日アクセス］

（2）The Organizing Committee for the Games of the XVIII Olympiad ed., *The Games of the XVIII Olympiad, Tokyo 1964: The Official Report of the Organizing Committee*, 1, 1966, p.120.

（3）一九五四年レスリングフリースタイル世界選手権大会組織委員会「大会プログラム（一九五四年五月二十二日—二十三日、於 東京体育館）」一九五四年、一ページ、安井誠一郎「歓迎のあいさつ」

"1954 FREE STYLE WRESTLING WORLD CHAMPIONSHIPS Tokyo Japan 22nd 25th May"、一九五四年、一ページ

（4）同プログラム

（5）「朝日新聞」一九六九年四月八日付朝刊

（6）二〇一七年九月二十二日、中京大学豊田キャンパスでのインタビュー記録（中京大学スポーツミュージアム所蔵）

（7）同インタビュー

（8）同インタビュー

（9）同インタビュー

（10）『オリンピック実況ハイライト』（LP五枚組み）、COLUMBIA OLYMPIC RECORDS、一九六五年

（11）三島由紀夫「「美と力」の接点・体操」、講談社編『東京オリンピック——文学者の見た世紀の祭典』所収、講談社、一九六四年、一〇五—一〇六ページ

（12）中山彰規は、一九六八年メキシコ大会では、鉄棒、平行棒、つり輪、団体総合での金、床運動での銀、個人総合での銅と六個のメダルを得た。一九七二年ミュンヘン大会では、つり輪、団体総合で金、床運動で銀、個人総合で銅の四個のメダルを得た。

（13）前掲、インタビュー（二〇一七年九月二十二日）

（14）同インタビュー

（15）同インタビュー

（16）同インタビュー

コラム　手のひらに届いたオリンピック

來田享子

一九六四年、市民の手のひらに届いたオリンピックがあった。

鉛筆や下敷きのような、子どもたちが毎日使う文具、日用品を買うとついてくる販売促進品、家族や友人がともに楽しんだ玩具……。いびつな形の五輪マークもどき、大会をイメージさせ、開催を待ちわびる言葉が印刷された数々の品は、これまでほとんどスポーツ資料だとは見なされてこなかった。だが、そうした小さな、手のひらに届いた品々もまた、一九六四年東京大会の記憶を呼び起こす。

「オリンピック協賛セール　五輪鉛筆」と記された鉛筆一ダースの箱には、横に長く伸びた五輪マークも描かれている。ライオン歯磨（現・ライオン）が作成した。この会社の歯磨口腔衛生部は、旧国立競技場がまだ明治神宮外苑競技場だった戦前から、毎年六月四日のムシ歯予防デーのころに歯磨き大会を主催していた。鉛筆は、参加記念として配られたのかもしれない。

一九六五年第二十二回「学童歯磨訓練大会」は国立競技場で開催され、「オリンピックを彷彿させるような演出[1]」としてグランド一周の聖火リレーと点火式もおこなわれたという。七万五千人の参加者が六四年の記憶を共有する場になった。

海外客にも喜ばれそうな千代紙柄の鉛筆の帯封に「オリムピック記念鉛筆」という文字と五輪マ

ークに日の丸を重ねた絵柄を印刷した鉛筆もある。裏面には、社名だろうか、「K・O・P」の文字が刷られている。いまでは、どんな経緯で誰が作り、誰の手のひらに届いたのか、たどることは難しい。

「置き薬」の会社が作った「おまけ」の紙風船もある。「置き薬」は「売薬さん」と呼ばれた営業担当者が定期的に家庭を訪問し、使った分だけ薬を補充してくれる画期的な商法だ。江戸時代から続いたこの仕組みは、ちゃぶ台の横に置かれた薬箱として、戦前・戦後の家庭の風景になじんでいた。その風景に、オリンピックが溶け込んでいった様子を紙風船が伝える。

慎重に薄紙を開くと、六つの面の一つには、ランニングシャツ姿の聖火ランナー。東京大会のシンプルが特徴のトーチを片手に走っている。よく見るとランナーの足元は、シューズではなく足袋のように描かれている。一九一二年ストックホルム大会に初めて日本人選手として参加した金栗四三のランニング足袋の歴史を忍び込ませたのでは、と思わせる。その思いを裏付けるかのように、隣の面には世界の国旗を背に競技場をゴールへと向かうマラソンランナーを描いている。こちらの選手はシューズをはいている。

次の三面には、この大会で初めて正式競技になったお家芸の柔道、活躍が期待された体操競技の吊り輪、バタフライの競泳選手がそれぞれ描かれている。東京大会とバタフライといえば、公式第三号ポスターが思い起こされる。

残る一面には、平岡照章が作曲を、勝承夫が作詞を手がけた「オリンピック東京」の歌詞が書いてある。平岡も勝も童謡の作曲や作詞を手がけたことで知られる。歌詞からは、聖火リレーを控え、世界がつながることへの高揚感が伝わってくる。レコードは発売されなかったのか、音源はいまのところ見つけることができない。紙風船を手にした子どもたちは、どうやってこの曲を歌ったのか……。

大会と盤上ゲームを結び付けた玩具は、一九四〇年の幻の東京大会のころからみられる。例えば一九四〇年東京大会記念フラッグオリンピックゲームは、国旗を描いた木製パズルを並べ替える、四種類の遊び方ができるようになっていた。パズルの一つには満州国の国旗とイタリア国旗は王政期の国旗（ただし、正式なものとは少し異なる）が描かれ、当時の社会を思い起こさせる。遊び方の説明を読むと、木製パズルに描かれた他国の国旗には十点、日の丸にだけは五十点が割り当てられ、「二、三歳の幼児から小学生の最も良き遊び友だちとなり一つの愛国的競技ですから自国に勝たせたい人情が、知らず知らずのうちに大きな愛国精神涵養の礎となり、いわゆるインチキは絶対に出来ず、大人でも結構興味の持てるものですから、一石二鳥の効果を得られ」ることが特徴だと記してある。「一石二鳥」は子どもだけでなく、大人も遊べることを訴えかける言葉なのか。あるいは「愛国精神とフェア」の両立を意味しているのか。説明文には戦時期独特の空気が漂う。

戦後になって一九六四年大会のころに販売された玩具の一つ「近代オリンピック遊戯 五輪と聖火」は、いわゆる双六で、二種類の楽しみ方ができるようになっていた。一つは、大会で複数の競技が同時進行していく、プログラムを模した双六になっている。一人のプレイヤーには、二つのカテゴリーに分けた複数の競技のコマが割り当てられる。三個のサイコロを同時に転がし、自分の選んだ競技三種類のコマを、出た目の数だけ進めていく。これを二つのカテゴリーで繰り返し、国別順位を争う、という遊びになっている。オリンピックはさまざまな競技で競われること、大会にはどんな競技があるのかを理解できる仕組みになっている。もう一つの遊び方は、聖火リレーを模して点火台までコマを進めるというものだ。

オリンピック大会の国内開催は、室内遊戯に姿を変えて、子どもや大人を夢中にさせた。家族や友人同士が、来たる、あるいは過ぎ去った大会のことを話しながら楽しんだのだろう。一方で、戦時期も戦後も、玩具はオリンピックと国別順位を競うゲームを一体化させ、オリンピック大会への誤解を定着させるものでもあった。本来のオリンピック大会は国別対抗戦ではないとされ、現在でもＩＯＣ（国際オリンピック委員会）や大会組織委員会は国別にメダル数を数えることは認めていない。[2]

地球儀をかたどった貯金箱。その台座には白・青・赤・黄・緑の五色の輪が連なる絵柄とさまざまな国旗が描かれている。五輪マークをイメージさせるが、よく見ると、輪の一つは黒ではなく白である。「世界を結ぶスポーツ 東京大会」の文字は、戦後の国際社会への本格的な復帰に向け、市民が世界の広さとその一員であることを身近に感じる小道具になったかもしれない。五輪マークの使用に対する規制の「ゆるさ」を記録にとどめる逸品ともいえる。

ＩＯＣが「オリンピック」という言葉の占有権を主張した歴史は古い。一九二〇年代、オリンピック大会に女性の陸上競技種目が採用されないことに対して異議を唱えた、女性スポーツの国際統括組織があった。国際女子スポーツ連盟（ＦＳＦＩ）である。この連盟は当時、女性には過激すぎるといわれていたスポーツが女性たちにもできることを示すために国際大会を開催した。一九二二年の第一回大会は「女子オリンピック」と名づけられた。だが、二六年の第二回大会の名称は「国際女子競技大会」に変更された。この前年にIOCが「オリンピック」の名称の占有権を主張し、使用をやめるよう通知する文書をFSFIに送ったためである。オリンピック大会正式種目として女子陸上競技を採用する交渉を進めるなかで、FSFIは大会の名称を変えるという譲歩をした。IOCはこれと同様の通知を国際学生連盟にも送っている。それでも、オリンピック、オリムピックなどの語は、日本でも地方の大会の名称や釣り具メーカーの社名など、さまざまな場面で使い続けられた。

IOCが知的財産や商標の規制を厳しくしたのは一九八〇年代後半からのことだ。つまりは、一九八四年ロサンゼルス大会以降、オリンピックが商業主義化するなかで厳しくなっていった規制、ということになる。二〇二〇年東京大会の開催にあたり、国内でも公式スポンサー以外の企業がオリンピックをイメージさせる広告を「アンブッシュマーケティング」と呼び、禁止されることが知られるようになった。大会開催都市が決定すると、その都市がある国では関連する法律が制定されてきた。

一九六四年東京大会のころ、五輪マークや「オリンピック」という言葉に対する厳しいマーケティング規制はなかった。手のひらに届いた小物たちは、東京大会にふれた人々の生活と、規制なく世界に普及したかった時代のオリンピック史の交差点でもある。

注

（1）「「歯みがき大会」の変遷」ライオン（https://www.lion.co.jp/ja/life-love/history/museum/04/02.php）［二〇二一年十一月二十九日アクセス］

（2）二〇二一年八月八日付でIOCはメダルランキングに関するオリンピック憲章の規則を改正した。この改正では、「競技結果の表示は、情報提供を目的として、IOCによって、もしくはIOCの承認を得て組織委員会によって作成することができる」と定められた。その一方で「大会は個人またはチームでの選手間の競技であり、国家間の競争ではない」という内容の規則文も残されている。

終章　対談：一九六四年大会と二〇二〇年大会を双方向で捉え直す

坂上康博／來田享子

1　二〇二〇年大会と一九六四年大会を往還する

坂上康博　一九六四年の東京オリンピックの開会式は、抜けるような青空の下で開催されました。私の近所にも、「その日の青空をとてもよく覚えてます」という方がいます。印象深い記憶なのですね。それがもう一度見られると期待してた方も多かったのではないでしょうか。

ところが、二〇二〇年大会の開会式は夜。さらに前回は秋、十月十日開幕でしたが、今回は七月二十三日、真夏の熱中症警報が出ている最中です。競技時間も、なぜこんな時間にというものがいくつかありましたね。選手のことを第一に考えているとはとても思えない。それらはコロナ禍とはまったく関係ないもので、この五十七年間でオリンピックそのものが商業主義によっていかに大きく変化したのかを如実に示すものでした。

オリンピックに関する商標や知的財産の取り締まりも、常軌を逸していましたね。來田さんのコラム「手のひらに届いたオリンピック」が描いているように、一九六四年当時は規制が緩やかだったので、五輪マークがついたお菓子や文房具などもたくさん出回った。ところが今回は、五輪マークだけなくオリンピックという言葉さえ徹底的に規制され、公式スポンサー以外はまともに使用できない。神奈川県藤沢市での聖火リレーでは、伴走する中学生にアシックス社製のウエアの着用が義務づけられ、同社以外のロゴやブランドはテープで隠すようにという指示まで出されました。

來田享子　二〇二〇年大会では、オリンピック・パラリンピック学校連携観戦プログラムの学校関係者への説明会で、子どもたちが飲料を持ち込む場合には、スポンサーであるコカ・コーラ社以外の企業の製品はラベルをはがすように、と注意喚起があったことが話題になりました。あれも同じですね。多くの市民が自由に参加してこそのムーブメントのはずなのに、市民の手のひらにオリンピックは届かなくなっています。スポンサーのイメージ・ダウンになりかねないような、スポンサーへの過剰な配慮がみられました。

ピエール・ド・クーベルタンがいう、国という枠を超えて誰もにスポーツを通じた教育を提供し、世界をよりよくする力にしようというような発想のムーブメントが次第に変質していって、単なるイベント化していることを完全に可視化したのが、二〇二〇年大会だったといえそうです。

坂上　オリンピックは平和運動という崇高な理念を掲げていて、だからこそ百年以上にわたって世界中の人々から支持と尊敬を集めてきた。本来公共性が高いものですよね。

來田　公共性という言葉には、社会全体の利益の実現とある特定の集団による支配という二面性があるという指摘もありますが、まさにその二面性が巧みに使い分けられています。

坂上　二〇二〇年大会も開催経費の六〇%以上が税金で賄われている。税金が使われる根拠は公共性があるからで、当然説明責任が問われます。二〇二〇年大会の場合は、開催の是非をめぐって国論が二分したわけだから、なおさら税の適切な使い方としてより慎重で説得性がある説明が必要です。しかし、いったい何にどれだけ使ったのかその全貌さえ明らかにされていない。

一九六四年大会では「開催経費一兆円！」が当時批判の的になりましたが、それは新幹線や地下鉄、高速道路建設などの間接経費を含んだものです（本書八六ページの表1を参照）。つまり当時の組織委員会や政府、東京都は、開催関連経費の全貌を包み隠さず公開しているんです。ところが、二〇二〇年大会はどうかというと、間接経費を開催経費から除いて算定し、全体の支出額を小さく見せるということをやってきた。開催経費は、当初予算の七千三百四十億円から膨れ上がって一兆六千四百四十億円（二〇二〇年十二月組織委員会発表）というオリンピック大会史上最高額になりましたが、ここには間接経費がいっさい含まれていません。

この問題は、会計検査院が二度にわたって指摘していますが、その試算によると実は高速道路の整備費をはじめ計三百四十の事業が関連していて、国の負担は一兆六百億円にのぼります[1]。しかし、政府はこの会計検査院の指摘を無視し、二千六百六十九億円分しか公表しなかった。とても法治国家とは思えないまさに政府の暴走ですね。財政の透明性という点でも、一九六四年大会と比べて大幅に後退していますね。

來田　より身近な視点では、チケットの高額化があると思います。「みんなのオリンピック・パラリンピック」というのであれば、本来はチケットを安くして、誰もが観戦できるようにすべきです。競技によっては予選で五千円前後でしたが、祝祭の象徴である開会式なら安くても一万円ちょっと、最高額だと三十万円でした。(2) 家族で観戦しようとすると相当な負担になります。経済的にたどり着かない人たちは、ボランティアしてください、そうすれば無料で大会が観られるかもしれないし、選手との出会いもあるかもしれない、と。イベントを作っていく高揚感も味わえるかもしれない。だけど、その人たちの労力を公共性の一方に置いて、もう一方の側に経済的に豊かな人たちの姿がある。そもそも分断した構造になってしまっています。

スポーツイベントとしてのオリンピック大会を成り立たせ、継続することを重視するあまり、IOC（国際オリンピック委員会）自体がこの矛盾から目をそらし、クーベルタンの時代から引き継がれてきた理念の形骸化を先導しているかのようにもみえます。

坂上　根本理念についても、平和貢献という根幹部分が薄らいできているのではないでしょうか。二〇二〇年大会のコンセプトは「多様性と調和」で、それ自体はすごく大切なものなのですが、その一方で平和運動としての自覚が後退しているように感じます。

一九六四年大会はどうだったのかというと、一九五二年に東京都知事の安井誠一郎がオリンピックの招致を表明したとき、その大義として掲げたのは、第一に「平和回復と国際舞台に復帰した日本の本当の姿、真に平和を希求している日本人の素朴な姿」を「世界の人々に理解してもら(3)」うことでした。

一九五八年には、オリンピック招致のための重要な布石として東京で第三回アジア大会が開催されますが、これに合わせて開催されたIOC総会で、東龍太郎（当時の都知事）は、JOC（日本オリンピック委員会）の会長として、「大陸間弾道弾や水素爆弾の世の中にあって、また猜疑と嫉視の世界において人類の平和と安全に貢献すること、オリンピックの理想たる信義と公正にかくものなしと確信いたします[4]」と、当時のリアルな政治的緊張のなかでのオリンピックがもつ意義を強烈に謳い上げています。

翌一九五九年のIOC総会で、招致に向けての最後のプレゼンテーションがおこなわれるのですが、そのスピーチを担当したのは、NHKの名解説者として知られていた平沢和重。平沢自身は、東京オリンピックは莫大な開催経費がかかり、時期尚早だということで開催には反対だったんですが、関係者に説得されてプレゼンテーターを引き受けたんですね[5]。で、スピーチの内容を一任された平沢は、準備されていた演説原稿[6]を大幅に変えて、簡潔な名演説を披露し、その最後で「東京オリンピックの最大の意義は、物質的な面よりも精神的な面にある」と言って、「東京オリンピックが東洋と西洋をより密接に結びつける国際的な意義」について次のように主張します[7]。

日本は確かにFar East（ファーイースト＝極東）の国だが、航空機の急速な進歩による飛行時間の短縮によって、すでに「東京に出入りする十三の航空会社が「Far」という言葉を消しています」。「しかし、国際理解や国際的な人間関係において、「ファー」という言葉が完全になくなったわけではない。私は、国際的な相互理解をもたらす最も効果的な方法は、直接的な個人的接触であると信じています。相互理解は世界平和の基礎です。（略）もし大会が東京で開催されることになれば、少なからぬ「国家間の尊敬と親善」を生み出すことになると確信しています」
直接的な個人的接触こそが世界平和の基礎だ、というオリンピックの本来の理念に沿った見事なスピーチですね。

2　オリンピックを学ぶということ

坂上　そもそも新型コロナウイルス感染の第五波が日本中を覆い、緊急事態宣言が発令されるなかで二〇二〇年大会を強行開催したこと自体が、「人間の尊厳の保持に重きを置く平和な社会の推進をめざす」というオリンピックの根本理念に反しているとぼくは思います。あの時点での大会の開催が感染拡大のリスクを高めることは明らかであり、「人間の尊厳」が踏みにじられたからです。

それに加えて、もう一つ強く感じたのは、あえて厳しい言い方をすると、二〇二〇年大会のコンセプトである「多様性と調和」が、今回の理念違反の大会の実態を覆い隠す隠れ蓑のような役割を果たしたということですね。「多様性と調和」は、そもそも平和貢献や人間の尊厳の尊重というオリンピック理念の総論のなかの一部、つまり各論ですよね。しかし、今回はこの各論が総論を覆い隠した、という印象を強くもちました。それを象徴するものが、開会式で放映されたＩＯＣ制作のショートムービーです。

ごらんになった方も多いと思いますが、それは、百歳の最年長金メダリスト・ハンガリー女子体操のケレティ・アグネスにスポットを当てながら、オリンピックの百年を振り返るというものでした。彼女が百年間、何を見てきたか――「光を見てきた」というのです。そして黒人選手や女性の活躍のシーンを「多様性」を示すものとしてひたすら強調し、オリンピックこそが人種差別や女性差別を消す光なのだという。これは今回の大会のコンセプトに合わせたものですね。この一つの視点だけから評価すれば、確かに優れた感動的な作品だといえると思います。

しかし、ケレティ・アグネスという選手を知る者にとっては、あまりに一面的で耐えがたいものです。彼女は、父親をアウシュヴィッツ強制収容所でナチスに殺されているんですね。彼女自身も、第二次世界大戦による一九四〇年と四四年大会の中止によってオンピックの出場機会を奪われてしまう。その後、ケガもあって、初めてのメダル獲得が五二年のヘルシンキ大会で、三十一歳のとき。戦争の悲惨さを一身に背負った選手なんですね、彼女は。このショートムービーが、こうした事実にまったくふれていないことについては、ドイツの新聞にも強烈な批判記事(8)が出ていますが、平和貢献や人間の尊厳の尊重というオリンピックの根本理念からの後退を強く感じさせるものでしたね。

來田　平和に関してもそうですが、IOCはクーベルタンの時代から、国際的な組織とのつながりを強めようとしてきました。例えば、一九二二年ごろからクーベルタンはILO（国際労働機関）に接近し、社会階級を乗り越えて、スポーツを通じた教育の機会と平等な権利を獲得するために協力を促しています(9)。国連との関係を緊密にしたのは、一九九四年リレハンメル冬季大会以来の「オリンピック休戦決議」と二〇〇九年の国連総会オブザーバー資格付与です(10)。現在では、難民選手団を結成していることを象徴的に扱ってはいますが、コロナ禍の世界に対して、もっとできることはあったのではないかと思います。派遣される代表選手団に対してというより、大会放映権料の何十%かを世界のワクチン供給に提供してもよかった。あるいは、二百六の国や地域の加盟という、国連よりも広いブランチをもっていることを生かし、スポーツ組織だからこそ政治や宗教の壁を超えて、支援体制を整えることができたかもしれない。そうした貢献をしなかったのが、すごく残念でした。世界中から情報をもってきて、WHO（世界保健機関）と協力するなら、大会開催の前提となる世界の状況に対してできることはあり、もっと敏感になすべきことがあったと感じます。

日本に関していえば、戦後七十五年の月日が過ぎ、平和への敏感さは確かに薄れてきています。それを差し引いたとしても、世界の未来に対して、自分たちに何ができるかを示す大会にすることはできていませんでした。

そのことは、オリンピック憲章の読み方にも現れています。二〇二〇年大会の組織委員会では、オリンピック憲章の勉強をしたそうです。ただ、憲章に記された理想に向かって、自分たちにできる挑戦を考える視点ではなく、違反しないで大会を開催するための「してはいけないことリスト」のように読むところでとどまってしまった印象があります。

そうなった理由の一つには、オリンピックに関する好意的／批判的、いずれの見解にしても、中長期的な視点でオリンピックに関する理解を深めてきた人々の知恵をまったく使おうとしなかったことがあります。この点は、一九六四年に大会を契機に国際的なスポーツ科学会議を開催しようとしたことと比較すれば明らかです。

一九六四年の国際スポーツ科学会議（略称、ICSS一九六四）は、国際規模でスポーツ科学に関する議論がおこなわれた最も初期の会議でした。ドーピングに関する国際レベルの議論がおこなわれたことでも知られています。IOCはこの会議を公認し、プログラムの裏表紙には、一九六四大会の第一号ポスターが描かれています。[11] 開会式では都知事の東龍太郎、大会組織委員長の安川大五郎が挨拶しています。事業報告書には、事務局長を務めた加藤橘夫が国際会議の位置付けを次のように述べています。「古代オリンピックでは、強さを象徴する競技と美しさを象徴する彫刻の展示や音楽会に加え、知恵を象徴する哲学者や歴史家による講演会がおこなわれていた。現在、近代オリンピックの公式プログラムには、競技会と美術展示だけが含まれている。強さ、美しさ、知恵の三つの柱に基づいて作られた古代オリンピックを復興する観点から、スポーツ科学に関する国際会議が追加されることが非常に重要であると考えられた[12]」

　このような国際会議に、当時の組織委員会はきちんと関わっているのです。ところが、今回の組織委員会の理事会の中心メンバーは、スポーツ組織の関係者、元アスリート、経済界人、政治関係者で、職員はスポーツ組織や東京都から出向している。スポーツと政治・経済を含む社会を融合させるための知の部分、融合のための道筋をつけるパーツがないままでした。学問的な知は、現実を動かす場合に、ときにはうるさく、しつこく感じられるかもしれない。しかし、今回のコロナ禍のような予想を超えた事態に対応する柔軟さや創造性は、そこから生まれてくる可能性がありました。効率と目の前の成果を追い求めることに終始してしまう、いまの社会のあり方を映し出していたと思います。

坂上　一九六四年大会の閉会式の翌日には、国際体育・スポーツ評議会――これはユネスコとの共同組織として設立されたものですが、その総会も東京で開催されましたね。そこで「スポーツ宣言」の草案が採決され、それから四年かけて議論し、世界中の英知を結集して採択されたものが、一九六八年のメキシコシティー大会の開催前夜に発表されました。[13] 範囲を広げて捉えるならば、これも一九六四年大会が生み出した遺産の一つですよね。

來田　一九六四年大会では、競技場でもスポーツ科学を進展させるためのさまざまなデータを取る取り組みに、組織委員会が積極的に協力したと聞きました。当時、学生・院生・助手などの立場で手伝った研究者たちが、いまスポーツ科学の大御所的な立場になっている。二〇二〇年大会では、ごく一部のエリートスポーツ科学の担い手だけは関与したのだと思いますが、より広く、若いころの経験を次の世代に引き継ぐ機会は失われた可能性があります。日本の社会的課題であるジェンダー平等の推進についても同じで、大学などと連携してプロジェクトを作り、戦略的にエビデンスを得ていく機会になりうる、という呼びかけは学術組織からおこなわれていました。残念ながら、そういう意義を大会にもたせようという視点がある人材は、結果として組織委員会のなかには存在しなかった、という歴史が残ることになります。

坂上　新型コロナウイルスの世界的な感染拡大によるオリンピックの一年延期の決定、そして強行開催に至る過程で、二〇二〇年大会が露骨な政治家主導の下でおこなわれていることが誰の目にもはっきりと見えるようになったわけですが、[14] これは一九六四年大会当時の政府の態度と雲泥の差ですね。[15] 当時の組織委員会の構成も、政党の介入などによって「政治家と官僚のオリンピック」と揶揄されるようなものになり、財政的にも政府に大幅に依存するものになってしまいましたが、政府の基本的なスタンスは今回とは大きく違って、「オリンピックに政治が介入すべきではない」という態度を少なくとも表向きには守っていた。

当時JOCの委員で、日本水泳連盟の強化委員なども務めていた清川正二――一九三二年大会水泳男子背泳の金メダリストでのちのIOC副会長――は、著書のなかで、オリンピックへの政治の関与については、オリンピック憲章にそれを明確に禁止した条項はなく、「オリンピック主催国における政府なり、政党なり、あるいは政党人なりが、自国で行なわれるオリンピック大会にどの程度まで関与してよいのかという点については、その国の実情に応じて、その国の政治家とスポーツ人との良識判断に任せている」[16]と説明したうえで、当時の川島正次郎オリンピック担当大臣が「オリンピックは東京都と民間でやるべきものであるから、政府は裏から支援はするが、表面にでてオリンピックの組織そのものの中には入らない方がよい」と発言していること取り上げて、「誠に立派で、この態度を今後も変えずに終始されることを期待している」と述べています。「しかし、実際面においては、私は、最近の日本政府のオリンピックに対する干渉の程度は、資金援助の面においては消極に過ぎ、組織の指導面においては適切を欠いている」と続けて指摘しているのをみると、実際には清川の期待を裏切るような政治の関与もあったようですが、少なくとも建前上は「良識」が機能していた。

來田　おかしな表現かもしれませんが、「節度ある政治の介入」とでもいえそうですね。今回は、節度云々以前の問題として、政治家や官僚、もしかしたらスポーツ関係者のなかにも、本来のオリンピックの意味を学ばないまま、スポーツイベントとして盛り上げ、成功させようとする力がはたらいてしまったのかもしれません。国、あるいは国という枠組みを超えて世界の未来を作っていこうという志がある政治家にとっては、ある意味でオリンピックは「利用価値」があるのですが、官僚が書いた作文を読むなかからは、そういう発想は生まれないでしょうから。

坂上　一九六四年に話を戻すと、オリンピックは民間の行事であり、政治が介入すべきではないという当時の「良識」は、〝援助・非介入〟つまり「金は出すが口は出さない」という法的な原則と一体となったものだったと思います。

東京オリンピックは、政府とスポーツ団体の関係にも大きな変化をもたらしました。戦後の日本国憲法は、宗教団体、教育や慈善事業などの自由を擁護するために第八十九条によって、それらに対する公金の支出を禁止していました。民間のスポーツ団体もこれに該当し、社会教育関係団体である日本体育協会は、社会教育法の第十三条というより具体的な規定によって補助金の交付が禁じられていました。つまり〝非援助・非介入〟——「金も口も出さない」という原則だったんですね。

ところが、この社会教育法の規定が一九五七年の改正によって変更され、全国的・国際的スポーツ団体への補助金の交付が例外的に認められ、さらに五九年の改正によってスポーツ団体以外にも認められるようになります。こうして法的な原則が〝非援助・非介入〟から〝援助・非介入〟——「金は出すが口は出さない」へと転換するのですが、その突破口となったのがスポーツ団体への補助金であり、その延長線上にあったのが東京オリンピックの開催だったわけです。

この法改正をめぐっては、補助金が国家介入への道を開くのではないかということで、国会の内外で賛否両論が激しく戦わされましたが、結局補助金交付の必要性を認めて、〝援助・非介入〟という新たな原則へ転換したわけです。

それに続いて一九六一年に制定されたのがスポーツ振興法ですが、その第一条第二項は、「この法律の運用に当たっては、スポーツをすることを国民に強制し、又はスポーツを前項の目的以外の目的のために利用することがあってはならない」と定めています。「前項の目的」というのは、「国民の心身の健全な発達と明るく豊かな国民生活の形成に寄与すること」ですが、それ以外の手段として利用されることを断固拒否しているんですね。ここにも政治との緊張関係が見て取れます。〝援助・非介入〟の原則を文章化したものといっていいでしょう。これもまた、東京オリンピックが生み出した一つの重要な遺産だといえるのではないでしょうか。

ところがこの条項は、国を挙げて二〇二〇年大会の招致に向かうなかで消滅させられてしまいました。スポーツ振興法に代わって、二〇一一年六月に超党派による議員立法としてスポーツ基本法が制定されたからです。スポーツ基本法は、国際競技大会の招致や開催のための「社会的気運の醸成」やそれらに「必要な資金の確保」「大会に参加する外国人の受け入れ等に必要な特別の措置を講ずる」ことなどを定めており、まさに二〇二〇年大会の招致に国を挙げて乗り出していく狼煙だったとぼくは見ています。そこにはスポーツに対する国の関わり方を「支援」から「責務」へと転換させる条項はあっても、政治的利用や政治の介入の歯止めになる条項はありません。一九六四年大会の一つの遺産が二〇二〇年大会によって吹き飛ばされてしまった。

來田　〝援助・非介入〟の原則は、ほとんど意識されないくらいにまで吹っ飛んでしまっています。この観点での一九六四から二〇二〇への転換は、記録と記憶に残しておく必要がありますね。ＩＯ

Cで起きていることも、国内での転換と類似した点があるように思います。

ＩＯＣの持続可能性戦略やジェンダー平等報告書の提言などをみると、それぞれの政策はきちんとしています。また、数年おきのモニタリングをふまえての戦略の修正もおこなわれています。理念にのっとった具体的な実効力がＩＯＣから失われたわけではなく、ムーブメント自体は継続しているけれども、「大会」ということになると、それがどうもおかしなことになる。オリンピック憲章でどれほどの美しい理想を掲げても、それにそぐわないＩＯＣの実態が目につけば、理念は重視されなくなってしまいます。すべての財源が大会に絡んだ放送権料やスポンサー料から流れてくる仕組みが続いています。二〇一三年から一六年のＩＯＣの財政をベースにした統計では、収入の七三％が放送権料、一八％がＴＯＰプログラムというスポンサーのマーケティング権料で、この仕組みの限界が見えてきています。(17) 直近のＩＯＣの中長期戦略「アジェンダ２０２０＋５」でも、そのことへの言及がありますから。

坂上　一九六四年当時のスポーツ界が苦心したのは財源でした。結局、組織委員会経費と競技施設建設整備費で計二百六十五億三千四百万円（本書八六ページの表1）かかったわけですが、清川正二は「もともと、日本のスポーツ団体としては、オリンピックをまかなう資金を政府の直接援助に頼るのは、政治をスポーツに導入する最大の原因になるとの建前から、同じ考えで出発して成功したイタリアの「トトカルチョ」の例にならって、その資金源を別個に求めようとしたが、「トトカルチョ」が新聞や世論の反対を受けたので、やむなく政府の援助を受けることにしたのである(18)」と言っています。政治との緊張関係がここにも明確に出ています。

一九六〇年ローマ大会は、トトカルチョでイタリアのオリンピック委員会が独自財源を確保して、ほとんど政府に依存していませんでした。それをモデルにしてやろうとしたが、日本では総スカンを食ってダメ。プロ野球とタイアップするという構想もあったのですが、それも挫折し、財政的には政府依存にならざるをえなくなったんですね。[19] 当時のスポーツ界が政治からの自立を目指して独自の財源確保を目指していたということ、これも忘れてはならない遺産だと思います。

3　一九六四年大会の意義

坂上　清川が指摘していた開催国におけるオリンピックと政治の関係は、「その国の政治家とスポーツ人との良識判断」に委ねられているという点ですが、これはいまでも変わっていませんね。IOCのオリンピック憲章は、政治介入を排除するためにオリンピズムの五つの根本原則などで、オリンピック関係組織の自律性の確保を謳っているし、開催期間中あらゆる会場での政治家のスピーチを全面禁止するといった定めもある。原則はそういうことですが、でも、実際の開催国における政治の介入の仕方については、いまでもグレーゾーンのままで、原則とは違っていても、それは開催国の事情ということでIOCは関与しない。

來田　特に一九六四年のころだと東西冷戦構造が明確だったので、民間と国との関係性が違っていました。つまり、東側諸国と西側諸国では国あるいは民間という考え方がまるで異なっていた。東側諸国でも大会を開催できるようにしようとすれば、そこを曖昧にせざるをえなかったという、現在からみれば、ある種の特殊な状況があったといえるのではないでしょうか。

坂上　東側諸国や全体主義国家も念頭に入れて、それにも適用できる原則を作るしかなかったということですか？

來田　戦前にはナチス・ドイツの一九三六年ベルリン大会がありますし、四〇年の幻になった東京大会を招致するにあたっては、日本側はイタリアのベニート・ムッソリーニと交渉しています。戦後になると、五〇年代のソ連（現在のロシア）をはじめとする東側諸国の加盟、六〇年の「アフリカの年」前後のアジアやアフリカなどの旧植民地の加盟によって、IOC内部での議論が多様化したことが、議事録からもうかがえます。その影響は、例えばチームスポーツを増やす議論、女性種目の増加、女性IOC委員を置くべきだとする議論などにみられます。女性の種目の増加や女性IOC委員の誕生は、八〇年代後半に目に見えて実現していきますが、西側の資本主義国以外で初めて大会が開催されたのは、一九八〇年モスクワ大会です。五〇年代から三十年くらいをかけて、ヨーロッパの価値観だけではオリンピックは動かなくなっていきました。六四年は、その道筋の途中にあるのですね。そのような価値観の多様化がもたらした議論の一つに、オリンピックでの国歌・国旗廃止論があるのは、興味深いと思います。[20]

坂上　作家の橋本治は、一九六四年大会について「東京オリンピックこそが「戦後」の日本の成人儀式で、これを終え日本はやっと〝一人前〟を実感できた」と指摘しています。東京オリンピックという「大儀式」によって、日本人は「釈然としないコンプレックスに悩む時期」を脱することができ、「これで自分達も一流国の仲間入りだ」という自信をもち、「戦後」にまつわるモヤモヤを消し去ることができた[21]、と。

來田　一九六四年の日本にとっては、それは必要な感覚だったのだと思います。日本は、戦後最初の四八年のロンドン大会への参加を目指しましたが、当時のＩＯＣ委員の多くが第二次世界大戦時の日本軍による行為に対する反感から、日本の参加に拒絶的な反応を示したとされています[22]。その後、五二年にオリンピック大会に復帰し、また国内の経済的復興の道筋も見えてきてはいましたが、戦後処理については、六〇年ごろのドイツと対照的だったとされていますね。ドイツがナチス犯罪追及センターを設置したころに、日本は日米安全保障条約をめぐり、いわゆる安保闘争に揺れていた。そうしたタイミングでの一九六四年大会は、国際舞台に日本人が戻れたことと同時に、第二次世界大戦の免罪符を得たい感情とも一致したのかもしれません。その後も神話化されていく一九六四年大会には、そういう潜在的で、とても重い動機があったのではないか、と。

坂上　三島由紀夫が言っていますね。「やっぱりこれをやってよかった。これをやらなかったら日本人は病気になる[23]」と。

來田　当時のオリンピックが日本人にとって必要な装置だったとして、今回の二〇二〇年大会はどういう装置として機能するべきだったのか。世界に対して何ができるのかを見据えていれば、一九六四年とはまた異なる装置にもなったかもしれません。残念ながら、蓋を開けると、理由がよくわからない昭和回帰やお粗末なエンタメしかなかった。そういえば、二〇一六年リオデジャネイロ大会のハンドオーバーも一国の首相がゲームキャラクターに扮するという仕立てで、そこに身体や芸術を通じて、どのように人間性を追求しようとするのかという、オリンピックらしさが伝わらなかっただけでなく、人間の尊厳に基づく平和の希求という理念の理解の貧弱さが露呈してしまっていました。

坂上　逆に、一九六四年大会をその後の日本人をダメにしてしまった戦後最大の国家的イベントとして評価することも可能です。橋本治の説を紹介したいと思います。(24)

一九五五年にGNP（実質国民総生産）が戦前の水準を超え、翌五六年の『経済白書』が「もはや戦後ではない」と宣言します。六〇年末に池田内閣の「所得倍増計画」が打ち出され、六一年からスタートする。橋本は、この「もはや戦後ではない」と「所得倍増計画」の間の五年間こそが、その後の日本が永遠に失ってしまった「安心と休息の五年間」だったと指摘しています。生活の不安におびえることもなく、「もっと豊かにならなければならない」という強迫的な競争原理に追われることもなく、自分たちの生活を享受することができた五年間。そこには〝節度〟というブレーキがあった、と。

ところが、「所得倍増計画」以来、日本人は「もっと豊かになる」以外の発想ができなくなり、立ち止まることができず、「いまより豊か」という方向に暴走し、〝節度〟というブレーキが木っ端みじんに粉砕された。一九六四年の東京オリンピックの年には、持つ者と持たざる者の格差が生まれ、「その後の日本人はこの格差を埋めるため、あるいはこの格差を利用して〝自分の優位〟を実現するため、がむしゃらに働き続ける。日本人は一切を蹴散らして「豊かさ」へと進んだ」。また橋本は、「オリンピックが国家事業になる不思議を、多くの日本人は感じなかった。「進め一億火の玉だ」という戦前軍国主義の雰囲気はいとも簡単に復活していたのである」とも指摘しています。

現在にまで続くこのような一九六〇年代の変化を橋本は「悲しい転換」と呼んでいますが、こうした見方は、六四年の東京オリンピックを高度経済成長と一体となった輝かしい〝世紀の祭典〟とする従来の見方に根本的な転換を迫るものです。

思想家の内田樹も、「東京オリンピックが日本にもたらしたものと日本から奪い去ったものを考量すると、日本人は失ったものの方が大きかったのではないかと思う[25]」とマイナスの評価をしていますね。東京オリンピックによって、東京にわずか残っていた「戦前」的な風景がほぼ根絶されるという東京の「破壊」を当時小学生・中学生として体験した内田は、「変わったのは風景ばかりではない。いちばん変わったのは人心である」といいます。「一九六〇年までは日本人の間には「どうでもいいよ。みんな好きにすればいいじゃないか（どうせ私たちは敗戦国民なんだから）」というなげやりな、でも妙に風通しのよい空気が漂っていた」。そんな日本社会を覆っていた「子どもっぽい非力さと無責任」や「何となく風通しがよい敗戦国の脱力感」が、東京オリンピックを機に消え去ったというんですね。

「私は東京オリンピックによって日本人が失った最大のものは、あの「脱力感」「方向の定まらなさ」「みんなの生き方をうるさく一律にしようとする人間がいない」軽みのようなものだったと思う。オリンピックは日本人のこの「脱力感」を追い払ってしまった。「もう一度世界の大国に」という幻想に幻惑されて、人々はまた「打って一丸となって」国家目的のために邁進し始めた」と。

そして内田は、「東京オリンピックを機にもう一度「一億打って一丸となって」近代化のために邁進しようというマインドが甦ってきた。それは甦ったまま今も生き続けている。以来日本はずっといっしょである」「私が子どもの頃の日本人はずいぶん「控えめ」だったように私は思う。オリンピックによって日本人からはその謙抑的なところが失われた」と、先に紹介した橋本と非常に似通った見方をしています。

このような一九六四年大会を戦後日本のマイナスの転換点として捉え直す試みは、一九六四年大会の歴史像を更新するためだけではなく、二〇二〇年大会を歴史的に位置付けるうえでも、また、日本の未来を考えていくうえでも非常に重要なものではないでしょうか。本格的な歴史研究が求められていると思います。

4　オリンピックの使い方

來田　日本人はオリンピックの使い方を間違えていると思います。特に大会後の使い方を間違えてますね。何ができなかったかについては描かずに、何ができたかだけを描くから、成功譚として評価されることになります。しかし、それでは何も前には進みません。

坂上　バブル崩壊以降の日本は、長期不況のなかでの閉塞感に覆われていて、何か変化のきっかけがほしいという思いが強く、オリンピックの開催がそれをもたらすのでは、という期待が生まれた。「このままだとこの国は世界から忘れられてしまうかもしれない。今何かをしなければ、この国の未来や子供たちの自信を奪うことになるかもしれない」「誇るべきものを誇るために、勝つべきものを勝ちとろう。未来のために」という二〇二〇年大会の招致員会がウェブサイトに掲げた「ニッポン復活」のキャッチコピー(26)は、それを象徴しているように思います。

二〇二〇年大会の招致自体は、二〇一一年十月の東京都議会による決議によって正式にスタートしましたが、このときは東日本大震災のわずか七カ月後で、「困難を乗り越える強い意志の力がある限り、必ず道は開けてくる。オリンピック、パラリンピックがもたらす人間の持つ可能性への限りない信頼は、復興へ向けて歩む人々にとって、大きな力となるはずだ」と震災復興と絡めてその意義が掲げられました。その背景には、その年の七月にサッカー女子日本代表「なでしこジャパン」のワールドカップでの優勝があり、これが非常に大きなインパクトをもたらしました。都議会の招致決議の討論でも、この優勝によって「日本じゅうが歓喜の渦に包まれ、ひとつになり、多くの人々に夢や希望、感動を与えてくれました。人々を動かす、スポーツの持つ大きな力が改めて証明された」といった主張がなされています。震災後の暗闇のなかでスポーツがものすごく輝いて見えたんですね。その翌年には、ロンドンオリンピックで日本が過去最多のメダル獲得し、これがさらなるインパクトとして加わった。

來田　活躍するところにしかスポーツの力を感じられていません。実際には、そこにたどり着くまでの、あるいはそこにたどり着けないままの敗北や挫折のなかにも、人間らしい生があるからこそ、スポーツの祭典には意味が発生するのではないかと思うのですが。

坂上　スポーツはまるで震災後の暗闇を照らすまぶしい光源のように見え、その明るさ、目先の明るさに飛び付いてしまった。でもオリンピックが長期不況を脱出する方策として、あるいは震災復興の方策としてもどれほど有効なものなのか。その真っ当な吟味は何もなされていません。政府は日本の成長戦略の目玉の一つにスポーツを位置付け[27]、オリンピックを経済浮揚や観光立国戦略などに結び付けて希望を振りまきました。ですが、そもそもオリンピックの経済効果はかなり限定的なもので、莫大な税金を投入するだけの効果を期待できないという経済学者も多いですよね。

來田　オリンピックに対する、その功罪両面、それらの価値観を生み出した土台に一九六四年の東京大会という装置があるとすれば、あるいは光と影の両方を十分には描いてこなかったということになります。それは、スポーツ史研究者として大いなる反省をしなければならないことだと感じます。

坂上　日本は、戦後五十八年十一カ月もオリンピックの招致や開催準備に費やしてきたわけですが（本書一五ページの表1）、こうしたオリンピック中毒あるいは依存症というべき状況を生み出したのは、やはり一九六四年大会が高度経済成長と一体となった「輝かしい時代」を作り出したという強烈なイメージや物語によるところが大きいと思います。

ＪＯＣが東京オリンピック招致に向けて動きだすのは二〇〇五年一月からですが、それも、一九六四年の「東京オリンピック大会を体験した世代が元気なうちにオリンピックを再び開催し、次世代を担う子どもたちにも同じ体験をさせて活力と感動を与えたいという想いから[28]」でした。

菅義偉首相（当時）も、コロナ禍でのオリンピックの開催の是非、可否を問う野党との党首討論のなかで、突然一九六四年大会の思い出話を語り始め、バレーボールの女子日本代表の活躍などを挙げて「あの瞬間を忘れられなかった」などと延々としゃべりましたね。彼はあれでオリンピックの意義を語ったつもりなのでしょう。六四年の体験、それへの強烈なノスタルジーが、今回の東京オリンピック招致と開催を推進してきた人々の基底にあり、彼らを突き動かしてきたんですね。

來田　思い出に国民の税金を使うのかという話ですが、そのように使っていいかどうかさえ、今回の大会についてはは市民レベルでの選択のプロセスがありませんでした。コロナ禍で一九六四年のときよりは反対論にも光が当たりましたが、オリンピックの光と影の双方を理解したうえでの反対論ではないものも目につきました。コロナ禍の勢いのなかで出てきた反対論というか。そういう反対論にも歴史的な意味での根拠を見いだして残していかなければなりませんね。もちろん、推進論も、オリンピックを理解したうえでの推進論ではないものが多い。批判されないように、同調圧力的に物事を修正していった結果、二者択一的に賛否が問われ、メディアはこの大会の意義を「識者」に問いかける。自らの税金を投じる社会運動の意義は、本来は一人ひとりが自覚的につかんでいくもののはずなのに、意義があるのか、ないのかを考えるプロセスさえ奪われ、答えがどこかから降ってくるかのように錯覚しそうな状況が発生しました。

どうやったら意義が作れるだろうか、という問いに対して、歴史は手がかりをくれるかもしれません。しかし、意義は自らのなかから生み出されるものだと思える状況が準備されたうえで、招致され、開催され、そして振り返られるのが、本来のオリンピックのあり方なのではないでしょうか。オリンピックがほかのスポーツイベントではないものとして生き残る道は、そこにしかないように思います。

5　メダルランキングという罪

坂上　二〇二〇年大会を終えて、IOCや大会組織委員会は、市中ではコロナの感染が拡大したけれど、オリンピックは隔離された空間、つまり「バブル方式」による「泡」のなかでおこなったので、大きな問題もなく無事成功したと自画自賛していますね。確かに世界のアスリートたちに活躍の場を与え、彼らから感謝されました。でも、開催の主催都市である東京はもちろん会場になったほかの自治体、八つのうち六つも無観客開催となり、日本は莫大なお金やマンパワーをかけたにもかかわらず、結局開催場所を貸しただけ。ほとんどの国民は自宅のテレビで観戦するしかなく、海外で開催されたオリンピックと何ら変わらなかった。ホストタウンは百以上の自治体が断念し、実施できたところも交流事業のほとんどが中止。入場料などの「赤字」分は税金で賄うことになる。

IOCのトーマス・バッハ会長は、閉会式前日のIOC総会で、東京オリンピックは「正しいタイミングで開催されたと自信をもって言える」と述べ、オリンピックオーダー（功労賞）で最高の金章を特例で菅首相と東京都の小池百合子知事に授与することを決めました。そして閉会式で、菅首相と小池知事の「固い信念」に対してあらためて感謝の意を伝えましたが、「正しいタイミングで開催された」というバッハ会長の評価は、日本が受けた損失をまったく考慮していません。

來田　しかし、その話には危険も伴います。不用意に日本の被害者意識だけで語るのではなく、世界を対象にしたムーブメントだというのであれば、中心的な参画者である日本はIOCにどの程度主体的に意見提示をしたのかも問題になるはずです。IOCの歴史をみていると、自分たちの責任を逃れることができる範囲だけで成功を語る狡猾さが見え隠れします。例えば、未知の感染症のパンデミックという事態に対する延期という判断は、正しいものだったのでしょうか。あの時点で、感染症の専門家は、早くて四年から五年は危険な状態が続くとしていました。開催の賛否以前の延期という判断については、いまのところほとんど議論の俎上に載っていません。

坂上　一九六四年大会には功と罪、光と影があるわけですが、その光の源はその時代の歴史的全体性に由来しています。

來田　二〇二〇年大会の開幕式・閉会式では、随所に一九六四年の残滓が持ち込まれました。けれども、それは私たちの心に響かなかった。二度の大会を経験した人に聞いても、ブルーインパルス以外は、ほとんど六四年の記憶は喚起されなかったという答えが返ってきます。地方での聖火リレーは、断片的な記憶を喚起したかもしれませんが、全体としては一九六四年大会とリンクしなかったように感じます。やはり、六四年の光は、五十年後に同じ光であるはずがないということですね。

坂上　そのとおりですね。

來田　最後に、オリンピックの意義を考えるにあたって、メダルランキングについてもふれておく必要があるように思います。

平昌《ピョンチャン》大会やリオデジャネイロ大会でもそうだったと思うのですが、組織委員会のウェブサイトに各NOCのメダル数がランキング形式で公開されていました。開会して三日目ぐらいに、これはオリンピック憲章第五十七条違反ではないかと組織委員会に連絡しました。この条文には「IOCと組織委員会は国ごとのランキングを作成してはならない」と記されています。また、第六条では、「大会は国家間の競技ではなく、個人またはチーム間の競技である」と根本的な考えを示しています。この条文は、一九五五年以降、オリンピックの根幹となる理念を表示する「根本原則」に置かれています。ところが組織委員会からは「これはIOCがチェックしてOKが出たウェブサイトなんです」という答えが返ってきました。大会のサイトはパッケージのようなもので、ここ数大会、同じ仕組みが使用されているのだそうです。すぐに作り変えることは難しく、よく見ると、巧妙に「国のランキング」とは書かずに、「NOC／TMランキング」となっていました。

組織委員会では対応が難しいということなので、NPO法人日本オリンピック・アカデミー（JOA）の理事有志という形で、憲章の関連条文の変遷を示しながら、IOCにも問いかけました。八月二日のことでした。まったく返答がありませんでした。その後、明らかになったのですが、IOCは八月八日の総会で第五十七条を改正したそうです。改正版では「競技結果の表示は、情報提供を目的として、IOCによって、もしくはIOCの承認を得て組織委員会によって作成することができる」[29]となりました。JOAが意見表明をしたときには、すでに改正は決定していたということになります。まったくニュースにもなっていません。いくら個人の努力、人間の尊厳といっても、それをメダルの数に置き換えて、国とほぼ同義に理解できるようなNOCのものとして一括りにしてしまっては、選手一人ひとりの姿など見失われて当然です。ミュージアムで、メダルを複数並べたらわかるんです。どれだけ並んでいても、そこには何の意味も発生しないということが。その一つひとつにある背景があってはじめて、メダルには意味があるのです。

坂上　來田さんが麻薬と呼ぶほどメダルランキングは国にとって魅力的で、すごい力をもってしまっている。

來田　それが商業主義の片棒を担ぐメディアとの共犯関係も作っています。メディアはわかっていながら、読者や視聴者の声、いまならウェブ記事のページビュー数を増やすためという理由で、自分たちの共犯関係を指摘しません。それがナショナリズムをあおり、オリンピックをメダル合戦に仕立て上げていくことを理解していながらメダル数を掲載し、そのうえで大会の意義を識者に問いかけています。

坂上　一九六四年の正負両面の遺産を検証していくことは、二〇二〇年大会はもちろん今後のオリンピック、そして日本の未来を考えていくためにも必要不可欠だとあらためて思います。やり残したことが山ほどあります。まだまだ道半ばですね。

注

（1）青沼裕之「間近に迫った東京五輪のあり方を再考する」、憲法改悪阻止各界連絡会議編「月刊憲法運動」二〇二一年八月号、憲法改悪阻止各界連絡会議、一八ページ、後藤逸郎『オリンピック・マネー――誰も知らない東京五輪の裏側』（文春新書）、文藝春秋、二〇二〇年、一〇四ページ

（2）東京オリンピック・パラリンピック競技大会組織委員会『東京2020オリンピック競技大会チケッ

ティングガイド』東京オリンピック・パラリンピック競技大会組織委員会、二〇二一年、九ページ
（3）東京都編『第十八回オリンピック競技大会東京都報告書』東京都、一九六五年、四ページ
（4）「ＪＯＣ会長挨拶」「体協時報」一九五八年六月号、日本体育協会、一二ページ
（5）波多野勝『東京オリンピックへの遥かな道――招致活動の軌跡1930-1964』草思社、二〇〇四年、一六四ページ
（6）「第55次ＩＯＣ総会演説原稿決定」（昭和三十四年五月六日）、東京都公文書館編『オリンピックと東京』（「都史資料集成Ⅱ」第七巻）所収、東京都生活文化局広報広聴部、二〇一八年、二七三―二八二ページ。同書二四ページの解説も参照。
（7）以下、「PRESENTATION BY KAZUSHIGE HIRASAWA」（東京オリンピック準備委員会『東京オリンピック準備委員会報告書――昭和卅四年七月』所収、東京オリンピック準備委員会）四三ページから訳出。
（8）Christoph Becker, “Das IOC und Die Nazi-Spiele: Schamlose Werbung（ＩＯＣとナチスのオリンピック――恥知らずの宣伝）,” *The German Frankfurter Allgemeine Zeitung*, 20. Juli 2021（https://www.faz.net/aktuell/sport/olympia/olympia-die-nazi-spiele-als-schamlose-werbung-17446092.html）［二〇二一年十一月二十七日アクセス］。本記事については、小岩信治氏から自身による翻訳も含めて情報提供していただいた。記して感謝の意を表したい。
（9）Patrice Cholley, “Pierre de Coubertin and the International Labour Office（ピエール・ド・クーベルタンと国際労働機関）,” *Olympic Review XXXV-5, October-November 1995*, pp. 6-8.
（10）「資料翻訳紹介「人権とオリンピック・パラリンピック」――イギリス、ロシア、ブラジル、韓国共同声明」建石真公子訳、日本スポーツとジェンダー研究会編集委員会編「スポーツとジェンダー研

究」第十二号、日本スポーツとジェンダー研究会、二〇一四年
(11) *International Congress of Sport Sciences 1964 Programme*（国際スポーツ科学会議プラグラム）, Tokyo Organizing Committee of the Olympic Games, 1964.
(12) Kitsuo Kato ed., "Proceedings of International Congress of Sport Sciences 1964", The Japanese Union of Sport Sciences, 1966, p. 584.
(13)「スポーツ宣言 Declaration on Sport」は以下のウェブサイトで公開されている。"Declaration on Sport" (https://www.icsspe.org/sites/default/files/Declaration%20on%20Sport_english.pdf)［二〇二一年十一月二十七日アクセス］
(14) 坂上康博「東京五輪 悪夢に転じた平和の祭典 日本スポーツ界の〝第2の墓標〟」「サンデー毎日」二〇二一年八月十五日・二十二日合併号、毎日新聞出版
(15) 前掲『東京オリンピックへの遥かな道』一七九ページ
(16) 以下、清川正二『東京オリンピックに思う――スポーツの外国通信』ベースボール・マガジン社、一九六三年、四九―五〇、五二ページ
(17) IOC, "Annual Report 2020," 2020, p.146 およびＩＯＣウェブサイト "Finance" (https://olympics.com/ioc/finance)［二〇二一年十一月二十八日アクセス］。
(18) 前掲『東京オリンピックに思う』五二ページ。なお、引用文中の「建前」という言葉は、「本音」の対語として使われる表向きの方針といった意味ではなく本来的な方針や原則という意味。建前の意味の変化については、加藤典洋『日本の無思想』(〔平凡社新書〕、平凡社、一九九九年）を参照。
(19) 前掲『東京オリンピックへの遥かな道』一九六―二〇一ページ
(20) 黒須朱莉「ＩＯＣにおける国家国旗廃止案の審議過程（1953-1968）――アベリー・ブランデージ

会長期を中心に」、一橋大学スポーツ科学研究室編「一橋大学スポーツ研究」第三十一巻、一橋大学スポーツ科学研究室、二〇一二年

(21) 橋本治「戦後から「戦後後」への悲しい転換 1964年と昭和39年」、筑紫哲也監修、角川書店編集部編『OUR TIMES 20世紀』所収、角川書店、一九九八年、四七四ページ

(22) 日本体育協会『第十五回オリンピック大会報告書』日本体育協会、一九五三年、四二ページ

(23) 三島由紀夫「東洋と西洋を結ぶ火」「毎日新聞」一九六四年十月十一日付（講談社編『東京オリンピック——文学者の見た世紀の祭典』〔講談社文芸文庫〕所収、講談社、二〇一四年、二九ページ）

(24) 以下、前掲「戦後から「戦後後」への悲しい転換 1964年と昭和39年」四七四—四七九ページ

(25) 内田樹『昭和のエートス』（文春文庫）、文藝春秋、二〇一二年、六四—七〇ページ。初出は二〇〇八年。

(26) 落合博『こんなことを書いてきた——スポーツメディアの現場から』創文企画、二〇一五年、四九ページ

(27) 前掲「間近に迫った東京五輪のあり方を再考する」一七ページ

(28) 日本体育協会／日本オリンピック委員会『日本体育協会・日本オリンピック委員会１００年史——1911→2011 Part1』日本体育協会／日本オリンピック委員会、二〇一二年、四九八ページ

(29) IOC, "Olympic Charter: In force as from 8 August 2021," 2021, p. 100 (https://stillmed.olympics.com/media/Document%20Library/OlympicOrg/General/EN-Olympic-Charter.pdf?_ga=2.129857612.1532458601.1638089701-1169897531.1620441674)［二〇二一年十一月二十八日アクセス］

コラム　世界の東京オリンピック研究――海外文献データベースを検索してみた　冨田幸祐

一九六四年東京オリンピックについて研究するとなったとき、まずおこなうのはその情報収集だ。地元の図書館や国立国会図書館、大学図書館にいって調べる人もいるだろうが、多くの人はまずはスマートフォンで、タブレットで、パソコンで、インターネットを活用するにちがいない。ありがたいことに、インターネットにアクセスし「一九六四年 東京 オリンピック」と入力すればブログやネット記事、書籍情報に至るまで膨大な情報が画面上に表示される。丸一日、それらのページにアクセスすれば飲み会のネタになるぐらいのボリュームで、一九六四年東京大会の概要を知ることはできる。しかし研究するなら、これでは物足りない。学術的な情報を求めるのなら、まずは「Google Scholar」(1)や「CiNii」(2)、「国立国会図書館サーチ」(3)（NDL Search）といったデータベースを活用すればいい。試しに「CiNii Articles」で「一九六四年 東京 オリンピック」とタイトル検索をかければ七十本、同様に「CiNii Books」で検索すれば十六冊がヒットする（二〇二一年七月現在）。それらをすべて読めば一九六四年東京大会に関する研究の概要はあらかたつかめるはずだ。そこからさらに雑誌や新聞のデータベースへと進めば、一次史料も含めたより子細な情報を見つけることができる。ここまでくれば何らかのテーマを見つけて研究に着手することができるというものである。

しかし一九六四年東京大会に関する研究は、なにも日本だけでおこなわれているわけではない。

日本の研究者が他国で開催されたオリンピックについて研究するように、他国の研究者だって一九六四年東京大会に関して研究しているはずである。とはいうものの、実際に一九六四年東京大会は他国でも研究されているのだろうか。日本語文献のデータベース検索の延長とばかりに、海外文献データベースでも簡易的な条件ではあるが検索し、その結果から世界の東京オリンピック研究をみてみよう。

◇

海外文献データベース検索は「Google Scholar」「ProQuest」[4]「Taylor & Francis Online」[5]「SPORTDiscus with Full Text」[6]「ResearchGate」[7]を使用し、「tokyo olympic 1964」をキーワードとして検索をおこなった。検索結果から、一九六四年東京大会を主たる分析対象として取り上げているものをピックアップすると、五十七本の論文が該当した（二〇二一年七月現在）。

掲載誌別に確認すると、“Sport in Society”（Taylor & Francis）と“The International Journal of the History of Sport”（Taylor & Francis）にそれぞれ六本の論文が掲載されている。これは、両誌が一九六四年東京大会に関わる特集を組んでいたことが関係しているのだろう。“Sport in Society”では第十四巻第四号（二〇一一年）で“Remembering the glory days of the nation: sport as lieu de mémoire in Japan”（「この国の栄光の日々を回顧して——日本における記憶の場としてのスポーツ」）と題した特集を組み、三本の論文が所収されている。また“The International Journal of the History of Sport”では第二十八巻第十六号（二〇一一年）で“The Triple Asian Olympics: Asia Rising - The

掲載誌 / 掲載書籍	巻号	頁
The Journal of sports medicine and physical fitness	4	pp. 142-152
INTERNATIONAL SOCIETY OF SPORTS PSYCHOLOGY. CONGRESS. FIRST. PSICOLOGIA DELLO SPORT. PROCEEDINGS		pp. 928-933
Journal of the Canadian Association for Health, Physical Education & Recreation	31(3)	pp. 17-18
Journal of Sports Medicine & Physical Fitness	6(3)	pp. 183-186
The Medical journal of Australia	2(5)	pp. 239-241
Schweizerische Zeitschrift fur Sportmedizin	14(1)	pp. 314-329
Research Journal of Physical Education	18(6)	pp. 351-366
International Journal of the History of Sport	7(3)	pp. 388-404
Andreas Niehaus und Max Seinsch, Würzburg ／ Olympic Japan: Ideals and Realities of (Inter)Nationalism		pp.111-129.
International Journal of Sport and Health Science	1(2)	pp. 188-195
Australian Society for Sports History, Beyond the torch : Olympics and Australian culture		pp. 45-52
The International Journal of the History of Sport	23(7)	pp. 1173
Asian Studies Review	31(2)	pp. 117-132
The International Journal of the History of Sport	24	pp. 375-391
Sport in Society	11(2)	pp. 298-310
Hitotsubashi Journal of Arts and Sciences	50	pp. 65-79

表1　論文

著者	発刊年	論文名
Frucht A H, Jokl E	1964	PARABOLIC EXTRAPOLATION OF OLYMPIC PERFORMANCE GROWTH SINCE 1900 (WITH PREDICTIVE COMPUTATION OF RESULTS IN TOKYO, 1964).
Dirix A, Van Den Bossche F	1965	Enquete Concernant La Personnalite Psychologique et le Mode De Vie Des Athletes BelgesSelectionnes Pour Les Jeux Olympiques de Tokyo (A Study Concerning Personality and Life-Style ofthe Belgian Athletes Selected for the 1964 Olympics in Tokyo.)
Dyson, G.H.G.	1965	Thoughts on the Tokyo Olympics.
Dirix A	1966	Doping problem at the Tokyo and Mexico City Olympic Games.
Towers B	1966	Sickness and accidents amongst the Australian olympic team in Tokyo, 1964.
Jokl E, Frucht A H, Brauer H, Seaton D C, Jokl P	1966	Interpretation of performance predictions for Tokyo Olympic games 1964 with extrapolations for 1968.
Fusukawa M	1974	Study on the characteristics of basketball games seemed from players' heights at the Tokyo and Mexico Olympic games.
James L McClain	1990	Cultural chauvinism and the Olympiads of East Asia
Christian Tagsold	2002	The Tōkyō Olympics as a Token of Renationalization
Naofumi Masumoto, Gordon MacDonald	2003	“Tokyo Olympiad”: Olympism Interpreted from the Conflict Between Artistic Representation and Documentary Film
Coe B	2005	Tokyo 1964: putting the writing on the wall.
Andreas Niehaus	2006	‘If you want to cry, cry on the green mats of Kôdôkan’: Expressions of Japanese cultural and nationalidentity in the movement to include judo into the Olympic programme.
Rio Otomo	2007	Narratives, the Body and the 1964 Tokyo Olympics
Brian Bridges	2007	Reluctant mediator: Hong Kong, the two Koreas and the Tokyo Olympics
Ian McDonald	2008	Critiquing the Olympic documentary: Kon Ichikawa's Tokyo Olympiad
Jilly Traganou	2009	Olympic Design and National History: The Cases of TOKYO 1964 and BEIJING 2008

掲載誌 / 掲載書籍	巻号	頁
Humanities Research	2	pp. 33-51
Sport in Society	12(6)	pp. 811-821
The Asia-Pacific Journal: Japan Focus	7(23)3	pp. 1-7
Urban History	37(2)	pp. 289-300
Urban Studies	48(15)	pp. 3241-3257
International Journal of the History of Sport	28(16)	pp. 2271-2289
International Journal of the History of Sport	28(16)	pp. 2229-2239
International Journal of the History of Sport	28(16)	pp. 2290-2308
Sport in Society	14(4)	pp. 454-465
Sport in Society	14(4)	pp. 444-453
Sport in Society	14(4)	pp. 466-481
The International Journal of the History of Sport	28(16)	pp. 2240-2260
The International Journal of the History of Sport	28(16)	pp. 2309-2322
Council on East Asian Studies at Yale University		pp. 61-74.
H. Lenskyj & S. Wagg ／ The Palgrave Handbook of Olympic Studies, Basingstoke		pp. 103-119.
Historical Research	85(227)	pp. 159-178
International Journal of the History of Sport	29(16)	pp. 2244-2263
International Journal of the History of Sport	29(16)	pp. 2231-2243
The International History Review	34(2)	pp. 203-220
The International Journal of the History of Sport	29(9)	pp. 1263-1280

著者	発刊年	論文名
Morris Low	2009	Japan, Modernity and the Tokyo Olympics
Dolores P Martinez	2009	Politics and the Olympic film documentary: the legacies of Berlin Olympia and Tokyo Olympiad
Christian Tagsold	2009	The 1964 Tokyo Olympics as Political Games
Christian Tagsold	2010	Modernity, space and national representation at the Tokyo Olympics 1964
David Murakami Wood, Kiyoshi Abe	2011	The Aesthetics of Control: Mega Events and Transformations in Japanese Urban Order
David Black, Byron Peacock	2011	Catching up: understanding the pursuit of major games by rising developmental states
J.A. Mangan	2011	The new Asia: global transformation, regional ascendancy, and metaphorical modernity.
Ying Yu, Jiangyong Liu	2011	A comparative analysis of the Olympic impact in East Asia: from Japan, South Korea to China.
Kietlinski Robert	2011	One world one dream? Twenty-first century Japanese perspectives on hosting the Olympic Games
Christian Tagsold	2011	Remember to get back on your feet quickly: the Japanese women's volleyball team at the 1964 Olympics as a 'Realm of Memory'
Jilly Traganou	2011	Tokyo's 1964 Olympic design as a 'realm of [design] memory'
Sandra Collins	2011	East Asian Olympic desires: identity on the global stage in the 1964 Tokyo, 1988 Seoul and 2008 Beijing games
Paul Droubie	2011	Phoenix arisen: Japan as peaceful internationalist at the1964 Tokyo Summer Olympics
Christian Tagsold	2011	The Tokyo Olympics: Politics and Aftermath
John Horne	2012	Olympic Tales from the East: Tokyo, 1964, Seoul, 1988 and Beijing 2008
Sandra Wilson	2012	Exhibiting a new Japan: the Tokyo Olympics of 1964 and Expo '70 in Osaka
Sandra Collins	2012	Mediated Modernities and Mythologies in the Opening Ceremonies of 1964 Tokyo, 1988 Seoul and 2008 Beijing Olympic Games.
David Rowe	2012	Mediating the Asian Olympics: The Summer Games - Image Projection and Gaze Reception
Jessamyn R. Abel	2012	Japan's Sporting Diplomacy: The 1964 Tokyo Olympiad
Naofumi Masumoto	2012	The Legacy of the Olympic Peace Education of the 1964 Tokyo Olympic Games in Japan

掲載誌 / 掲載書籍	巻号	頁
The International Journal of the History of Sport	29(6)	pp. 887-911
Social Science Japan Journal	16(2)	pp. 235-250
Asia Pacific Journal of Sport and Social Science	2	pp. 198-213
Comparativ: Zeitschrift für Globalgeschichte und vergleichende Gesellschaftsforschung,	23(3)	pp. 100-116
Tagsold, Christian ／ Sport, Memory and Nationhood in Japan : Remembering the Glory Days, London and New York	Routledge	pp.116-129.
British Journal of Sports Medicine	48(7)	p. 644
한국체육과학회지 = Korean journal of sports science	23(1)	pp. 3-14
Tianwei Ren, Keiko Ikeda, Chang Wan Woo ／ Media, Sport, Nationalism. East Asia: Soft Power Projection via the Modern Olympic Games		pp.119-134.
Vida Bajc ／ Surveilling and Securing the Olympics: From Tokyo 1964 to London 2012 and Beyond. New York		pp.95-109.
Вісник Національної академії керівних кадрів культури і мистецтв	4	pp. 140-145
아태연구	22(1)	pp. 133-168
Sport in Society	20(12)	pp. 1852-1860
Sport Management Review	21	pp. 86-97

著者	発刊年	論文名
Peter Horton, John Saunders	2012	The 'East Asian' Olympic Games: what of sustainable legacies?
Iwona MERKLEJN	2013	Remembering the Oriental Witches: Sports, Gender and Shōwa Nostalgia in the NHK Narratives of the Tokyo Olympics
Shuying Yuan	2013	A miraculous revitalization of Japan? A comparative analysis of the 1964 Tokyo Olympic Games, the failed 2016 host city bid and the successful 2020 bid
Martyn Smith	2013	Between East and West: The Cold War, Japan and the 1964 Tokyo Olympics
Ikuo Abe	2013	It was October 1964, when I met the demon for the first time: Supo-kon manga as lieux de memoire. In; Niehaus, Andreas
K Nakajima, A Hosikawa, S Ito, Y Morioka, N Tawara, N Tawara, K Nakamura, T Okuwaki, T Kawahara	2014	THE SPORT HABIT DURING YOUNGER AGE MAY BRING GOOD EFFECT FOR LOCOMOTORY SYSTEM AND FUNCTION. -FROM PERIODIC MEDICAL CHECKUP ON FORMER JAPANESE OLYMPIAN AT 1964-
이현우 김재우	2014	1964년 동경올림픽대회 남북한 참가 결정과정에 관한 역사적 연구 - 제60차 바덴바덴 IOC 총회를 중심으로 (Historical Study Concerning the Determining Process of Participation of South & North Korea in the 1964 Tokyo Olympic Games).
Christian Tagsold	2015	Media Representation Transformed: from Unconditional Affirmation to Critical Consideration: The Tokyo Olympics 1964 and 2020.
Christian Tagsold	2015	Modernity and the Carnivalesque (Tokyo 1964)
Daria Shumarova	2015	ДИЗАЙН XVIII ЛІТНІХ ОЛІМПІЙСЬКИХ ІГОР У ТОКІО ЯК ФЕНОМЕН ІНТЕРНАЦІОНАЛЬНОЇ ВІЗУАЛЬНОІ МОВИ (Graphic design for the summer games of the XVIII Olympiad in Tokyo as the phenomenon of international visual language)
Soyoung Kwo	2015	A Comparative Study of the Olympic Games in East Asia: the nexus between politics and sports
Yuko Ueda	2017	Political economy and judo: the globalization of a traditional Japanese sport
Kurumi Aizawa, Ji Wu, Yuhei Inoue, Mikihiro Sato	2018	Long-term impact of the Tokyo 1964 Olympic Games on sport participation: A cohort analysis

掲載誌 / 掲載書籍	巻号	頁
The Asia-Pacific Journal: Japan Focus	16(15)	pp. 1-8
International Journal of Korean History	25(2)	pp. 45-74
The Asia-Pacific Journal: Japan Focus	18(5)11	pp. 1-8
국제지역연구	24(2)	pp. 295-320
BMJ open sport & exercise medicine	7(1)	pp. 1-6
Japan Forum	24(4)	pp. 491-500
The Journal of Arts Management, Law, and Society		
Journal of Cachexia, Sarcopenia and Muscle	12(2)	pp. 339-349
北京体育学院学报	1992年2期	pp. 18-22
体育文化导刊	2003年11期	pp. 26-28
体育文化导刊	2003年9期	pp. 16-17
中国园林	2003年5期	pp. 67-70
中国园林	2003年2期	pp. 66-70
体育与科学	2004年4期	pp. 28-31
日本问题研究	2004年1期	pp. 1-5

著者	発刊年	論文名
Namiko Kunimoto	2018	Olympic Dissent: Art, Politics, and the Tokyo Olympic Games of 1964 and 2020
이종성(Jongsung Lee)	2020	냉전과 탈 식민주의 : 1964년 도쿄 올림픽이 한국과 북한 스포츠에 미친 영향 ('When Sport Met Ideology and Colonial Bitter Memories': The Impact of the 1964 Tokyo Olympics on North and South Korean Sports)
Christian Tagsold	2020	Symbolic Transformation: The 1964 Tokyo Games Reconsidered
정기웅	2020	남북한 스포츠 교류 결정 요인 연구 : 1964년 도쿄 , 2018년 평창 , 2032년 서울 · 평양의 사례를 중심으로 (A Study on the Decision Making Factors of Inter-Korean Sport Exchanges: the cases of 1964 Tokyo, 2018 Pyeongchang, and 2032 Seoul·Pyongyang)
Takeuchi Taro, Kitamura Yuri, Ishizuka Soya, Yamada Sachiko, Aono Hiroshi"	2021	Mortality of Japanese Olympic athletes in 1964 Tokyo Olympic Games.
Helen Macnaughtan	2021	An interview with Kasai Masae, captain of the Japanese women's volleyball team at the 1964 Tokyo Olympics
Insun Chung	2021	Olympic Film between Nationalism and Cosmopolitanism: The 1964 Tokyo Olympiad and the Postwar Mass Mobilization
Tomoki Tanaka, Takashi Kawahara, Hiroshi Aono, Sachiko Yamada, Soya Ishizuka	2021	A comparison of sarcopenia prevalence between former Tokyo 1964 Olympic athletes and general community - dwelling older adults
中国語		
梁文	1992	1964年东京奥运会的申办及准备工作
王军	2003	1964年东京奥运会视觉形象产生的原因和意义
郑贺	2003	东京奥运会后日本体育发展带来的启示
沈悦，齐藤 庸平	2003	东京奥运会前后有关公园绿地功能的讨论与收获
褰茂寿太郎，李玉红	2003	1964年东京第18届奥运会对东京城市景观的影响
崔颖波，赵广辉	2004	东京奥运会后的日本体育发展给我们的启示——兼论2008年北京奥运会后我国的体育方针
石秀梅	2004	浅析1964年东京奥运会对日本社会经济的影响

掲載誌／掲載書籍	巻号	頁
体育文化导刊	2005年1期	pp. 66-67
沈阳体育学院学报	2007年6期	pp. 24-26
前线	2007年10期	pp. 25-27
通化师范学院学报	2008年12期	pp. 64-66
共产党员	2008年17期	p. 27
山东体育学院学报	2008年8期	pp. 19-21
诗刊	2008年14期	p. 11
集邮博览	2008年7期	pp. 44-45
体育世界（学术版）	2008年5期	pp. 116-118
体育文化导刊	2009年9期	pp. 155-159
成都体育学院学报	2009年8期	pp. 21-24
体育世界（学术版）	2009年5期	pp. 13-14
广州体育学院学报	2011年4期	pp. 41-44+123
文化软实力研究	2016年3期	pp. 75-84

著者	発刊年	論文名
郭瑞华	2005	东京奥运会后日本体育发展带来的启示 ――兼论2008年北京奥运会后我国大众 体育的开展
夏书红	2007	东京奥运会后日本体育发展历程对我国体 育发展的启示
首都社会经济发展研究所，日本经营管理教育协会课题组，王鸿春，坂本晃，绀野浩次，许吉星，赫军，吴玲玲	2007	借鉴东京奥运会经验 提升市民文明素质
彭宗跃	2008	东京奥运会与北京奥运会比较中看中国竞 技体育发展倾向
侯波	2008	东京奥运会助日本东山再起
高虹	2008	北京奥运会后竞技体育和大众体育的走向 问题――东京奥运会后日本体育发展道路 的启示
李琦	2008	这一天――1964年第18届东京奥运会
谭世光	2008	东京奥运会邮票之失误
周吉兰	2008	对2008北京奥运会后我国竞技体育发展 的思考――以日本东京奥运会为鉴
董杰，霍建新	2009	东京奥运会财务分析
刘雪松，刘蕊，袁春梅	2009	东京奥运会前后日本群众体育发展研究
韩涛，李少卿	2009	以日本东京奥运会为鉴谈2008北京奥运 会后我国竞技体育的发展
杜光宁，卢志成，程士钧	2011	后北京奥运时期我国群众体育的发展策略分析――东京奥运 会后日本大众体育发展的启示
牟伦海	2016	战后日本高速经济增长中的国家形象战略――以1964年东 京奥运会、1970年大阪世博会为中心

（出典：Google Scholar, ProQuest, Taylor & Francis Online, SPORTDiscus with Full Text, Research Gate, CNKI）

Pursuit of National Identity, International Recognition and Global Esteem"（「アジアにおける三つのオリンピック――アジアの目覚め：ナショナルアイデンティティ、国際的承認、世界中からの尊敬を求めて」）と題した特集を組んで、二本を所収している。このほか、複数の論文を掲載しているジャーナルに"The Asia-Pacific Journal: Japan Focus"（Japan Focus）があり、三本を掲載している。

一九六四年東京大会に関する論文を最も多く執筆しているのは、デュッセルドルフ大学のクリスチャン・タ－グソルトである。計八本の論文があり、初出は二〇〇二年のもので、最新の論文は二〇年に公表している。

五十七本のうち、一九六〇年代に公表された論文が六本ある。大会の結果予測、一九六四年東京大会に参加した選手の分析、ドーピングといったトピックがタイトルに並んでいる。一方、大半の四十九本が二十一世紀に入って公表された論文である。一九六四年東京大会から四十年を目の前に、分析の対象になり始めたようだ。またそのうち三十七本は二〇一一年以降に公表されたものである。一一年は二〇二〇年大会の招致が始まった年にあたることからも、東京による招致活動の展開をきっかけとして一九六四年東京大会に対する関心が高まったと考えていいのだろうか。

一九六四年東京大会に関して何をテーマとして取り上げているのか。一つは、一九六四年東京大会をアジアで開催されたそのほかの大会と比較して分析するもので、十本を確認できる。これらは一九八八年ソウル大会や二〇〇八年北京大会と比較している。このほか「東洋の魔女」でおなじみになっている日本女子バレーボールチームに関するものや、市川崑が監督を務め「芸術か記録か」をめぐって論争になった映画『東京オリンピック』（一九六五年）に関するもの、一九六四年東京大会のデザインに関するものがそれぞれ三本ある。

前記の五件のデータベースの検索の結果出てきたのは、ほとんどが英語による論文だった。韓国語やロシア語などで公表されたものも確認できるが、英語以外の外国語での研究は希少なのだろうか。

データベースを変えてみよう。中国の学術文献オンラインサービスである「CNKI」[8]で、「东京奥运会」でタイトル検索をすると二百二十本がヒットする（二〇二一年七月現在）。そのほとんどは二〇二〇年東京大会に関するものだが、二十一本が一九六四年東京大会に関するものだった。九二年公表がいちばん古く、二〇一六年公表のものが最も新しい。この一九九二年に公表された論文以外は二〇〇三年以降に公表されたものである。二〇〇八年北京大会の開催が決まったのが〇一年七月だったことを考えると、招致成功によってアジアで最初に開催された一九六四年東京大会が注目を浴びるようになったと考えられる。確かに、一九六四年東京大会とともに、二〇〇八年北京大会がタイトルに含まれるものが八本ある。自国開催になった二〇〇八年北京大会を分析するうえで、比較対象として一九六四年東京大会が用いられているということだろう。

◇

博士論文のテーマとして一九六四年東京大会は取り上げられているのだろうか。「ProQuest Dissertation & Theses Global」[9]で検索した。検索キーワードは「Olympic」あるいは「Olympics」がタイトルに入っているものとした。検索の結果、合計で六百三十二本（Olympic が五百二十四本、

大学	所在地
University of Colorado at Boulder	United States of America
Syracuse University	United States of America
The Ohio State University	United States of America
Northwestern University	United States of America
University of Waterloo	Canada
University of Hawai'i at Manoa	United States of America
Fletcher School of Law and Diplomacy (Tufts University)	United States of America
University of California, Davis	United States of America
University of Southern California	United States of America
University of Washington	United States of America
The Ohio State University	United States of America
Simon Fraser University	Canada
Universitat de Barcelona	Spain
The Pennsylvania State University	United States of America
University of Leicester	United Kingdom
The Florida State University	United States of America

表2 博士論文

名前	年	タイトル
Olson, Laura Lee Katz	1974	POWER, PUBLIC POLICY AND THE ENVIRONMENT: THE DEFEAT OF THE 1976 WINTER OLYMPICS IN COLORADO
Shine, Gary Paul	1977	AN INVESTIGATION INTO THE SOCIOLOGICAL BACKGROUND OF THE ATHLETES WHO REPRESENTED THE UNITED STATES OF AMERICA IN THE XII WINTER OLYMPIC GAMES OF 1976.
Mashiach, Asher	1977	A STUDY TO DETERMINE THE FACTORS WHICH INFLUENCED AMERICAN SPECTATORS TO GO TO SEE THE SUMMER OLYMPIC GAMES IN MONTREAL, 1976.
Leebron, Elizabeth Joanne	1978	AN ANALYSIS OF SELECTED UNITED STATES MEDIA COVERAGE OF THE 1972 MUNICH OLYMPIC TRAGEDY
Colwell, Beverly Jane	1981	SOCIOCULTURAL DETERMINANTS OF INTERNATIONAL SPORTING SUCCESS: THE 1976 SUMMER OLYMPIC GAMES
Yoshida, Fumihiko	1987	Testing models of foreign policy decision-making in Japan, using the Iranian hostage crisis, Moscow Olympics boycott, and history textbook issue
Hulme, Derick L., Jr	1988	The viability of international sport as a political weapon: The 1980 US Olympic boycott
Levitt, Susanna Halpert	1990	The 1984 Olympic Arts Festival: Theatre
Park, Seh-Jik	1991	A descriptive and comparative analysis of the foreign language training programs at the Seoul Olympic Games (1988) and preceding games (1964-1984) with implications for future Olympic games
Rivenburgh, Nancy Kay	1991	National image richness in televised coverage of South Korea during the 1988 Seoul Olympic Games
Wilson, Harold Edwin, Jr	1993	The golden opportunity: A study of the Romanian manipulation of the Olympic Movement during the boycott of the 1984 Los Angeles Olympic Games
MacNeill, Margaret E	1994	Olympic power plays: A social analysis of CTV's production of the 1988 Winter Olympic ice hockey tournament
Lloret Riera, Mario	1994	Analysis of the play action in water polo during the Olympic Games in Barcelona, 1992
Ha, Woong yong	1997	Korea sports in the 1980s and the Seoul Olympic Games of 1988
Bernstein, Alina	1997	British and israeli newspaper coverage of the 1992 barcelona olympics : a comparative analysis
Vincent, John.	2000	Cross national comparisons of print media coverage of female /male athletes in the Centennial Olympic Games in Atlanta 1996

大学	所在地
University of Oxford	United Kingdom
Bowling Green State University	United States of America
Boston University	United States of America
The University of Utah	United States of America
Oregon State University	United States of America
The University of Chicago	United States of America
The Florida State University	United States of America
The University of Utah	United States of America
The Pennsylvania State University	United States of America
The University of North Carolina at Chapel Hill	United States of America
Nankai University	People's Republic of China
Bournemouth University	United Kingdom
University of California, Berkeley	United States of America
Loughborough University	United Kingdom
University of London, University College London	People's Republic of China
The University of Nottingham	United Kingdom
Tsinghua University	People's Republic of China
Nankai University	People's Republic of China
Tsinghua University	People's Republic of China

名前	年	タイトル
Martindale, K	2000	To what extent are the modern Olympic Games a catalyst for urban redevelopment? Case study: the 2000 Summer Olympic Games, Sydney, Australia.
McConnell, Stephanie Wilson	2001	Jimmy Carter, Afghanistan, and the Olympic boycott: The last crisis of the Cold War?
Haberl, Peter	2001	Peak performance at the Olympics: An in-depth psycho-social case study of the 1998 United States Women's Olympic Ice Hockey Team
Plec, Emily Janice.	2002	The presence of the past: Rhetorical history and cultural memory of the 1968 Summer Olympic Games
Black, S. Jill	2002	Testimonios of shared experience: Canadian women athletes and the 1980 Olympic boycott
Collins, Sandra S	2003	Orienting the Olympics: Japan and the games of 1940
Witherspoon, Kevin B	2003	Protest at the pyramid: The 1968 Mexico City Olympics and politicization of the Olympic Games
Meyer, Nanna Lucia	2003	Female winter sport athletes: Nutrition issues during the preparation for the 2002 Olympic Winter Games in Salt Lake City
Saint Sing, Susan.	2004	Richard Glendon, breakthrough kinesis, and the impact of the 1920 Olympic Naval Academy crew on rowing
Laucella, Pamela C.	2004	An analysis of mainstream, black, and Communist press coverage of Jesse Owens in the 1936 Berlin Olympic Games
Hu, Yu	2004	New China, Great Olympics――The Media-mediated Construction of National Identity in the Press Reportage of Beijing's Bid for the Olympics 2008
Sadd, Deborah	2004	The impacts of mega-events held at satellite venues - case study of Weymouth & Portland, possible Olympic sailing venue in 2012
White, Jeremy Scott	2005	Constructing the invisible landscape: Organizing the 1932 Olympic Games in Los Angeles
Butler, Katie S	2005	Olympism : myth and reality : British media portrayals of the 2002 Salt Lake City Winter Olympics
Anagnostou, Efstathios	2005	Investigation of risk management and uncertainty in Athens 2004 Olympic Games: The Equestrian Centre case study
Thomson, P	2006	The significance of the 2008 Beijing Olympic games
Hu, Yu Jian	2006	A Study of Beijing Olympic Games Impact: Accelerator of Beijing Internationalization
Wang, Hao	2006	Study on the Western Reports on the 2008 Beijing Olympic Games
Wang, Meng	2006	System Analysis and Design for Logistic Information System of Beijing Olympic Games

大学	所在地
Beijing University of Technology	People's Republic of China
Loughborough University	United Kingdom
Sichuan University	People's Republic of China
United States Sports Academy	United States of America
University of Roehampton	United Kingdom
Tsinghua University	People's Republic of China
Hong Kong Polytechnic University	Hong Kong
Fudan University	People's Republic of China
Nankai University	People's Republic of China
Wuhan University	People's Republic of China
Renmin University of China	People's Republic of China
University of Denver	United States of America
Fielding Graduate University	United States of America
University of Cambridge	United Kingdom
Tianjin University	People's Republic of China
Tianjin University	People's Republic of China
Tsinghua University	People's Republic of China
Northeastern University	People's Republic of China
Shanghai University	People's Republic of China

名前	年	タイトル
Zhang, Feng Xiao	2006	THE RESEARCH OF OVERALL STABILITY AND DYNAMICAL CAPABILITY TO THE SUSPEN-DOME STRUCTURE OF THE BADMINTON ARENA FOR 2008 OLYMPIC GAMES
Lee, Jung W	2007	Korean sporting nationalism in the global era : South Korean media representation of the 2004 Athens summer Olympic Games
Ma, Wan Qin	2007	Media events' International Communication:Understand and explain Athens Olympic Games opening ceremony
Doukas, Spiro G	2007	Perceptions of public transportation passengers in Athens pertaining to the effects of the 2004 Olympic Games: A path analysis approach
Oh, Miyoung	2007	Sport spectacle, globalisation and nation: a case study of south korean women's narratives of the 2004 olympic games and the 2006 fifa world cup
Huang, Lan	2007	Study on the Application of 3G andWLAN in the 2008 Olympic Games
Zhou, Joe Yong	2007	Government and residents' perceptions towards the impacts of a mega event: The Beijing 2008 Olympic Games
Wang, Hui	2007	The development of the Material Management System for Beijing Olympic Committee based on ASP.NET
Huo, Yan	2007	Implication of Beijing Olympic Games for Chinese Higher Education Strategy of 'Sport-Education' Integration
Li, Qiu Ling	2008	Research on early reports for beijing olympics games
Yang, Lu	2008	The Research on TITAN SPORTS 2008 Olympics Reporting Strategies
Dodge, Patrick Shaou-Whea	2008	The performance of intercultural communication: China's "New Face" and the 2008 Beijing Olympics
Rutledge, Pamela Brown	2008	The influence of media on core beliefs: The predisposition on Americans toward conflict with China before and after the 2008 Beijing Olympics
Deng, Yaping	2008	Olympic branding and global competition: the case of the beijing 2008 olympic games
Qiao, Li	2008	Analysis on Beijing Olympic Logistics Supply Chain
Huang, Yu Ke	2008	Research into the Management System of Beijing Olympic Volunteers
Huang, Rong Rong	2008	Table textiles Design and Application for the Beijing 2008 Olympic Games
Wu, Ding Guo	2008	The project management reserch on the cauldron project of the beijing 29th olympic games
Lu, Yong	2008	2008 Beijing Olympic Games sports crisis management and crisis early warning mechanism Information System Construction

大学	所在地
Beijing University of Technology	People's Republic of China
Beijing University of Technology	People's Republic of China
Huazhong Normal University	People's Republic of China
University of Illinois at Urbana-Champaign	United States of America
Georgia State University	United States of America
Loughborough University	United Kingdom
Queen's University	Canada
Hebei University	People's Republic of China
East China Normal University	People's Republic of China
Sichuan University	People's Republic of China
Jinan University	People's Republic of China
East China Normal University	People's Republic of China
University of China	People's Republic of China
Renmin University of China	People's Republic of China
South China Normal University	People's Republic of China
China Agricultural University	People's Republic of China
Shenzhen University	People's Republic of China
Renmin University of China	People's Republic of China

名前	年	タイトル
Wang, Ren Jing	2008	Construction simulation and relevant factors analysis of new suspend-dome structure of badminton gymnasium for 2008 Olympic games
Zhang, Cui Cui	2008	Study on Wind-induced Dynamic Response and Wind Vibration Coefficient for Suspend-dome Shell Roof Structures of 2008 Olympic Badminton Gym
Quan, Gang Yuan	2008	The changes in the pattern of world basketball and the prospects of the Chinese Basketball team in the 2008 Beijing Olympic Games
Droubie, Paul	2009	Playing the nation: 1964 Tokyo Summer Olympics and Japanese identity
Blackman, Dexter L.	2009	Stand up and be counted: The black athlete, Black Power and the 1968 Olympic Project for Human Rights
Cho, Ji Hyun	2009	The seoul olympic games and korean society: causes, context and consequences
Oliver, Robert Douglas	2009	Bidding for the future: Toronto's 2008 Olympic bid and the regulation of waterfront land
Di, Jing Cun	2009	The comparative study on match reports of athens olympics and beijing olympics in people's daily
Li, Wen	2009	"the brand warfare beyond limits" in olympic marketing of beijing olympics
Luo, Chuan Zong	2009	The analysis of chinese image in sankei shinbum website during beijing olympics
Zhao, Bei Bei	2009	The analysis of sports events` economic effect--take the beijing olympics for example
Liu, Shu Ting	2009	Study of the 2008 olympics sailing regatta impact on the tourism in qingdao
Sun, Wei.Renmin	2009	On the influence of beijing olympics upon the construction of china's soft power
Zhu, Huai Qiang	2009	Public diplomacy on a state pr perspective--take beijing olympics games as a case
Lei, Lang	2009	The comparence research of attacking between china national men's basketball team and the world top teams of 29th olympics
Zhou, Xin	2009	Preliminary study of application of risk assessment in food safety management--taking collective catering of an enterprise in beijing olympics as an example
Wu, Yan Li	2009	A cross-cultural study on ideological deviation in media news discourse the application of critical analysis to news coverage of the opening ceremony of 2008 beijing olympics
Li, Cheng	2009	The reflection in america of beijing olympic games:frame analysis of the newsweek's reports on beijing olympic games

大学	所在地
Renmin University of China	People's Republic of China
Tsinghua University	People's Republic of China
Nanchang University	People's Republic of China
University of China	People's Republic of China
Renmin University of China	People's Republic of China
Peking University	People's Republic of China
Tsinghua University	People's Republic of China
Xian Jiaotong University	People's Republic of China
Beijing University of Aeronautics and Astronautics	People's Republic of China
Wuhan University of Technology	People's Republic of China
China Agricultural University	People's Republic of China
Central South University	People's Republic of China
Xiamen University	People's Republic of China
Renmin University of China	People's Republic of China
East China Normal University	People's Republic of China
Hunan Normal University	People's Republic of China
Tsinghua University	People's Republic of China
Renmin University of China	People's Republic of China
Renmin University of China	People's Republic of China
South China Normal University	People's Republic of China
Huazhong Normal University	People's Republic of China

名前	年	タイトル
Li, Zhao Xu	2009	A study on the brand communication strategy of olympic marketing --a comparative study on the brand communication strategy of beijing olympic games'sponsors and non-sponsors
Yang, Yong Qi	2009	Enterprise brand communication of 2008 olympic
Wu, Run Nan	2009	Research on internet communication of beijing olympic games
Li, Xiao Yan	2009	Research on media operation of beijing olympic games
Wu, Nan	2009	The study on internet video during beijing olympic games
Jin, Wei	2009	Case study of accreditation project management of beijing olympic games
Yuan, Bo	2009	A study on image and look of beijing olympic games
Xie, Ming	2009	The empirical studies of beijing's economic impact of 2008 olympic games
Wang, Xue Lu	2009	Design and implementation of the master delivery system for beijing 2008 olympic game
Zhuang, Xuan	2009	Corporate sports marketing communication on the view of 2008 beijing olympic
Zhao, Jing Wen	2009	Red color sweet pepper constant production experiments for beijing 2008 olympic games
Zhang, Yu	2009	The design resource selection and integration -- analyzing the beijing 2008 olympic pictograms
Sun, Jing	2009	A research on ambush marketing of li-ning brand during beijing olympic games
Wang, Shan Shan	2009	A comparative study of cctv and nbc telecasts of the beijing olympic opening ceremony
Fan, Hai Xia	2009	Implement and counter measure research about the franchising plan of 2008 beijing olympic games
Wu, Ji	2009	The analysis for breaking process of the china male basketball team in 2008 beijing olympic games
Ni, Gang	2009	Design and Apply Research on Core Graphic in Beijing 2008 Olympic Games
Wu, Yan Ling	2009	Media operation and national image: study of media diplomacy tactics of beijing olympic games
Ni, Yuan Jin	2009	A comparative analysis of us and chinese telecasts of the beijing 2008 olympic opening ceremony
Yin, Chao Yong	2009	Research on the passing of positional attack in 29th olympic games men's basketball matches
Guo, Min Gang	2009	A research on influence of beijing olympic games over village peasant sports and its effect

大学	所在地
Peking University	People's Republic of China
Wuhan University	People's Republic of China
Renmin University of China	People's Republic of China
Shanghai University	People's Republic of China
Huazhong Normal University	People's Republic of China
Beijing University of Chemical Technology	People's Republic of China
China Agricultural University	People's Republic of China
University of Science & Technology Beijing	People's Republic of China
Renmin University of China	People's Republic of China
Peking University	People's Republic of China
Beijing University of Aeronautics and Astronautics	People's Republic of China
Huazhong Normal University	People's Republic of China
South China Normal University	People's Republic of China
Peking University	People's Republic of China
China Agricultural University	People's Republic of China
Peking University	People's Republic of China
Hunan Normal University	People's Republic of China
Huazhong Normal University	People's Republic of China

名前	年	タイトル
Song, Jing Li	2009	China's national image presented in american newspapers at the end of the beijing olympic games
Feng, Wen	2009	A probe into china's image in new york times' reports of the beijing olympic games
Wang, Xiao Wei	2009	The economic and environmental impact of beijing olympic games-base on the method of system dynamics
Zhou, Yun	2009	Comparative studies of the subjects of beijing olympic english news on chinese and western websites
Chen, Huo Liang	2009	Research on the construction of china's soft power under the perspective of beijing olympic games
Huang, Dan	2009	Study on the multi-project management mode of ge industrial supply projects in 2008 beijing olympic games
Jia, Bo Hai	2009	The safety measures of chicken products supplying beijing olympic games and the concreted learning for food supervision
Bai, Fang	2009	Researsh on operations management of beijing's post-olympic venues based on the new public management theory
Wang, Zhang Pan	2009	Impact of the 2008 olympic games on the development of beijing ---economic upgrading, space reconstruction and management innovation
Wang, Xiao Shen	2009	A study on the image of china in the reports of 2008 olympic games by new york times
Zou, Jing	2009	Media bias in western news discourse -a contrastive critical study of news series on beijing olympic torch relay
Li, Ling	2009	A comparative analysis from the perspective of cda--on american and chinese reports on beijing olympic opening ceremony
Jiang, Jing	2009	Analysis of defense characteristics on top eight teams of men's basketball game in the 29th olympic games
Lin, Meng Qian	2009	Language attitudes towards world englishes: an investigation on chinese student volunteers before and during the 2008 beijing olympic games
Zhao, Yu	2009	Application of iso 22000 food safety management system in 29th beijing olympic games catering service of vip buffet preparation
Han, Bing	2009	The news frame conflict between the china official press conferences and new york times' coverage of the beijing olympic
Chen, Ye	2009	29th olympic games china men's basketball teams at different defense in case of attack the effect of research
Liu, Jian Min	2009	A comparative study on the attack and defense ability of chinese men's basketball team at 29th olympic games

大学	所在地
Hunan Normal University	People's Republic of China
South China Normal University	People's Republic of China
Huazhong Normal University	People's Republic of China
Wuhan University	People's Republic of China
Wuhan University	People's Republic of China
Hebei University	People's Republic of China
Hunan Normal University	People's Republic of China
Shanghai University	People's Republic of China
Northeast Normal University	People's Republic of China
Huazhong Normal University	People's Republic of China
Wuhan University	People's Republic of China
Renmin University of China	People's Republic of China
South China Normal University	People's Republic of China
Hebei University	People's Republic of China

名前	年	タイトル
Tang, Shuo	2009	On status quo of chinese men's basketball and strategies for its development-a study based on the 29th olympic games
Shao, Jing Quan	2009	The analysis on the shooting technolyge in the 2-point area of men's basketball compitition of the 29th olympic games
Zhang, Chen Bo	2009	A study on perfection of government supervision on food safety--based on experience of food safety supervision in beijing olympic games
Xi, E	2009	The media'model of professional elites image in the frame of news----a case study of the reporting for beijing olympic games
Li, Wen Hui	2009	On the government and the media coverage of crisis e--events from the beijing olympic games coverage about the crisisvents in the interactive collaboration
Jiao, Cui	2009	A comparative analysis of chinese and english news reports on the opening ceremony of beijing olympic games, 2008--from the perspective of appraisal theory
Fan, Xiao Jun	2009	The gap and reflection on the capacity of taekwondo technology between chinan male taekwondo and korean male taekwondo in the 29th olympic games
Zhang, Lei	2009	Discussion of inheritance and innovation of chinese element using in the graphic design basing on the enlightenment of the beijing olympic games opening ceremony
Wang, Bao Gang	2009	Reaearch the comparasion of the defense effect between chinese men's basketball team and the world and find out thecountermeasures in beijing olympic games
Jiang, Jian	2009	The research of the ability on attacking and defending of the main back court guard of chinese women's basketball team in beijing olympic games
Li, Zi Wei	2009	The analysis of implementation effect of regulations on reporting activities in china by foreign journalists during the beijing olympic games and the preparatory period
Yan, Wei Jie	2009	Research on the image of china from oversea medium's reports in 2008-with examples of lhasa 3 14, wenchuan earthquake, and beijing olympic games
Bai, Ya Bing	2009	The comparetive analysis of the attacking skills and tacks between chinese men's volleyball team and the foreign men's volleyall teams of the 2008 olympic games
Sun, Ning	2009	A cultural equilibrium framework between chinese and western culture in china's english medium-based on the media report of 29th olympic games opening & closing ceremonies

大学	所在地
Peking University	People's Republic of China
Emory University	United States of America
Southwest Jiaotong University	People's Republic of China
London School of Economics and Political Science	United Kingdom
University of Maryland, College Park	United States of America
Indiana University	United States of America
South China Normal University	People's Republic of China
Renmin University of China	People's Republic of China
Hunan Normal University	People's Republic of China
Dalian University of Technology	People's Republic of China
Renmin University of China	People's Republic of China
China Agricultural University	People's Republic of China
Southwest Jiaotong University	People's Republic of China
Southwest Jiaotong University	People's Republic of China
Northeast Normal University	People's Republic of China
East China Normal University	People's Republic of China
South China University of Technology	People's Republic of China
Northwestern University	United States of America
Northeast Normal University	People's Republic of China

名前	年	タイトル
Wu, Ming Jing	2009	The making of contrast national images--a comparative analysis of the coverage on 2008 olympic international torch relay by the new york times and the people's daily
Varner, Robert Stewart	2010	Inside the perimeter: Urban development in Atlanta since the 1996 Olympic Games
Li, Yan.Southwest	2010	Sydney olympics tourism susutainable development research and the enliightenment for beijing olympics tourism
Afxentiadis, Despena Elizabeth	2010	Interpreting a major event organization's efforts to reliably manage information security risks: The case of the Athens 2004 Olympics
Zhang, Tan	2010	Waiting for 2008 Olympics: Politics between people/peoples, the *West and the Chinese state
Ashton, Curtis	2010	Interpretive policy analysis in Beijing's ethnographic museums: Implementing cultural policy for the 2008 "People's Olympics"
Wang, Shan	2010	Analysis of an open process of public policy-making in the perspective of progressive decision-making model --a case study of even and odd-numbered license plate during beijing olympics
Yang, Li Li	2010	Study on chinese nationalism in beijing olympic games
Yang, Fan	2010	The 2008 beijing olympic games visual image design research
Xu, Peng	2010	Research on the morphology and exterior space of beijing olympic venues
Ceng, Jing	2010	The impact of olympic games on housing price dynamics of holding city-evidence from beijing
Hu, Li Hui	2010	Study on post occupancy evaluation of barrier-free facilities in central area of beijing olympic green
Wang, Guo Jiao	2010	The research of our country university cheerleading movement's prospects for development after beijing olympic games
Huang, Min	2010	Construction and communication of the country's image--with the beijing olympic games as an example
Hui, Xiao Qing	2010	Statistics and analysis'about chinese competitive gymnastics athletes landing stability on the 29th olympic games
Guo, Feng	2010	Chinese men's basketball team in beijing olympic games finals stagebreakthrough technology utilization time-limited research
Liu, Yu Shan	2010	A comparative study of news reports on the 2008 olympic games by chinese and american press
Liang, Limin	2010	Control and Spontaneity in the Beijing Olympic Theater - The Making of a Global Sports Media Event
Deng, Yu	2010	The research of china's men's basketball defensive skills and tactics styles in the 29th olympic games

大学	所在地
Huazhong Normal University	People's Republic of China
Jinan University	People's Republic of China
Renmin University of China	People's Republic of China
University of California, Santa Barbara	United States of America
Wuhan University	People's Republic of China
University of Bedfordshire	United Kingdom
Hunan Normal University	People's Republic of China
South China University of Technology	People's Republic of China
Tsinghua University	People's Republic of China
Renmin University of China	People's Republic of China
Hunan Normal University	People's Republic of China
Renmin University of China	People's Republic of China
University of Science & Technology Beijing	People's Republic of China
The University of Wisconsin - Madison	United States of America
The University of Alabama	United States of America
Northeast Normal University	People's Republic of China
University of Northern Colorado	United States of America
University of Pennsylvania	United States of America

名前	年	タイトル
Yuan, Yan	2010	Considerations on reconstruction of chinese university sports culture--in the region of beijing and wuhan after the beijing olympic games
Wan, Mei Ling	2010	Analyzing on the usage and main function of media in public diplomacy--take t he 2008 beijing olympic games as the main illustration
Liu, Qian Qian	2011	The motivation research of volunteers in large-scale events --based on the case study of volunteer motivation scheme in beijing olympics
Neves, Joshua Wade	2011	Projecting Beijing: Screen Cultures in the Olympic Era
Zhang, Ya Qin	2011	The beijing olympic games opening ceremony of the characteristics
Zhuang, Juan	2011	Volunteering for the beijing 2008 olympic games: visions, policies and capitals
Yang, Xin Bing	2011	Beijing olympic games and the 10th national games market operation pattern differenceresearch
Zhou, Cong	2011	The comparative study for the post-games uses of beijing olympic venues in college
Zhu, Long Fei	2011	A case study on the characteristics of annual training program hu kai in 2008 olympic games
Guan, Dong Qian	2011	Presenting national images in the era of globalization-the close reading of sydney and beijing olympic games
Xie, Yan	2011	On the ritualized media events-- taking the beijing olympic opening ceremony, shanghai world expo opening ceremony as examples
Yang, Yi Fan	2011	Non-governmental diplomacy and its influence on china's soft power -- taking 2008 beijing olympic games as an example
Wang, Ling	2011	A comparative analysis of the opening ceremonies of beijing olympic games and shanghai expo: from the perspective of multimodal discourse analysis
Murray Yang, Michelle	2011	Winning the games but losing the reasoned public: U.S. media coverage of U.S.-Sino relations during the 2008 Beijing Olympic Games
Jones, Amy Head	2011	“Ice queens” and “snow studs”: Gender stereotypes and the 2010 Winter Olympic Games
Liu, Zhong Qing	2011	The 2010 winter olympic freestyle skiing the aerial man landing stability of technical analysis
Muir, Heather A	2011	Media portrayals of athletes in televised sports: A content analysis of ice hockey broadcasts during the 2010 Winter Olympic Games
Finlay, Christopher J	2011	Between leverage and legacy: Producing the 2012 London Olympics in a global new media environment

大学	所在地
Loughborough University	United Kingdom
United States Sports Academy	United States of America
University of the West of Scotland	United Kingdom
Loughborough University	United Kingdom
Georgia State University	United States of America
Carleton University	Canada
Ohio University	United States of America
Brunel University	United Kingdom
Cranfield University	United Kingdom
University of Birmingham	United Kingdom
London School of Economics and Political Science	United Kingdom
University of Manitoba	Canada
Brunel University	United Kingdom
Brunel University	United Kingdom
Loughborough University	United Kingdom
University of Central Lancashire	United States of America
Uppsala Universitet	Sweden

名前	年	タイトル
Marks, Darren	2011	Team gb: united or untied? contemporary nationalism, national identity and british olympic football teams at london 2012
Solomou, Costas V	2012	The perceptions of the Athenians towards the 2004 Olympic Games
Adi, Ana	2012	The beijing 2008 olympic games, human rights and china: a framing analysis of advocacy groups , olympic organizers, international media and online public discourse
Kim, Nakyoung	2012	Identity politics and globalization: an analysis of the south korean media coverage of the 2008 beijing olympic games
Schiffman, James R	2012	Mass media and representation: A critical comparison of the CCTV and NBC presentations of the Opening Ceremony of the 2008 Beijing Olympic Summer Games
Armenakyan, Anahit	2012	An International and Longitudinal Study of Mega-Event and Country Images: Attitude Formation and Sense Making Concerning the XXI Vancouver 2010 Winter Olympics
Koch, Michael H	2012	Event, Image, History and Place: How the NYC2012 Olympic Bid Constructed New York City
Edizel, Hayriye Özlem	2012	Governance of sustainable event-led regeneration: the case of london 2012 olympics
Bayer, J. R	2012	Increasing the business benefits arising from the London Olympics 2012 through enhanced collaboration and support
Defroand, James	2012	London 2012: Olympic 'legacy', Olympic education and the development of social capital in physical education and school sport: a case study
Davis, Juliet	2012	Urbanising the event: how past processes, present politics and future plans shape london's olympic legacy
Hrynkow, Christopher William	2013	Players or Pawns?: Student-Athletes, Human Rights Activism, Nonviolent Protest and Cultures of Peace at the 1968 Summer Olympics
Pappa, Evdokia	2013	Sports spectacle, media and doping: the representations of olympic drug cases in athens 2004 and beijing 2008
Lindsay, Iain	2013	Life in the shadow of the 2012 olympics: an ethnography of the host borough of the london games
Kenyon, James A	2013	An evaluation of the image impact of hosting the 2012 Summer Olympic Games for the city of London
Hollins, Sadie Francesca Susanne	2013	The interscetions between economy, environment and loacality: the london 2012 olympic and paralympic games
Baltscheffsky, Magnus	2013	Simulation and analysis of wind characteristics in the region hosting the sailing competitions of the 2012 olympic games

大学	所在地
Loughborough University	United Kingdom
University of London, King's College	United Kingdom
University of California, Riverside	United States of America
Rutgers The State University of New Jersey	United States of America
University of Bradford	United Kingdom
The University of Alabama	United States of America
London School of Economics and Political Science	United Kingdom
Loughborough University	People's Republic of China
University of London, University College London	United Kingdom
Loughborough University	United Kingdom
University of Leeds	United Kingdom
University of Birmingham	United Kingdom
The University of Southern Mississippi	United States of America
University of Chester	United Kingdom
The University of Winchester	United Kingdom
The Florida State University	United States of America

名前	年	タイトル
Chen, Shushu	2013	An evaluation of the sub-regional legacy/impacts of the london 2012 olympic games in a non-hosting sub-region: a case study of leicestershire
Deal, Christopher Geoffrey	2014	Framing war, sport and politics: the soviet invasion of afghanistan and the moscow olympics
Lieser, Josh R	2014	Los Angeles and the 1984 Olympic Games: Cultural Commodification, Corporate Sponsorship, and the Cold War
Altemose, Brent A	2014	Air pollution source apportionment before, during, and after the 2008 Beijing Olympics and association of sources to aldehydes and biomarkers of blood coagulation, pulmonary and systemic inflammation, and oxidative stress in healthy young adults
Van der Heyden, Leonard J	2014	The 2010 Winter Olympics : a Mixed-Methods Investigation of the Hotel Industry and Tourism in the Demographic Clusters Metro-Vancouver Versus the Alpine-Resort Whistler
Butler, W. Sim	2014	Olympic effort: Rhetorics of disability, sport, and resistance in the 2012 London Olympic narratives
Shirai, Hiromasa	2014	The evolving vision of the olympic legacy: the development of the mixed-use olympic parks of sydney and london
Malia, Allison	2014	Reading the olympic games: nationalism, olympism, globalisation, and london 2012
Bai, X	2014	Legitimating london 2012: urban mega-events and the geography of olympic place marketing
Bretherton, Paul.	2014	Corporate social responsibility at london 2012: discourses of sport and activity promotion at the olympic games
Parkes, Stephen David	2014	The longevity of behaviour change: a case study of the london 2012 olympic and paralympic games
Edwards, Rebecca Ann	2014	Investigating the narration of nations: Promoting Canadian passion for winter sports and their aboriginal heritage in VANOC's 2010 Olympic brand identity and marketing campaign
Sipocz, Daniel Anthony	2014	Gatekeeping the social games in a post-broadcasting world: A qualitative content analysis of NBC and user-generated Olympic Twitter coverage during the 2012 London Games
Lovett, Emily L	2014	Exploring the london 2012 olympic legacy experiences of a non-host city: a policy based case study of those delivering sport in birmingham before and after the games
Young, Simon	2015	Playing to win: a political history of the moscow olympic games, 1975-1980
Batuhan, Tuna	2015	Olympic strategy of downtown Atlanta business elites: A case study of the 1996 Atlanta Summer Olympics

大学	所在地
Loughborough University	United Kingdom
The University of York	United Kingdom
University of Cambridge	United Kingdom
University of Salford	United Kingdom
Loughborough University	United Kingdom
Kingston University	United Kingdom
The Ohio State University	United States of America
The Pennsylvania State University	United States of America
University of Missouri - Columbia	United States of America
Fielding Graduate University	United States of America
Loyola University Chicago	United States of America
University of Northumbria at Newcastle	United Kingdom
The Florida State University	United States of America
The City University (London)	United Kingdom
University of Kent at Canterbury	United Kingdom
University of Florida	United States of America
University of Kent at Canterbury	United Kingdom
University of London, University College London	United Kingdom

名前	年	タイトル
Hu, Xiaoqian (Richard)	2015	An analysis of chinese olympic and elite sport policy discourse in the post-beijing 2008 olympic games era
Yang, Jen-Shin	2015	Urban governance and mega-events in an era of globalisation: a comparison of the london 2012 and beijing 2008 olympic games
Jelbert, Charmaine Patricia	2015	Sex trafficking and state intervention: conflicts and contradictions during the 2012 london olympics
Ojie, F. N	2015	An investigation of the performance of african nations in the 2012 london olympics
Black, Jack	2015	It isn't easy being a fading post-imperial power : British and Commonwealth national newspaper constructions of Britain during the 2012 Diamond Jubilee and London Olympic Games
Panayis, Mitchell	2015	The endz game: the effects of the london 2012 olympic games on the communities of the host boroughs
Lewis, Tiffany	2015	Exercises in Soft Power and Cultural Diplomacy: The Cultural Programming of the Los Angeles and London Olympic Games
Berg, Adam	2016	Denver '76: The Winter Olympics and the Politics of Growth in Colorado during the Late 1960s and Early 1970s
Marr, Derek R	2016	An Exploration of Self-Determination Theory In Individual Track and Field Olympic Medalists from the United States of America at the 2012 London Games
Linera Rivera, Rafael Edmundo	2016	Social representation of threat in extended media ecology: Sochi 2014 olympics, jihadist deeds, and online propaganda
Wing, Jeffrey R	2016	Olympic bids, professional sports, and urban politics: Four decades of stadium planning in Detroit, 1936-1975
Luo, Di	2017	Understanding Human Rights Journalism in the Context of China: The Case of the Beijing Olympics
Pu, Haozhou	2017	The Circuit of Legacy Discourse: Mega-Events, Political Economy and the Beijing Olympic Games
Bistaraki, A	2017	Interagency collaboration in mass gatherings : the case of public health and safety organisations in the 2012 London Olympic Games
Hayday, Emily Jane	2017	The impact of london 2012 olympic games on community based sport in the uk: the role of ngbs in leveraging a participation legacy
Redden, Tyeshia	2017	Passing the Torch: Urban Apartheid and the 2016 Summer Olympics
Pauschinger, Dennis	2017	Global security going local: sport mega event and everyday security dynamics at the 2014 world cup and the 2016 olympics in rio de janeiro
Silvestre, G C-S	2017	Circulating Knowledge and Urban Change : Ideas, Interests and Institutions in the Development of Olympic Rio De Janeiro

大学	所在地
The University of Arizona	United States of America
Universitaet Hamburg	Germany
University of California, Berkeley	United States of America
Open University	United Kingdom
Sheffield Hallam University	United Kingdom
University of South Carolina	United States of America
Metropolitan University	United Kingdom

Olympics が百八本）がヒットしたが、ここからさらにタイトルに開催年や開催都市、大会の回数が記入されているものに限定した。その結果、該当する博士論文は二百二十本になり二十六大会が取り上げられていた。ほとんどが一つの大会を対象としているが、複数大会を取り上げているものも三本ある。

　二百二十三本のうち、一九六四年東京大会に関するものは一本だった。Paul Droubie, “Playing the nation: 1964 Tokyo Summer Olympics and Japanese identity” (University of Illinois at Urbana-Champaign, 2009) である。日本で開催された大会に関しては、返上になった一九四〇年東京大会を取り上げた Sandra Collins, “Orienting the Olympics: Japan and the games of 1940”（The University of Chicago, 2003）や一九九八年長野冬季大会を取り上げた Peter Haberl, “Peak performance at the Olympics: An in-depth psycho-social case study of the 1998 United States Women's Olympic Ice Hockey Team,”（Boston University, 2001）

名前	年	タイトル
Huntley, Allison D	2018	The Children of the Cosmic Race: The Planning and Celebration of the 1968 Cultural Olympics in Mexico City
Vadiati, Niloufar	2018	Career Legacy of the London Olympic Games 2012 - Among Local East Londoners
Snyder, Andrew Graver	2018	Critical Brass: The Alternative Brass Movement and Street Carnival Revival of Olympic Rio de Janeiro
Popa, Stefan Cristian.	2019	Earth Games: The 1994 Lillehammer Winter Olympic Games, or the Failure of the Ecological Project
Smith, Ann	2020	Legacies of a Mega Sporting Event for Healthy Adolescent Development: A Case Study of the 2010 Vancouver Olympic and Paralympic Games
Koba, Timothy	2020	Comparing the Success of Official Sponsors and Ambush Marketers: An Event Study Analysis of Brazil Following the 2014 Fifa World Cup and 2016 Rio De Janeiro Summer Olympic Games
Kim, Hyungmin	2020	Sustainability of the PyeongChang 2018 Winter Olympics

（出典：ProQuest Dissertation & Theses Global　※なお表記はすべて検索結果のままである）

がある。これはタイトルのとおりアメリカの女子アイスホッケーチームに関するものである。一九七二年札幌冬季大会について取り上げたものは、検索の結果出てこなかった。一九六四年東京大会に限らず、日本で開催されたオリンピックに関する博士論文は少ないのが現状のようだ⑽。話は一九六四年東京大会から脱線するが、となると博士論文で対象になっているのはどの大会なのだろうか。

検索結果で最も多く取り上げられている大会は二〇〇八年北京大会だった。その数は百二十五本で、総数の半分を超えている。続いて多いのが二〇一二年ロンドン大会の三十一本である。二〇〇八年北京大会と二〇一二年ロンドン大会の二大会で七〇％弱を占めている。三番目に多いのが二〇〇四年アテネ大会の八本、四番目が一九八〇年モスクワ大会と二〇一〇年バンクーバー冬季大会でそれぞれ六本になっている。一九八〇年モスクワ大会以外、二十一世紀に開催されたオリンピックになっている。

そして二〇〇八年北京大会に関する博士論文のうち、六十九本は〇九年に提出されている。この数は二〇〇八年北京大会に関する博士論文の半数にあたる。またそのほとんど（六十五本）は中国の大学に提出された博士論文である。〇九年に提出されたもの以外も含めると、中国の大学には二〇〇八年北京大会に関する博士論文が百六件提出されている。二〇一二年ロンドン大会についても似たような傾向を確認することができる。三十一本のうち、二十二本がイギリスの大学に提出された博士論文である。自国開催になった大会に関する課題や意義について多く検証しているということか。

このほか、返上になった一九七六年デンバー大会に関する博士論文が四本ある。また、オリンピック招致に関する博士論文も四本を確認できた。二〇〇八年大会のトロントと北京の招致に関するもの、二〇一二年大会のニューヨーク招致に関するもの、そしてデトロイトの招致活動のものである。

このように「ProQuest Dissertation & Theses Global」でのタイトル検索の限り、二〇〇八年北京大会と二〇一二年ロンドン大会に関する博士論文が多くヒットする。博士論文では近年開催された大会を取り上げることが多いようである。一方で冬季大会に関しては十五本しかなかった。

いまは二〇〇八年北京大会に関するものが圧倒的な数で、二〇一二年ロンドン大会が続いているが、近年は大会終了後に博士論文が提出されるケースが続いているとみることができる。東京二〇二〇大会は新型コロナ感染症の影響で史上初めて延期になり、その後も開催の可否をめぐって世界中で喧々囂々と議論がおこなわれた。このような状況からも、今後は二〇二〇年東京大会に関する博士論文が続々と登場するかもしれない。

注

（1）「Google Scholar」（https://scholar.google.co.jp/）［二〇二一年十一月十六日アクセス］
（2）「CiNii」（https://ci.nii.ac.jp/）［二〇二一年十一月十六日アクセス］
（3）「国立国会図書館サーチ」（https://iss.ndl.go.jp/）［二〇二一年十一月十六日アクセス］
（4）「ProQuest」（https://www.proquest.com/）［二〇二一年十一月十六日アクセス］
（5）「Taylor & Francis Online」（https://www.tandfonline.com/）［二〇二一年十一月十六日アクセス］
（6）「SPORTDiscus with Full Text」（https://www.ebsco.com/ja-jp/products/research-databases/sportdiscus-full-text）［二〇二一年十一月十六日アクセス］
（7）「ResearchGate」（https://www.researchgate.net/）［二〇二一年十一月十六日アクセス］
（8）「CNKI」（https://www2.chuo-u.ac.jp/library/db_cnki.html）［二〇二一年十一月十六日アクセス］
（9）「ProQuest Dissertation & Theses Global」（https://www2.chuo-u.ac.jp/library/db_dissertations.html）［二〇二一年十一月十六日アクセス］
（10）なお、日本の大学に提出された博士論文で日本で開催したオリンピックを対象にしたものは、田原淳子「第12回オリンピック競技大会（東京大会）の中止に関する歴史的研究」（中京大学博士論文、一九九四年）と、浜田幸絵「戦前期日本におけるオリンピック――メディアが作り出した国際スポーツ・イベントとナショナリズム」（東京経済大学博士論文、二〇一二年）と、石塚創也「第11回オリンピック冬季競技大会（札幌大会）における恵庭岳滑降競技場建設問題に関する歴史学的研究」（中京大学博士論文、二〇二〇年）が挙げられる。

あとがき

坂上康博

本書のスタートとなる企画を青弓社に持ち込んだのは、五年前だった。この最初の企画会議は、私と石坂友司さん、高尾将幸さん、青弓社の矢野未知生さんの四人で開催したが、内容や執筆候補者などについて議論が進んでいくうちに、「これは一冊ではなく、二冊に分けたほうがいい」という思いが次第に強くなっていった。当初は先の坂上康博／高岡裕之編著『幻の東京オリンピックとその時代――戦時期のスポーツ・都市・身体』（青弓社、二〇〇九年）の一九六四年大会バージョンのようなイメージで、歴史学と社会学の融合の書を目指すつもりだった。しかし、幻の一九四〇年大会と比べて一九六四年大会は、話題性も高く、現在に近いため資料も豊富で、執筆者の幅をぐっと広げることができる。それらを全部一冊に詰め込んでしまうと、どうしてもピントがボケてしまうのではないか――そんな不安を抱いたからだ。

こうしてあらためて相談した結果、主として社会学をベースにしたものと歴史学をベースにしたものの二冊に分け、刊行を目指すことになった。前者が石坂さんたちのグループで、こちらは執筆者を十一人に拡大しながら計画的に編集を進め、二〇一八年十二月に『一九六四年東京オリンピックは何を生んだのか』（石坂友司／松林秀樹編著、青弓社）を刊行した。一方、私たちのグループはというと、私と高尾さんとで再出発し、「二〇二〇年大会までに刊行すればいい」という感じで、のんびりと当時高尾さんの職場だった東京理科大学の教室を借りて研究会を始めた。参加者は、石井昌幸さん、市橋秀夫さん、中房敏朗さん、尾崎正峰さん、青野桃子さん、矢野未知生さんで、研究会もその後の神楽坂近辺での飲み会もとても楽しかった。

そろそろ本腰を入れなければと思い始めたころ、転機が突然やってきた。二〇一八年二月、愛知県豊田市足助町の体育とスポーツの図書館で開催された学習会に参加したときのことだ。この図書館は、宿場町の風情を残す街道通りから脇道に入り、少し登った丘の上にある。民家を改修して作られたものだが、わら半紙一枚の授業資料も大切に保管していて、それらを含めて蔵書数は三万点を超える。また、「Sports Library Report」というニュースレターも出していて、この日手渡された最新の第五十二号は十ページに及ぶものだった。その充実ぶりに感心して読み進めているうちに、同図書館と中京大学の連携企画として、一七年十月から十一月に二週間にわたって「1964年の記憶——東京オリンピックが学校に遺したもの」展示イベントを開催したという記事が目に飛び込んできた。

中京大学は二〇一九年度にスポーツミュージアムの開設を予定していて、今回の展示イベントはそれに向けたプレ・オープン展示の三回目で、今回は「一九六四年の記憶」を学校に焦点を当てて描き出したというのだ。さらにその趣旨をみて驚いた。「史料と生きた声を重ね合わせ、それが今を生きる私たちの身体感覚と結びつくことによって見えてくるものがある。それは、二〇二〇年東京オリンピックをどのように迎えるのか、学校現場において児童・生徒たちに何を遺すのかという課題に対する糸口を提供してくれる。さらには、オリンピックの理念とは乖離するオリンピック開催の現状に対し何を訴えていくのか。本展示をきっかけに改めて考える機会としたい」というのである。

さっそくこの記事を書いた木村華織さんに連絡したところ、中京大学が制作したフルカラーで二十ページもある立派な展示図録が送られてきた。それによって、この展示イベントが学校に焦点を当てたものだけでなく、東京オリンピック関係の音楽、踊り、文房具、八ミリ記録映画、インタビュー記録などの広範な内容をカバーするものだったこと、また、科学研究費補助金「身体文化の多様な価値を共有するためのスポーツ・アーカイブズのモデル構築」（研究代表：來田享子）と一体のものであることを知った。すごい熱量が伝わってきた。すでに走りだしているこのパワフルなプロジェクトとなんとか融合を図れないか——そう思って來田享子さんに相談したところ、即快諾を得て、伊東佳那子さんを加えた三人がこのプロジェクトから参加することになった。

こうして來田さんを共編著者に迎え、内容を「一九六四年の記憶」に焦点化して二〇二〇年大会の開催前に刊行する、という目標設定で本書の企画が再スタートすることになった。その後の編集作業はなかなか順調で、原稿もそろい始めた矢先、思いがけないことが起こった。コロナ禍による二〇二〇年大会の開催延期である。どうするか。出した結論は、刊行時期を延期し、二〇二〇年大会の顚末を見届けたうえでそれも反映した内容の本に仕上げる、というものだった。この足踏み期間中に中房敏朗さんからの提案を受け、急遽追加したのが冨田幸祐さんによるコラムである。

紆余曲折を経てどうにかゴールにたどり着いたが、あらためて振り返ると、多くの方の顔が次々と浮かんでくる。日本におけるオリンピックの物語化を批判の俎上に載せたアンドレアス・ニーハウスさんと藪耕太郎さんを中心とする国際プロジェクト、一橋大学スポーツ科学研究室主宰の研究会、歴史学研究会総合部会例会、The 2020 Yokohama Sport Conference などでの報告と討論から受けた恩恵は忘れがたい。その一方で、トニー・メイソンさんや市橋秀夫さんが提案された「海外からの視点」を取り入れることができず、また、石井昌幸さん、青野桃子さん、田原淳子さんらが手がけてくれていた研究を収録できなかったことなどが悔やまれる。

青弓社の矢野未知生さんには、五年に及ぶ伴走を務めていただいたうえに、ゴール直前には本書の全体構成をはじめ書名やカバーデザイン、文章の校閲に至るまで本当にお世話になった。「いま・ここ」を射抜くという青弓社の志によって、本書を大きく方向付けていただいたことにあらためて感謝の意を表したい。

二〇二一年十二月七日

中京大学スポーツミュージアムでの資料閲覧のご案内

[本書の特別ウェブサイトについて]

中京大学スポーツミュージアムのご協力のもと、1964年の東京オリンピックに関する資料を以下の特別ウェブサイトでごらんいただけます。

https://sportsmuseum.chukyo-u.ac.jp/xo_event/1964

資料検索サイトでは、貴重な資料をカラーで閲覧することができます。また、本書では取り上げていない1964年東京オリンピック資料も掲載しています。資料から感じる当時の雰囲気や空気をぜひご堪能ください。

[中京大学スポーツミュージアムについて]

中京大学スポーツミュージアムは、2019年10月23日に開館しました。オリンピックやスポーツに関する資料を保存・展示するミュージアムです。大学の研究者が収集したスポーツ資料のほか、大学関係者が寄贈・寄託したオリンピック関連資料約9,900点（2021年12月1日現在）を所蔵しています。

中京大学スポーツミュージアムは、スポーツの学際的な研究ネットワークの拠点の一つとしての役割を果たすことを目指しています。

中京大学スポーツミュージアムの公式ウェブサイト
https://sportsmuseum.chukyo-u.ac.jp

中京大学スポーツミュージアム／青弓社編集部

木村華織（きむら かおり）
1980年生まれ
東海学園大学スポーツ健康科学部准教授
専攻は体育・スポーツ史、スポーツとジェンダー
共編著に『知の饗宴としてのオリンピック』（エイデル研究所）、共著に『よくわかるスポーツとジェンダー』（ミネルヴァ書房）、論文に「日本の女性スポーツ黎明期における女子水泳の組織化」（「スポーツとジェンダー研究」第13巻）など

伊東佳那子（いとう かなこ）
1990年生まれ
中京大学スポーツミュージアム学芸員
専攻はスポーツ史
共著論文に「大正期の盆踊り復興に関する歴史的研究」（「中京大学体育研究所紀要」第35号）、「明治時代に布達された盆踊り禁止令の記載内容に関する研究」（「中京大学体育学論叢」第61巻第1号）、「盆踊りの禁止と復興に関する歴史的研究」（「中京大学体育研究所紀要」第33号）など

尾崎正峰（おざき まさたか）
1959年生まれ
一橋大学大学院社会学研究科教授
専攻はスポーツ社会学、社会教育・生涯学習論
共編著に『越境するスポーツ』（創文企画）、共著に『一九六四年東京オリンピックは何を生んだのか』（青弓社）、論文に「オリンピックを、いま、東京で、開催する意味」（「世界」通巻878号）、「地域スポーツを支える条件の戦後史」（「スポーツ社会学研究」第20巻第2号）、「オリンピック、芸術競技、音楽」（「一橋大学スポーツ研究2018」）など。地元市民オーケストラのコンサートマスターを30年以上務める

冨田幸祐（とみた こうすけ）
1987年生まれ
日本体育大学オリンピックスポーツ文化研究所助教
専攻はスポーツ史、スポーツと政治
共訳書にシュテファン・ヒューブナー『スポーツがつくったアジア』（一色出版）、論文に「一九六四年東京オリンピックと東アジアの分断国家」（「東アジア近代史」第25号）、「1964年東京オリンピックにおけるインドネシア不参加問題」（「オリンピックスポーツ文化研究」第6号）など

[編著者略歴]
坂上康博（さかうえ やすひろ）
1959年生まれ
一橋大学大学院社会学研究科教授
専攻はスポーツ史、スポーツ社会学、社会史
著書に『権力装置としてのスポーツ』（講談社）、『にっぽん野球の系譜学』（青弓社）、『スポーツと政治』（山川出版社）、『昭和天皇とスポーツ』（吉川弘文館）、編著書に『12の問いから始めるオリンピック・パラリンピック研究』（かもがわ出版）、共編著に『幻の東京オリンピックとその時代』（青弓社）、『スポーツの世界史』（一色出版）など

來田享子（らいた きょうこ）
1963年生まれ
中京大学スポーツ科学部教授
専攻はオリンピック・ムーブメント史、スポーツとジェンダー
東京2020オリンピック・パラリンピック大会組織委員会理事を務めた。また、2021年に国際オリンピック史家協会のヴィケラス賞を受賞
共編著に『身体・性・生』（尚学社）、『知の饗宴としてのオリンピック』（エイデル研究所）、『よくわかるスポーツとジェンダー』（ミネルヴァ書房）、論文に「オリンピック憲章における「スポーツ」一考察」（「現代スポーツ評論」第42号）など

[著者略歴]
中房敏朗（なかふさ としろう）
1962年生まれ
大阪体育大学体育学部教授
専攻はスポーツ史
共編著に『スポーツの世界史』（一色出版）、共著に『なにわのスポーツ物語』（丸善プラネット）、『スポーツ学の射程』（黎明書房）、論文に「宮中で流行した「神代のままの運動法」」（「スポートロジイ」第4号）、共著論文に「スポーツ（sport）の語源および語史を再検討する」（「大阪体育大学紀要」第50号）など

高尾将幸（たかお まさゆき）
1980年生まれ
東海大学体育学部講師
専攻はスポーツ社会学
著書に『「健康」語りと日本社会』（新評論）、共著に『〈オリンピックの遺産〉の社会学』（青弓社）、論文に「「健康」語りの系譜からみた公共性とその現在」（「スポーツ社会学研究」第25巻第2号）など

東京《とうきょう》オリンピック1964の遺産《いさん》　成功神話と記憶のはざま

発行——2021年12月28日　第1刷
定価——2800円＋税
編著者——坂上康博／來田享子
発行者——矢野恵二
発行所——株式会社青弓社
〒162-0801 東京都新宿区山吹町337
電話 03-3268-0381（代）
http://www.seikyusha.co.jp
印刷所——三松堂
製本所——三松堂

ISBN978-4-7872-2092-9　C0021